Dietrich Pätzold

Leben und Spielen

Der Geiger Saschko Gawriloff und sein Jahrhundert

Dietrich Pätzold

Leben und Spielen

Der Geiger Saschko Gawriloff und sein Jahrhundert

Dittrich

© Dittrich Verlag in der Velbrück GmbH Verlage, 2026
Meckenheimer Str. 47 · 53919 Weilerswist-Metternich
info@velbrueck.de
www.dittrich-verlag.de

Printed in Germany
ISBN 978-3-912155-56-3

Satz: Gaja Busch, Berlin
Covergestaltung: Katharina Jüssen, Metternich

Bibliografische Information der Deutschen Nationalbibliothek:
Die Deutsche Nationalbibliothek verzeichnet diese Publikation in der Deutschen Nationalbibliografie; detaillierte bibliografische Daten sind im Internet über http://dnb.dnb.de abrufbar.

Inhalt

Einleitung: Immer wieder im Aufbruch

Gleich am Anfang, schon im Flugzeug nach London, muss der Neue ran. Der Jüngste, der Benjamin. Erst vor ein paar Tagen hat er seinen 19. Geburtstag gefeiert, wenige Wochen zuvor ist dieser begabte junge Geiger Erster Konzertmeister der Berliner Philharmoniker geworden. Und jetzt, im November 1948, soll er, das haben die älteren Musiker-Kollegen einfach mal festgelegt, anlässlich der ersten Auslandsreise eines deutschen Orchesters nach dem Zweiten Weltkrieg, dem englischen Reporter etwas vorspielen.

Kalt ist es auf dem Militärflughafen Berlin-Gatow und in der britischen Militärmaschine; Saschko Gawriloff spielt das Mendelssohn-Violinkonzert im Wintermantel. Trotz der ungewöhnlichen Umstände gefällt es, am folgenden Tag berichtet der »Daily Mirror« darüber. Das Blatt kündigt dem britischen Publikum das erste Nachkriegs-Gastspiel des berühmtesten Sinfonieorchesters aus dem ehemaligen Feindesland an – mit diesem jungen, unbelasteten Gesicht als Repräsentanten einer neuen, friedlichen Zeit in Deutschland. »Es wurde dann eine große Versöhnungstournee«, erinnert sich der Geiger später. »Wir traten in vierzehn Städten Großbritanniens auf. Ein toller Erfolg.«

Die Zeichen standen auf Versöhnung damals, Versöhnung zwischen einstigen Kriegsgegnern, die sich dreieinhalb Jahre zuvor noch erbittert bekämpft hatten. Welche Sprache hätte da besser vermitteln können als die der Musik, die über Länder- und Sprachgrenzen hinweg verstanden wird und tief berührt? Aber Versöhnung war jetzt – nach all dem Leid, der Not und den Verbrechen, die während des von Deutschland ausgegangenen Zweiten Weltkrieges verübt und erlitten worden waren – ein schwieriges Vorhaben. Millionen von Menschen hatten ihr Leben verloren, ganz Europa lag in Schutt und Asche. Zwar hatte das Ende der Bombennächte, des Geschützdonners und der alltäglichen Lebensgefahr die Menschen erleichtert, die das Kriegsende herbeigesehnt hatten. Und im neu erblühenden kulturellen Leben Deutschlands war bereits Aufbau- und Aufbruchsstimmung spürbar.

Doch Hass, Feindschaft und Angst, die dieser Krieg in den Köpfen der Menschen geschürt und dann zurückgelassen hatte, waren nicht einfach zu vergessen. Ein tiefes Misstrauen blieb – noch sehr lange. Zu Recht, denn Versöhnung konnte kaum für alle gelten, und sicher nicht für jene, die die Verbrechen dieses Krieges verübt oder mitzuverantworten hatten. Die deutsche Kultur selbst stand unter Verdacht, vor allem wegen jener Verengung, in die sie in den zwölf Jahren der Naziherrschaft gezwungen worden war[1]. Unter derart komplizierten Bedingungen war diese erste musikalische Versöhnungstournee nach Großbritannien 1948 eine heikle Mission für die Berliner Philharmoniker. Und das jugendliche Antlitz des noch kaum bekannten Konzertmeisters Saschko Gawriloff dürfte für das Anliegen hilfreich gewesen sein.

Für ihn war diese England-Tournee seine erste Flugreise, aber keineswegs sein erster internationaler Auftritt. Als Sohn eines bulgarischen Vaters und einer deutschen Mutter, der in Leipzig das Licht der Welt erblickt hatte, in einer bulgarischen Kleinstadt aufgewachsen und viel mit seiner Familie zwischen Bulgarien und Deutschland gependelt war, hatte er schon als Kind in Sofia vor der bulgarischen Zarenfamilie gespielt und in Deutschland während des Krieges einen Musikwettbewerb gewonnen. Nach dem Kriegsende, das er als 15-Jähriger erlebte, war er schon 1945 in Berlin solistisch aufgetreten und sogleich überschwänglich als »junger, fertiger Meister« gefeiert worden[2]. Und bevor er zu den Berliner Philharmonikern kam, hatte der Geiger noch als 17-Jähriger im Sommer 1947 die Stelle eines Ersten Konzertmeisters der Dresdner Philharmonie angetreten.

Vor allem die Zeit mit den Berliner Philharmonikern im folgenden Jahr dürfte seiner Laufbahn einen kräftigen Schub versetzt haben. Nun begann ein Weg, der den Künstler erst zu einem jungen Geigenstar in Ostdeutschland und der DDR, dann in der Bundesrepublik, schließlich zu einem auf allen Kontinenten bekannten Virtuosen und Violinlehrer machte – dem György Ligeti, einer der wichtigsten Komponisten des 20. Jahrhunderts, sein Violinkonzert widmete.

Dass dieser persönliche Aufbruch in einer Zeit des allgemeinen gesellschaftlichen Aufbruchs erfolgte, macht seine Lebensgeschichte repräsentativ für die deutsche und europäische Musikgeschichte der zweiten Hälfte des 20. Jahrhunderts: Oft war er vorn dabei, dort, wo Neues geschah. Genau genommen ist sein ganzes Musikerleben immer wieder durch Aufbrüche gekennzeichnet. Man kann sagen: Aufbruch war immer.

Und noch etwas ist charakteristisch für Gawriloff: Er wirkte nicht in *der* Kultur, sondern in *unterschiedlichen* Kulturen zugleich. Was als Leben zwischen zwei (eigentlich sogar mehr) Stühlen respektive zwischen verschiedenen Welten begonnen hatte und einige Zeit ganz offen für sehr unterschiedliche Perspektiven war, entwickelte sich bald zu einem Leben der Vermittlung zwischen gegensätzlichen Welten – realen wie geistigen. Zwischen dem Balkan und Westeuropa beispielsweise, zwischen den Religionen, oder zwischen Ost und West: im engeren Sinn des lange geteilten Deutschlands, und im weiteren Sinne zwischen der europäischen und der asiatischen Kultur. Und ebenso zwischen Tradition und Neuer Musik. Vielleicht ist es ja dem Virtuosen gelungen, von allen diesen Seiten jeweils Gutes zu neuen Qualitäten zu verbinden, zu hoch geschätzten Qualitäten seines Charakters wie seines musikalischen Spiels. Das Publikum scheint das zuweilen gespürt haben, im Konzert oder einfach im Gespräch mit ihm. Und vielleicht liegt darin ein Grund, dass er die späteren Entertainer-Attitüden seines wohl berühmtesten Schülers, des Geigers David Garrett, der als Acht- bis Elfjähriger bei ihm studiert hatte, mit distanziertem, aber doch mildem Verständnis betrachtete.

Woher nun kam dieser Saschko Gawriloff? Wie wurde er der, dem so vieles gelang? Wieviel glückliche Fügung, von der er oft und lebhaft in Anekdoten erzählt, übernahm in seiner Laufbahn eine lenkende Rolle? Und kommt dieses Glück womöglich zurück als ein Echo auf jene charmante Freundlichkeit, mit der er nach den Aussagen vieler, die ihn persönlich kennen, in die Welt hineinwirkt?

Um davon wenigstens eine kleine Ahnung zu bekommen, müssen wir weit ausholen – sehr weit.

1929. Geboren als Kind zweier Welten

Die verbindende Kraft der Donau

Die Donau ist – nach der Wolga – der zweitgrößte und zweitlängste Fluss Europas. Vom Schwarzwald bis zum Schwarzen Meer schlängelt er sich 2860 Kilometer lang in südöstlicher Richtung quer durch ganz Europa. Und gar nicht nur beiläufig erregte die gewaltige Ausdehnung des Stromes sogar sprachpoetisch die Vorstellungskraft für Größe, indem er uns mit der Bezeichnung »Donaudampfschifffahrtsgesellschaftskapitän« eines der längsten Wörter der deutschen Sprache bescherte[3] – das gern als Paradebeispiel für die Kombinationslust der deutschen Sprache mit ihren Komposita angeführt wird und sogar in einem 1936 entstandenen und später häufig nachgesungenen Schlager berühmt wurde. Berechtigt ist solch sprachlicher Ruhm nicht nur wegen der Länge des Wortungetüms, sondern ebenso, weil die genannten Kapitäne auf einer der ältesten und bedeutendsten europäischen Handelsrouten unterwegs waren. Dass sie unterschiedliche Kulturkreise, ja gegensätzliche Welten verbanden, mag diesen Spezialisten der Flussschifffahrt im Grunde bekannt gewesen sein. Aber – und das führt unmittelbar zur Antwort auf die Frage, was dies alles denn überhaupt mit Saschko Gawriloff zu tun haben soll – keiner von ihnen konnte ahnen: dass sie gewissermaßen die Geburtshelfer des Künstlers und damit unserer Geschichte werden würden.

Denn eigentlich war es sehr unwahrscheinlich, ja fast unmöglich, dass dieser Musiker überhaupt das Licht der Welt erblicken konnte. Dafür musste es zuerst eine stabile Verbindung zwischen Deutschland und Bulgarien geben.

Diese dann zu benutzen, entsprach damals, vor fast hundert Jahren, dem Aufwand einer Weltreise, was wir uns im Zeitalter der flotten Airlines kaum noch vorstellen können. Die Eisenbahnverbindung des Orient-Express, der nach der Jungfernfahrt 1883 wegen seines Luxuscharakters als »König der Züge« und »Zug der Könige« gepriesen wurde, führte zwar auch nach Bulgarien, kam jedoch in der Zeit zwischen den beiden Weltkriegen, von der hier die Rede ist, für unsere spezielle Route nicht in Frage. Nur die Donaudampfschifffahrtsgesellschaft machte das möglich, sie ist für alles Weitere außerordentlich wichtig: Ohne die Donaudampfer kriegen wir, die Musikfreunde dieser Welt, keinen Saschko Gawriloff auf die Bühne.

Ein damals Beteiligter, etwa ein Kapitän dieser Flotte, konnte sich diese sehr spezielle Bedeutung seines Schiffs für die spätere Musikgeschichte freilich nicht vorstellen. Und erst recht dann nicht, wenn er im Jahre 1933 einen kleinen Jungen von drei Jahren unter seinen Passagieren hatte, der auf der langen Reise von Wien nach Bulgarien draußen vor dem Passagierraum an der Reling saß und unermüdlich jene kleine Blechgeige bearbeitete, die sein Großvater in der Spielwarenabteilung eines Leipziger Kaufhauses entdeckt und ihm geschenkt hatte. Es war das erste Musikinstrument des Kleinen überhaupt. Naja, Instrument? Wahrscheinlich wird das Gekratze niemanden gestört haben bei all dem stampfenden Maschinenlärm des Dampfers.

Manche Passagiere wollten dem Jungen sogar ein paar Münzen spendieren, wie sie es sonst in Budapest taten, wenn während eines stundenlangen Schiffsaufenthalts im dortigen Hafen eine »Zigeunerkapelle«[4] an Bord kam, einmal spielend durchs ganze Schiff wandelte, Geld einsammelte und vor der Weiterreise wieder von Bord ging. Aber der Junge wollte ja gar kein Geld, damals noch nicht. Er wollte einfach nur spielen. Und vielleicht griff der Kapitän, dessen Namen wir nicht kennen, dem Jungen im Vorübergehen mal gönnerhaft mit der Hand in den Wuschelkopf. Er konnte, wie gesagt, nicht ahnen, dass dieser Knirps da, dem seine Mutter hin und wieder, mal zärtlich, mal besorgt, den Namen Saschko zurief, später von seinem Blechding auf eine richtige Geige umsteigen und ein in der ganzen Welt beliebter Geiger werden würde.

Was der Chef auf dem Schiff auch nicht wissen konnte: Er oder einer seiner Kapitänskollegen trug eine erhebliche Mitverantwortung dafür, dass es den Jungen überhaupt gab. Denn einige Jahre zuvor, im Sommer 1927, war auf derselben Route eine junge Frau aus Leipzig gereist, war zunächst mit dem Zug nach Wien gefahren, dort auf das Schiff der Ersten Donau-Dampfschifffahrts-Gesellschaft (dies eine andere offizielle Schreibweise damals) gestiegen. Zweieinhalb Tage später war sie im nordwestbulgarischen Donauhafen Lom an Land gegangen. Ein Schritt, der ihr Leben von Grund auf änderte.

Käthe Heil hieß die junge Leipzigerin. Aufgebrochen war sie zu dem abenteuerlichen Urlaubstrip über die Donau mit ihrer besten Freundin Ilse Lommatsch. Warum die beiden unternehmungslustigen Frauen ausgerechnet ins bulgarische Städtchen Lom wollten, ist nicht mehr genau herauszufinden. Vielleicht hatte Ilse Lommatsch dort einen Bekannten, vermutet Saschko Gawriloff später. Nicht lange danach wurde aus Ilse Lommatsch Ilse Isgrinow. Der Mann, den sie heiratete, betrieb in Lom einen Fotoladen und war der Freund des Musikers Jordan Gawriloff – jenes Mannes, den Käthe Heil auf dieser Reise 1927 kennenlernen und ebenfalls bald heiraten sollte.

Begegnet ist sich das künftige Paar wegen der Musik. Jordan Gawriloff, ein leidenschaftlicher Geiger, leitete in Lom ein Salonorchester und veranstaltete regelmäßig Konzerte. Nun erfuhr Käthe Heil von Ilse, dass die Pianistin des Salonorchesters, eine Lilli Popova, krank geworden sei und deshalb ein geplantes Konzert auszufallen drohe. »Kannst du da nicht einspringen?«, schlug Hilde ihrer Freundin vor. »Na klar«, antwortete Käthe, denn sie war eine versierte Pianistin. So konnte die geplante Soiree an einem der nächsten Abende anlässlich irgendeines Feiertages stattfinden, und Käthe spielte mit dem Orchester ihr Lom-Debüt: Wiener Walzer, Ouvertüre aus Fledermaus, noch andere populäre Stücke, wie es dort bei solchen Gelegenheiten üblich war. »Naja, und da hat sich meine Mutter in diesen Menschen verliebt, und er sich auch in sie«, berichtet Saschko Gawriloff später aus der mündlichen Familienüberlieferung.

Sie war eine attraktive Frau, er ein attraktiver Mann, beide waren jung, sie 21, er 23 Jahre, beide voller Unternehmungsgeist. Käthe Heil lud ihren Freund nach Leipzig ein, er folgte der Einladung, studierte, um seine Ausbildung zu vervollkommnen, am Königlichen Konservatorium in der sächsischen Musikstadt noch einige Semester Geige bei Walther Davisson. Die beiden heirateten, bald brachte Käthe Heil, die nun Käthe Gawriloff hieß, in einer Leipziger Klinik ihren Sohn zur Welt: Am 20. Oktober 1929. Ein Sonntagskind. Da der Vater rasch wieder zurück nach Bulgarien wollte, weil er große Pläne hatte, kehrte die junge Familie nach Lom zurück, als Saschko ein oder anderthalb Jahre alt war. Diese wie alle anderen der nun häufig unternommenen Reisen der Familie zwischen Lom und Leipzig führten über die Donau.

Lom wurde jetzt zum Wohnsitz der Familie. Käthe war außerordentlich sprachbegabt, lernte schnell Bulgarisch und war überhaupt, wie sich ihr Sohn erinnert, »eine begeisterte Bulgarin, sie fühlte sich dort unglaublich wohl«. Für Saschko, der zunächst mehr Bulgarisch und nur mit seiner Mutter Deutsch sprach, war diese Kindheit und frühe Jugend in Lom nach seiner eigenen späteren Schilderung idyllisch. Das mag mit der Lage des Ortes zu tun haben: ein Donau-Hafenstädtchen mit lebhafter Kulturszene, wo man als Kind Abenteuer und Künste gleichermaßen erleben konnte. Sicher lag es auch am Klima in der Familie. Und ebenso an jenem Klima des Aufbruchs und Aufschwungs sowie der Erwartungen, von dem seit ein paar Jahren ganz Bulgarien erfasst war: ein kleiner, noch sehr junger Staat mit bewegter Vorgeschichte. Und mit großen, übergroßen Hoffnungen.

Namen, Religionen und erste Geigentöne

Als das junge Ehepaar mit dem kleinen Sohn aus Leipzig nach Lom zurückgekehrt war, nahm der Vater seine musikalische Arbeit in der Heimatstadt wieder auf. Über den Namen des Babys hatte es noch in Leipzig einen ernsthaften Familienstreit gegeben. Vater Jordan hatte, als stolzer Bulgare und orthodoxer Christ, festgelegt: »Unser Junge wird in Bulgarien getauft.« Das aber wollte dem Großvater mütterlicherseits, dem evangelischen Sachsen Hugo Heil, gar nicht gefallen: »Kommt überhaupt nicht in Frage! Das Kind wird, bevor ihr nach Bulgarien fahrt, hier getauft.« Er holte sich Rat beim Bäcker in der Nachbarschaft, eine Episode, bei der Saschko Gawriloff gern das blühende Sächsisch des Großvaters erklingen lässt:

»Nu, Frau Wutzler, wir ham schätzt n Enkelsohn.« – »Scha mei Hugo, das is doch brima. Wie soller denn heeßen?« – »Na, das wissen wir doch noch gar nisch. Weeßte, mei Schwiegersohn, der is doch aus Bulgoarien, und der will natürlich n bulgoarischen …« – »Ne, Hugo, der muss en richtigen Namen kriegen. Weeßte was? Nenn den doch am liebsten Siegfried.«

»So entstand dann dieser komische Walhalla-Name[5]«, schließt Saschko Gawriloff seine Anekdote. Nach der ergiebigen Beratung im Bäckerladen kam der Großvater nach Hause und verkündete entschlossen: »So, wir haben jetzt einen Namen für unsern Enkel.« Dessen Vater brauste auf: »Das kommt gar nicht in Frage!« Darauf stritten sie sich eine Weile sehr heftig, und am Ende einigten sich die Hitzköpfe auf einen Kompromiss. Der Junge erhielt zwei Namen: Siegfried und, nach einem Bruder des Vaters, Alexander. Wenn schon Namen von Superhelden, dann eben den der Germanen zusammen mit dem des antiken Welteroberers Alexander der Große, der noch dazu Makedonier war, weshalb die Bulgaren, die zu jener Zeit Ansprüche auf diese Region erhoben, ihn als ihren ruhmreichsten Vorgänger betrachteten. Und von Alexander leitet sich später der Kosename ab: Russen sagen Sascha, Bulgaren Saschko.

Nun war der Kleine doch schon in Leipzig getauft worden, hieß nun offiziell Siegfried Alexander Jordan Gawriloff[6], und Großvater Hugo Heil war zufrieden. Man war doch schließlich nicht irgendwer hier in Markleeberg, dem gutbürgerlichen Nobelviertel von Leipzig. Und war denn nicht er es gewesen, Hugo Heil, der das Leipziger Geigenstudium seines Schwiegersohnes bei Walther Davisson finanziert hatte?

Hugo Heil, war gelernter Notenstecher. Lange Zeit war er Klarinettist im Sächsischen Garderegiment gewesen, hatte dann aber den umfangreichen Grundbesitz seines Vaters geerbt und sein Handwerk an den Nagel gehängt. Von den Früchten des Erbes konnten er und seine Ehefrau Minna

Heil sowie die beiden Kinder Käthe und Kurt in beachtlichem Wohlstand leben. Ein Bestattungsinstitut und die Gaststätte »Im Mittelpunkt«, die er in Markleeberg betrieb, warfen genug ab. Die Klarinette holte er seitdem nur noch manchmal zum Vergnügen hervor.

Dem Leipziger Streit um Namen und Konfessionen folgte allerdings in Bulgarien noch ein kräftiges Nachspiel: Als die junge Familie wieder in Lom eintraf, trat dort sogleich Saschkos Großmutter väterlicherseits auf den Plan. »Der Junge ist ja ein Heide!«, rief Zorka Georgiewa entrüstet aus. »Der muss sofort orthodox getauft werden!«

Der Kleine wurde ein zweites Mal getauft, war danach kein Heide mehr, sondern sogar ein doppelt beglaubigter Christ, und wuchs fortan mit beiden Konfessionen auf. »In der Schule in Bulgarien wurde ich orthodox erzogen«, berichtet er. »Vor allem mit meiner Großmutter, die eine große Kirchgängerin war, besuchte ich an Feiertagen die Kirche. Genau wie sie lag ich Ostern auf dem Kirchenboden oder küsste die Ikonen ab. Und in Deutschland war ich dann wieder evangelisch. Es hatte ja alles mit Jesus und Mutter Maria zu tun, da klappte das schon. Mir war's wurscht. Das eine war etwas attraktiver, theatralischer – die Orthodoxen sind wirklich sehr theatralisch. Das fand ich großartig. Und immer, wenn ich in Bulgarien bin, gehe ich in Sofia sofort in die Alexander-Newski-Kathedrale, um mir die Chöre anzuhören. So was Herrliches! In Deutschland war es dagegen sehr nüchtern und … Naja, protestantisch halt.«

In Lom gab es für Saschko keinen Großvater väterlicherseits. Nicht mal Saschkos Vater Jordan, der jüngste Spross seiner Familie, hatte an seinen Vater irgendeine Erinnerung, da der ein halbes Jahr nach seiner Geburt gestorben war. Dieser unbekannte Großvater, Gawril Georgiew[7] hatte nach seiner Ausbildung in Sofia anderthalb bis zwei Jahre lang in Wien gearbeitet. »Nach Europa fahren, Europa kennenlernen« – das war seit der Befreiung Bulgariens von der Türkenherrschaft ein verbreitetes Motto im Lande und entsprach der allgemeinen Aufbruchsstimmung. Um Europa kennenzulernen, zog ein Onkel Gawriloffs mit seiner Frau für einige Zeit in die Schweiz, andere gingen nach Frankreich. Deutschland gehörte neben Österreich ebenfalls zu den bevorzugten Bildungszielen.

Besagter Großvater Gawril Georgiew jedenfalls kam, nachdem er in Wien genug Europa kennengelernt hatte, nach Lom und wurde dort die Nummer Zwei in der Stadtverwaltung, Kanzler oder Stadtdirektor, etwas in der Art. Seine Frau war 16 Jahre jung, als er sie heiratete, damals ein übliches Brautalter. Fünf Kinder brachte sie zur Welt. Und dann, mit gerade 36 Jahren, starb der Großvater überraschend. Es geschah eines Morgens, als er zur Arbeit aufbrechen wollte. Zorka Georgiewa hatte ihrem Mann seinen türkischen Kaffee gemacht, er stand mit der Tasse in der Hand auf – und fiel tot um, vermutlich wegen eines Herzinfarkts. Saschkos Großmutter blieb als Witwe zurück, die ihre fünf Kinder nun allein großzog, was sie nebenbei zu einer entschlossenen, starken und liebenswerten Frau voller Gottvertrauen gemacht hat.

Zorka Georgiewa besaß zwei Häuser. Nicht solche prächtigen Jugendstilvillen, wie sie seit der Befreiung Bulgariens im Zentrum Loms von österreichischen, italienischen und deutschen Architekten errichtet worden waren. »Sondern es waren kleine Häuser aus der Türkenzeit: aus Balken konstruiert und mit Lehm verputzt«, beschreibt Gawriloff die Orte seiner Kindheit. »Das eine Haus war größer, dort zogen meine Eltern ein; das andere war ein ganz kleines Häuschen, nur ein

Zimmer mit Küche, aber es gab da einen riesengroßen, wunderschönen romantischen Garten mit einem Brunnen in der Mitte, aus dem das Wasser geholt wurde. Alles sehr idyllisch. Dort wohnte ich bei der Großmutter. Ich schlief auch bei ihr, auf einer Seite eines riesengroßen Bettes. Es war, als wäre ich ihr Kind.«

*

Nach der Rückkehr aus Leipzig hatte Saschkos Vater begonnen, in Lom selbst Geigenunterricht zu erteilen. Bald hatte er großen Zulauf von Lernbegierigen. Zunächst kamen überwiegend Kinder aus der Grundschule, bald ältere aus dem Gymnasium. Dreißig bis vierzig Geigenschüler mögen es gewesen sein, erinnert sich Saschko Gawriloff. Jedes Jahr brachte der Vater mit seinem Schülerorchester eine Produktion heraus, die in der berühmten »Lesehalle« aufgeführt wurde und großen Anklang fand. Die Bezeichnung »Lesehalle« mag für westliche Ohren irreführend klingen und lässt sich nur aus der bulgarischen Geschichte verstehen (darüber mehr ab Seite 45). Man darf sich das Gebäude als ein stattliches Kulturhaus vorstellen. Den Theatersaal darin beschreibt Saschko Gawriloff als »großen Saal, mit Orchestergraben, Bühne und einem Rang, von außen Jugendstil, wirklich sehr hübsch«.

Von alldem war Saschko als Junge sehr begeistert. Oft hörte er bei Proben und Konzerten der Musikschüler zu und staunte, was diese jungen Musiker auf ihren Geigen zustande brachten. So wollte er das auch können. Wahrscheinlich hat er dann sogar etwas gedrängelt, bis der Vater eines Tages endlich sagte: »Gut, Saschko, du wirst Geige lernen.« Da war Opas Blechgeige also tatsächlich ein gewisser Anfang gewesen. »Naja, man konnte drauf spielen. Es klang zwar jämmerlich, trotzdem legte ich los.« Aber jetzt würde er richtig Geige spielen lernen und bald das können, was er bei den Schülern seines Vaters in deren Konzerten oft bewundert hatte.

Mit vier Jahren erhielt Saschko eine Achtel-Geige, an ihre Stelle traten, als er größer wurde, eine Viertel-, danach eine halbe, später eine Dreiviertel-Geige. Und schließlich, als er mit acht oder neun Jahren groß genug war, um den linken Arm beim Spielen auch in den tiefen Lagen immer noch leicht angewinkelt zu halten, eine »richtige«, das heißt ganze Geige. »Ich begann, mit den anderen zu musizieren. Und mein Vater hat sich mit mir sehr … sehr beschäftigt.« Was vor allem hieß: Besonders gründlich und konsequent. Und streng. »Er machte es von Anfang an ganz professionell. Hat die linke Hand genau bearbeitet bei mir: Jeder Finger wurde einzeln hingestellt, bis ich ein Gefühl für all das kriegte, es musste ganz genau stimmen. Dann mit der rechten Hand die Bogenhaltung, auch sehr genau – und dann aber ganz locker werden, das Handgelenk frei machen … Es musste von Anfang an gut klingen.«

Schon bald klang es wirklich gut. Hier also, im bulgarischen Lom, wurden in den kommenden Jahren die Grundlagen für eine spätere internationale Musiker-Karriere gelegt.

1931–1941. Lehrjahre in Bulgarien

Kleinstadtidylle und strenge Ausbildung

Dass Saschko einmal Geiger werden würde, stand für ihn nie ernsthaft in Frage. »Ich wurde schon als Kind so hinerzogen, dass mir gar nichts anderes in den Sinn kam«, erzählt er später und betont: »Ich wollte einfach nur Musik machen, aber ohne diese Imponierlust mancher Kinder, die dann so angeben: Guck mal hier, was ich kann!« Es gab da Stücke, die faszinierten ihn besonders, die wollte er spielen – wie die »Zigeunerweisen« von Pablo de Sarasate (Aires gitanos) oder die Ballettszene von Bériot. Ebenso gehörten Sonaten von Händel zu seinem Repertoire der frühen Jugendzeit, Violinkonzerte von Giovanni Battista Viotti (Nr. 22 a-Moll), von Vivaldi (a-Moll) und Louis Spohr (Nr. 2 d-Moll) oder eine Sonatine von Antonín Dvořák. »Dann habe ich das wirklich mit Liebe gemacht. Und freute mich immer, wenn es in der Stadt ein Konzert der Musikschule meines Vaters gab und ich dort auftreten konnte.«

Überhaupt spielte Musik damals eine große Rolle für alle Bulgaren. Und Musik lag in der Familie. »Meine Tante hat sehr gut gesungen, sie war Sängerin und hatte eine wunderbare Stimme«, erinnert sich Gawriloff. »Aber natürlich: Wo sollte man denn ›Aida‹ singen in Lom an der Donau?«, lacht er. »Und mein Onkel spielte gut Flöte und Saxofon. Der war eigentlich Wagner von Beruf, Wagenbauer, er machte Räder und Leiterwagen, oder Skier. Und er baute sogar Geigen! Der war unglaublich begabt, er wirkte im Salonorchester meines Vaters mit, meistens mit der Flöte, manchmal mit dem Saxofon.«

Der wichtigste Antrieb für Saschko aber wurde der Vater. »Er wollte ja früher selbst unbedingt Geiger werden. Das hat er geschafft. Schon als Kind wollte er Geige lernen, und wie er zu seinem Instrument kam, das war eine lustige Geschichte: Als kleiner Knirps band er zwei Maiskolben zusammen, dann strich er mit einem Stöckchen darüber und sang dazu: ›Ich will Geige spielen, Geige spielen, Geige spielen …‹ Bis seine Mutter ihrem Jüngsten nachgegeben hat.«

Dann erhielt Jordan eine Geige und Unterricht, zunächst beim Stadtpfeifer in Lom: »Das war ein Cellist, der aber alles spielte – und der alles unterrichtete«, lacht Gawriloff. Später ging er nach Sofia, um beim Konzertmeister der Königlichen Hofkapelle zu studieren. An die Hofkapelle kann sich Saschko Gawriloff noch gut erinnern. Als Kind hat er sie erlebt, wenn sie auf ihren Tourneen nach Lom kam: »Die traten in Husarenuniformen auf. Es war sehr lustig anzusehen, mit solchen Schnüren vor der Brust, mit Stiefeln. Sie sahen sehr schick aus.«

Der Vater hatte viel erreicht: Er hatte in Lom sein Salonorchester, betrieb seine eigene Musikschule, hatte sogar einige Zeit in Leipzig studiert. Und für Saschkos Zukunft wünschte dieser Vater, der übrigens später selbst im Leipziger Gewandhausorchester mitwirkte und nach dem Krieg in Berlin ein Internationales Sinfonieorchester leiten sollte: »Mein Sohn, der soll einmal noch mehr erreichen.«

Vielleicht war es dieser hohe Anspruch, der den lehrenden Vater streng machte. Bis ins hohe Alter ist Gawriloff ihm dankbar für die genaue Grundlagen-Ausbildung, auf der sich später gut aufbauen ließ. Und natürlich war es vorteilhaft, wenn er täglich Unterricht erhielt. Das hatte sonst keiner dort, es verschaffte ihm eine Intensität der Entwicklung, wie sie in einem normalen Studium mit einem oder höchstens zwei Lehrerterminen in der Woche kaum möglich gewesen wäre. Wahrscheinlich hat diese Gewöhnung an Intensität ihm geholfen, sich später, gegen Ende des Krieges, einige Monate lang ohne Lehrer im Selbststudium zu vervollkommnen.

Doch damals in Lom hatte die Sache einen Haken. Er musste täglich üben, eine Stunde am Morgen, eine am Nachmittag. Und Saschko übte, fleißig und regelmäßig. Manchmal mehr, als er sollte, er wollte ja ein Violinist werden.

Aber mit anderen Kindern draußen zu spielen – solche Wünsche hatte er natürlich auch. »Na, als Kind ... Das war doch dort das Paradies auf Erden! Da bin ich eben auch mal draußen herumgestromert und habe nicht geübt.« Selten kam das vor, aber wenn er nicht geübt hatte, ließ sich das nicht nachholen, denn der Unterricht beim Vater war ja schon am selben Abend. Selbst die Großmutter, die sonst ihren Enkel zu verwöhnen pflegte, sagte in so einem Fall: »Du hast heute nicht geübt, das sage ich deinem Vater.« Es kam heraus, es gab Krach, manche Ohrfeige auch, manche Tränen. Der Vater reagierte mit Strenge, sogar dann, wenn Saschko wirklich geübt hatte und nur nicht gut genug vorangekommen war.

Freilich hatte Jordan Gawriloff als Geigenlehrer mit sehr unterschiedlichen Schülermentalitäten zu tun. Nicht alle waren so motiviert wie sein Sohn, nicht jeder klang so gut, weshalb er von den akustischen Zumutungen seines Geigenlehrerberufs nervlich bereits ermüdet war, wenn er sich am Abend zu Hause dem Unterricht des Sohnes widmete. Und als Lehrer musste er sich mit den sonderbarsten Spielarten von Übe-Faulheit auseinandersetzen. Es gab da beispielsweise einen etwas älteren Cousin Saschkos, der Geige lernen sollte, aber nicht die geringste Lust dazu hatte. Seine

Familie lebte in einer großen Villa an der Hauptstraße, der Vater war Großgrundbesitzer und pflegte zu sagen: »Mein Sohn braucht später nicht zu arbeiten, der übernimmt die Geschäfte. Aber er soll Geige lernen.« Trotz der Strenge des Geigenlehrers kam der Junge nicht voran. Und wenn sich im Unterricht herausstellte, dass er nicht vorbereitet war, hatte er oft eine Ausrede parat. Einmal verwies er achselzuckend auf gerissene Saiten. Bis sich herausstellte, dass er die selbst zerschnitten hatte, um seine Ausrede zu haben.

Von solchen Motivationsproblemen war Saschko weit entfernt. Trotzdem glaubte sein Vater offenbar, er müsse noch mehr Druck auf ihn ausüben. Deshalb sagte er eines Tages zu ihm: »Na gut, wenn du nicht willst, dann wirst du eben Schmied. Komm, wir gehen da gleich mal hin!« Sprach's, nahm den überraschten Saschko an der Hand und zog ihn hinter sich her zum Marktplatz. Der Junge riss sich los und rannte davon, der Vater war schneller und griff dann noch fester zu. Als sie sich der Schmiede näherten, fiel Saschko schon von weitem dieser riesige Blasebalg auf.

»Hier«, rief der Vater in die Werkstatt hinein, »ich bring dir einen neuen Lehrling, der wird jetzt Schmied.«

»Aber warum denn?«, wunderte sich der Schmied. »Ich dachte, der soll mal Geiger werden.«

»Na, der will ja nicht üben«, erklärte der Vater.

»Ach sooo. Na gut«, sagte der Schmied. »Dann komm mal her, Junge. Das Erste, was du lernen musst, ist, diesen Blasebalg zu bedienen. Kriech mal da drunter und drücke mit dem Rücken dagegen!«

Saschko versuchte, der Anweisung zu folgen, aber an diesem Riesending von einem Blasebalg bewegte sich gar nichts.

»Siehste, so schwer ist dieser Beruf«, sagte der Schmied in einem ganz besonders bedächtigen Tonfall. Saschko fühlte sich »äußerst deprimiert«, wie er später lachend erzählt. Aber nun lenkte der Vater ein: »Na gut, lass es uns noch einmal versuchen. Entweder du übst mehr – oder du wirst Schmied. Du kannst wählen.«

Da durfte er also wählen, und wir als Beobachter dieses lange zurückliegenden Geschehens erkennen in der Aktion des Vaters sofort den schlauen, aber simplen Grundsatz jeder Manipulation: Willst du einen oder viele Menschen in eine gewünschte Richtung lenken, dann stell diese Wunschrichtung als »alternativlos« dar, aber indirekt: indem du sie zusammen mit einer *falschen* Alternative, quasi einer Fake-Alternative präsentierst. Geiger oder Schmied – was war das schon für eine Wahl? Hat der Vater das junge Talent erschreckt und zu größerer Anstrengung angespornt? Oder war es ungerechte und wohl nutzlose Härte aus der Trickkiste der »Schwarzen Pädagogik«, obwohl der Junge doch schon von selbst fleißig arbeitete? Gawriloff selbst betont – 80 Jahre später und mit sechzigjähriger eigener Erfahrung als Lehrer – die zweite Deutung: Der Vater war sehr streng, oft zu streng.

Saschko übte danach weiter, seinem großen Ziel folgend, ein Geiger zu werden. Bald sollten sich erste Erfolge einstellen. Aber für einen Jungen wie ihn fanden sich in Lom noch ganz andere Gelegenheiten und Einflüsse, die ihn – manchmal fast beiläufig, aber recht originell – für ein Leben auf der Bühne vorbereiteten.

Heimat Lom: Atmosphäre eines Aufschwungs

Nicht allein der Geigenunterricht war es, der aus dem Jungen Saschko den großartigen Geiger Gawriloff machte.

Obwohl wir später sehen werden, dass dieser Unterricht in seiner Gesamtheit bis zu seinem Eintritt ins Berufsleben als Musiker sehr ungewöhnliche Formen annahm. Ungewöhnlich, weil die geschichtlichen Umstände – er war am Ende des Zweiten Weltkriegs gerade 15 Jahre alt – alles andere als günstig für eine musikalische Entwicklung waren. Einerseits. Und andererseits, weil der Heranwachsende trotzdem originelle Ideen, Methoden und Mentoren fand, um seine Fähigkeiten ohne Unterbrechungen weiterzuentwickeln.

Aber mindestens ebenso wichtig für das Verständnis dieser Entwicklung ist die Atmosphäre, in welcher der Junge aufwuchs, sind die Einflüsse kultureller und allgemein gesellschaftlicher Art, die Klänge und Gesänge, die Rituale und Gewohnheiten in seiner Umgebung. Und es sind die Projekte, größere wie kleinere, an denen sich die Leute abarbeiten, sowie die Geschichten, mit denen sich im jungen Staat Bulgarien eine eigene kulturelle Identität gerade erst neu konstituierte und besonders die Jugendlichen motivierte: In einem Land, das eben erst, ziemlich spät, aus der Türkenherrschaft befreit worden war, aber noch immer mit den Folgen dieser Fremdherrschaft zu kämpfen hatte.

*

Wenn es einen *Genius Loci* gibt, einen »Geist des Ortes«, dann finden wir ihn – jenseits aller mythischen oder religiösen Spekulation – in der Geschichte und den aktuellen Unternehmungen seiner Bewohner. In Lom ist er stark geprägt durch die Donau, die nach der Grenze zu Serbien bis hierher eine rund 80 Kilometer lange, weit geschwungene Doppelkurve hinter sich hat, mehr als einen Kilometer breit ist und auf 608 Kilometern Länge die natürliche Grenze zwischen Rumänien und Bulgarien bildet.

Wer hier Anfang der 1930er Jahre aufwuchs, der hörte noch abenteuerliche und grausame Heldengeschichten aus den letzten Jahrzehnten der Türkenherrschaft im 19. Jahrhundert: über Freischärler, die im Abenddunkel per Boot aus Rumänien über die Donau-Grenze heranschlichen, osmanische Ziele angriffen oder – wenn sie mehr in räuberischer Absicht zur Selbstversorgung unterwegs waren – plünderten, und dann schnell wieder über die Donau verschwanden. Oder Geschichten über die bulgarischen Soldaten in der Schlacht am Schipkapass, die wegen Munitionsknappheit ihre eigenen gefallenen Kameraden als Waffen benutzten, indem sie deren Leichen von oben auf die von unten heraufstürmenden Türken hinabwarfen und mit diesem verzweifelten Heldenmut letztlich siegreich blieben. Oder über Freiheitskämpfer, die sich zu Märtyrern machten, indem sie vor einem türkischen Gericht unmittelbar nach der Verurteilung zum Tod am Galgen den eigenen Kopf derart heftig gegen die Wand schlugen, dass ihre Feinde nur noch einen Leichnam aufhängen konnten und um einen Triumph gebracht waren. Oder, in einer Erzählung von Saschkos Tante, über einen Vorfahren der Familie Gawriloff, »Fürst Kulin« genannt, nicht weil er ein Adliger gewesen wäre, sondern weil er einer der Rädelsführer der Guerilla-Kämpfer an der Seite des berühmten Freiheitshelden Christo Botev gewesen sein soll.

Die Geschichte Loms, wo heute knapp 30 000 Einwohner leben, scheint bis in die Zeit der Thraker zurückzureichen. Im Römischen Reich und später unter Osmanischer Herrschaft wird die Siedlung mit verschiedenen Namen erwähnt. Ihr eigentlicher Aufschwung begann aber mit der Donaudampfschifffahrtsgesellschaft (DDSG). Damit hatte Österreich im 19. Jahrhundert den Handel mit seinem ungarischen

Landesteil und kurz danach mit dem Osmanischen Reich intensiviert. Schon 1837 legte erstmals ein österreichischer Dampfer, die »Arpade«, in Lom an. In den folgenden Jahren wurden hier ein Hafenkai gebaut und eine Agentur der Donaudampfschifffahrtsgesellschaft eröffnet. Mit dem Bau einer Straße nach Sofia wuchs die Bedeutung des Hafens: Lom war nun die kürzeste Verbindung zwischen Donau und Sofia, wurde der wichtigste Exporthafen für den Handel mit Wien und der zweitwichtigste bulgarische Hafen nach der Schwarzmeerstadt Warna.

Um 1880 wohnten hier ungefähr 7500 Einwohner, es gab 120 Geschäfte, 148 Handelskontore, 34 Kaffeehäuser, sechs Hotels. Händler aus Lom begannen, Handelskontore in England, Bukarest oder Odessa zu betreiben. Und kurz vor der Jahrhundertwende entstanden hier eine Bierbrauerei, eine Tabakfabrik und ein Keramikwerk. Zum Hafen kam noch ein Bahnhof, sodass der Warenumschlag weiter wachsen konnte. Bis 1926 verdoppelte sich die Einwohnerzahl auf rund 14 400. Der Ort wuchs in dem Maße, wie der Handel mit Österreich zunahm: also äußerst schnell. Die Donaudampfschifffahrtsgesellschaft betrieb 1894 die größte Binnenschifffahrt der Welt mit 154 Raddampfern, 25 Schrauben- und acht Kettenschiffen sowie Hunderten weiteren Fahrzeugen, einem Eisenbahnfuhrpark, zwei Werften und vier Reparaturwerkstätten.

Mit welchen der Schiffe die Familie Gawriloff zwischen Wien und Lom reiste, ist heute nicht mehr zu ermitteln. Die drei Eildampfer »Schönbrunn«, »Budapest« und »Wien«, die bei ihrer Indienstnahme um 1912 wegen ihres hohen Tempos für Aufsehen gesorgt hatten, wären für die Langstrecke geeignet gewesen. Am wahrscheinlichsten war es aber einer der vier Expressdampfer: »Wilhelm II.« und »Franz

Joseph I.«, die nach dem Ende des verlorenen Ersten Weltkrieges aus naheliegenden Gründen umgetauft wurden und dann »Uranus« und »Jupiter« hießen, sowie deren nach dem Krieg in Dienst gestellten Schwesternschiffe »Saturnus« und »Helios«. Oder sogar die »Österreich«, die 1927 als letztes und stärkstes Dampfschiff der DDSG den Fahrbetrieb aufnahm.

Nach dem Ersten Weltkrieg hatte sich in Lom eine lebhafte Gründermentalität entfaltet, Ende der 1920er Jahre konnte man von einem Aufschwung sprechen. Auch Saschkos Eltern versuchten nach ihrem Umzug aus Leipzig, in Lom ihr Glück als Unternehmer. Sie begannen mit der Gründung der Musikschule im größeren Haus der Großmutter. Im Erdgeschoss hatte Saschkos Onkel, der Wagenbauer und Flötist, seine Werkstatt. Die war groß genug, dass sich Saschkos Vater und der Onkel auf eine Teilung einigen konnten: Eine Hälfte blieb Werkstatt, die andere Hälfte wurde Musikschule, durch einen Umbau waren beide Bereiche getrennt. »Es hatte nun nichts mehr miteinander zu tun. – Man hörte es nur«, berichtet Gawriloff. Heißt: Der Wagner hörte durch die Wand musikalische Etüden, und die Musikschüler wurden vom Hämmern, Hobeln und Sägen des Wagners begleitet. Die Musikschule bot immer genug Raum: etwa so viel wie das Erdgeschoss eines größeren Einfamilienhauses.

Nicht lange nach der Eröffnung der Musikschule des Vaters übernahmen Saschkos Eltern als Pächter ein Hotel. »Hotel Saloniki«. Großvater Hugo Heil hatte investiert, die Mutter saß an der Rezeption und führte die Bücher. Lange ging das nicht gut, nach knapp zwei Jahren war das Hotel pleite. »Meine Eltern hatten doch keine Ahnung, wie man ein Hotel führt«, berichtet Saschko Gawriloff. Aber solange es ging, spielte sein Vater fast jeden Abend mit seinem

Tanzorchester im großen Restaurantsaal, in dem abends Offiziere und Bürger Geselligkeit suchten.

Und jeden Abend gab es dort eine kleine Sensation: Dann kam nämlich ein kleiner Knirps, kurz bevor er ins Bett musste, nochmal in den Saal. Dort baute er sich im Russenkittel und mit Stiefeln auf der Bühne vor dem Orchester auf und dirigierte munter drauflos. Natürlich, das Tanzorchester brauchte kein Dirigat, stieg aber genüsslich auf Saschkos lebhaftes Gefuchtel ein: zog das Tempo an oder bremste wieder etwas ab und kommentierte seine energischen Armbewegungen mit lustigen Soloverzierungen. Regelmäßig herrschte da für ein paar Minuten fröhliche Zirkusatmosphäre. Das Publikum jubelte immer wieder begeistert über die Einlagen des Kleinen. Und der sammelte Abend für Abend Bühnenerfahrungen – vielleicht vor allem die, wie schön und lustig es sein kann, überhaupt auf einer Bühne zu stehen. Noch war alles nur Spaß, aber bald schon würde die Bühne für Saschko aufregender werden, wenn er dort sein Können zeigen sollte.

Nach der Hotelpleite gründete der Vater, zusammen mit seinem Freund Isgrinow, dem Fotografen, noch ein Musikaliengeschäft. Er bot Bücher und Noten, Schülergeigen, Saiten und Zubehör an. Auch dieses Projekt scheiterte. »Das war nicht sein Metier. Mein Vater hatte von diesen geschäftlichen Dingen zu wenig Ahnung.« Was schließlich blieb, war die Musikschule. Die lief sehr gut, und ihr Ruf erreichte bald sogar die Hauptstadt Sofia.

Zu den Besonderheiten dieser Umgebung gehörten einige Originale wie jener Russe Dmitri, der zur Zeit der russischen Revolution emigriert war und nun in Lom stets in Russenkittel und Stiefeln unterwegs war: ein Cellist, der ebenfalls im Orchester des Vaters mitspielte und selbst Instrumente reparierte, ein richtiger Alleskönner. Oder Welko, von allen »der Zigeuner« genannt: ein Geiger mit seiner Roma-Kapelle. »Der war ein berühmter Mann dort. Ein genialer Bursche«, sagt Gawriloff. »Was der alles spielte! Aber er machte das alles nach Gehör, diese bulgarische Volksmusik.« Welko spielte mit seiner Kapelle, besetzt mit Zimbal, Akkordeon und Sekundgeige, in allen Lokalen, meistens draußen im Freien. Und wenn er aufgehört hatte, sammelte er zwischen den Tischen Geld ein, das ihm die Leute in die F-Löcher seiner Geige steckten. Sein süffig-melancholischer Sound gehörte ebenso zum Klang der Stadt wie die Gesänge des Kirchenchores von Lom, oder wie die Konzerte, die Saschkos Vater veranstaltete.

*

Besonders aufregend und interessant wurde es für Saschko, wenn das Hafenstädtchen Lom würdige Feiertage der Nationalgeschichte zu begehen hatte. Fünf oder sechs Mal in jedem Jahr wurde das mit großem Aufwand zelebriert, jedes Mal konnte der Junge den »Genius Loci« gewissermaßen in seinem pompösen Festtagsglanz erleben: als großen Aufmarsch. Besser gesagt: Saschko bestaunte das alles nicht als Außenstehender – er war selbst mittendrin, war ein Teil dieser Selbstinszenierung, in der sich die ganze kleinstädtische Gesellschaft präsentierte. Es war seine Heimat, sein Heimatgefühl, und später erzählte er über diese Spektakel in fröhlichem Ton, als sei das eine seltsam ferne, ja exotische Geschichte aus einer ganz anderen, märchenhaften Welt, die einstmals – Epochen zuvor – seine eigene war.

Anlässe zu solchen großen Zeremonien bot vor allem die jüngere Befreiungsgeschichte des Landes, und – im Sinne der so genannten »Wiedergeburt« Bulgariens – das

Mittelalter reichlich. Viele Helden und Vorkämpfer waren da zu würdigen: Vor allem Wassil Lewski (1837–1873), der mit Namen wie »Diakon Ignati« oder »Apostel der Freiheit« verehrt wurde und als führender Ideologe und Organisator des bulgarischen Befreiungskampfes galt[8]. Oder Christo Botev (1848–1876), der als Nationaldichter und führender Aufständischer berühmt war. Oder die aus Thessaloniki stammenden Brüder Kyrill und Method, genannt die »Slawenapostel«, weil sie im 9. Jahrhundert die slawischen Völker missioniert hatten und ihre erste Schrift schufen[9], deren Nachfolger bis heute als das Kyrillische bezeichnet wird.

Mehrmals im Jahr versammelten sich die Bewohner von Lom zu einer Parade. Auf der Hauptstraße vor der Lesehalle wurde ein Podest errichtet. Weil Lom eine Kavallerie-Garnison hatte, standen darauf der Herr Oberst als Stadtkommandant und seine gesamte Offiziersclique. An ihnen vorbei marschierte die ganze Stadt, die Reihenfolge stellte gewiss eine Rangfolge dessen dar, was man heute »Systemrelevanz« nennt. Zuerst kamen die Reiter der Garnison, mit rund 150 Pferden, ihnen folgte, im Stechschritt, das Fußvolk. »Es war wie später in Russland bei Stalin, nur im Kleinformat«, kommentiert Gawriloff: Jemand rief etwas wie »Lang lebe unser Herr Oberst!« oder »Gesundheit für Oberst sowieso!«, als Antwort brüllten alle: »Urraaaaah«. Zum Dank dafür schenkte der Oberst den braven Untertanen sein gönnerhaftes Lächeln vom Podest herab.

Nach der Garde kam die Feuerwehr, am Ende waren die Jüngeren dran: das Gymnasium, die Volksschulen und ganz zum Schluss die Kleinsten im Kinderwagen und mit Nuckelflaschen. Dazwischen die ganze Stadtgesellschaft. Bei den Handwerkern und Arbeitern marschierte das Arbeiterorchester mit, eine Blaskapelle: »Die leitete ebenfalls mein

Vater. Und sie spielten viel besser als die Militärkapelle.« Dann die Turnvereine, Männer und Frauen getrennt, um die 150 Menschen, in Uniformen ähnlich denen der Kosaken. »Mein Onkel, ein Gymnasiallehrer, war der Präsident der Turnerschaft von Lom. Den haben nach 1945 die Kommunisten totgeschlagen, weil die Organisation staatlich war, vom Zaren gefördert.«

Gegen Ende der Prozession kamen die beiden Volksschulen. An der Spitze der einen, stolz strahlend: Saschko. »Ich war der Fahnenträger, hatte einen Ledergurt um, in dem sich die Fahne stützen ließ, und ging mit meiner Freundin auf der linken Seite und einem anderen Mädchen auf der rechten. Wir marschierten sozusagen als Liebestrio an dem Oberst und seinen Offizieren da oben vorbei«, lacht er später – und nennt das Ganze: »lauter so'n Zirkus«.

Der besondere Geist des Ortes: So sah er aus mit all den Versuchen, etwas zu schaffen, zwischen Alltagsmühen und Festlichkeiten. Für den heranwachsenden Jungen war das äußerst aufregend. »Ich war da mittendrin und hab alles voller Begeisterung mitgemacht.«

Mancher mag sich fragen, woher diese eigentümliche Mischung aus Aufbruchsgeist und der kräftigen Betonung des Nationalen kam. Zu verstehen ist das nicht ohne genaueren Blick in die bulgarische Geschichte.

Balkan-Exkurs 1: Bulgariens »Wiedergeburt«

Die Epoche der Aufklärung war eine Zeit schöner Visionen. Große Hoffnungen für jenen Teil der Welt, den wir hier betrachten, hatte schon Johann Gottfried Herder 1791, ganz im aufklärerischen Geist einer friedlichen Völkerfamilie, im

Slawenkapitel seiner *Ideen zur Philosophie der Geschichte der Menschheit* ausgedrückt:

> »Das Rad der ändernden Zeit drehet sich indes unaufhaltsam; und da diese Nationen größtenteils den schönsten Erdstrich Europas bewohnen, wenn er ganz bebauet und der Handel daraus eröffnet würde, da es auch wohl nicht anders zu denken ist, als dass in Europa die Gesetzgebung und Politik statt des kriegerischen Geistes immer mehr den stillen Fleiß und das ruhige Verkehr der Völker untereinander befördern müssen und befördern werden, so werdet auch ihr so tief versunkene, einst fleißige und glückliche Völker endlich einmal von eurem langen trägen Schlaf ermuntert, von euren Sklavenketten befreiet, eure schönen Gegenden vom Adriatischen Meer bis zum karpatischen Gebürge, vom Don bis zur Mulda als Eigentum nutzen und eure alten Feste des ruhigen Fleißes und Handels auf ihnen feiern dörfen.«

Was Herder nicht ahnen konnte: Wie schwer und opferreich die Um- und Abwege werden sollten, auf denen diese Völker dem Menschheitstraum nur wenig näher kamen; vor allem, weil die mächtigeren Staaten des Westens im Osten eher ihre eigenen geostrategischen Interessen verfolgten und die Träume von einer friedlichen Menschheitsfamilie nur als rhetorisch verzierendes Beiwerk ihrer kolonialen Ambitionen einsetzten.

Die Bezeichnung Balkan für Südosteuropa kam erst im 19. Jahrhundert auf. Die Türken, die dort rund 500 Jahre geherrscht hatten, nannten ihre europäischen Besitzungen einfach »Rumelien«, das römische Land, weil sie es einst von Byzanz, also vom Oströmischen Reich, erobert hatten. Von außen betrachtet schien die Bezeichnung »Europäische Türkei« zutreffender. Erst mit dem Zerfall des Osmanischen Reichs setzte sich, je weiter dieses schrumpfte, die

Benennung dieser Region nach dem im heutigen Bulgarien gelegenen Balkangebirge durch: »Balkanische Insel«, Balkanhalbinsel – oder einfach der Balkan[10]. Im Laufe des 19. Jahrhunderts bis 1923 wurden in diesem ehemals türkisch beherrschten Teil Europas zahlreiche kleine Staaten gebildet.

Für Westeuropäer, die diese Region aus jahrhundertelanger Fremdheit mit negativen Stereotypen belegten, war der Balkan zu Beginn des 20. Jahrhunderts ein dunkles und gefährliches, aber ebenso ein exotisches Territorium, »wo Mythen über Geschichte herrschen« (Hinrichs 2014, S. 522). Und die Art, wie die neuen Staaten entstanden und sich dann sofort gegenseitig bekämpften, gab dem mit (neo-)kolonialen Ambitionen aufgebauten Überlegenheitsgefühl der Westeuropäer viel weitere Nahrung mit einem bis heute geläufigen Klischee: »Balkanisierung« wurde zum Schlagwort für die Fragmentarisierung einer geopolitischen Region, für die Desintegration von Staaten, für Zersplitterung oder überhaupt verworrene staatliche Verhältnisse (»wie früher auf dem Balkan«).

»Bulgarien entstand relativ spät – im Gefolge der letzten russischen Invasion ins osmanische Europa im Jahre 1877 – und war äußerst umstritten«, kommentiert der Historiker Mark Mazower (Mazower 2003, S. 161 ff.) den Beginn des letzten der neuen, unabhängigen Staaten. Die Bulgaren hatten seit der türkischen Eroberung 1393/96 unter der Fremdherrschaft des Osmanischen Reiches gelebt. Seit Ende des 18. Jahrhunderts entstanden und erstarkten unter dem Eindruck der französischen Revolution von 1789 und der revolutionären Veränderungen in Europa um 1830 und 1848 auf der Balkanhalbinsel Bewegungen zur Befreiung und Modernisierung der Gesellschaft.

Dass diese Umbrüche zunächst auf einen Nationalismus liberaler Prägung hinausliefen (wenngleich ihnen jeweils ein westeuropäischer Fürst als Staatsoberhaupt zugeordnet wurde), war in allen aus osmanischer Herrschaft sich lösenden Regionen sehr ähnlich. Doch diese nationalen Spielarten waren bereits problematisch. Der bis heute in der landeseigenen Geschichtsschreibung übliche Begriff »Bulgarische *Wieder*geburt« sollte neben dem neuen Selbstbewusstsein auch territoriale Ansprüche legitimieren: durch den Rückgriff auf eine idealisiert beschworene großartige Vorgeschichte eines längst untergegangenen bulgarischen Großreiches. Genau genommen gab es im Mittelalter mehrere bulgarische Reiche, die durch Teilungen, Expansionen, Wanderungen und Niederlagen ihre Territorien veränderten: das Großbulgarische Reich der Protobulgaren zwischen Asowschem und Schwarzem Meer bis zum 7. Jahrhundert und danach das Erste und Zweite Bulgarische Reich im 8. bis 13. Jahrhundert. In ihrer größten Ausdehnung umfassten die Letzteren beinahe den gesamten Balkan mit Zugängen zur Adria, Ägäis und zum Schwarzen Meer.

Das gleiche Traditions-Muster wirkte bei den Griechen mit ihrer »Megali Idea«, die sogar alle christlichen Einwohner des ehemaligen Byzantinischen und Osmanischen Reiches vereinnahmte (Calic 2018, S. 288.). Die Serben hofften, sich unter Berufung auf das Mittelalter als Zentrum eines künftigen großen südslawischen Staates sehen zu dürfen, die Kroaten beriefen sich auf ihren »Illyrismus«, und die Rumänen wollten sich sogar als die »wahren Nachfahren der Römer, der wahren Römer«, fühlen (Calic 2018, S. 287).

In jedem dieser Länder wurde die entsprechende nationalistische Variante mit wachsendem Eifer propagiert und enthielt schon im Keim den Anlass für kommende regionale

Kriege, brutale Gewalttaten und ethnische »Säuberungen« auf allen Seiten. Überall war mit dem Aufbruch aus der Fremdherrschaft neben Selbstbewusstsein und Hoffnung ein Überschuss an Größenwahn gewachsen oder erzeugt worden, dessen verhängnisvolle Folgen (Krieg und Feindschaft zwischen den eben befreiten Ländern) teilweise bis in die Gegenwart nachwirken.

Dass, wie Mazower bemerkt, Bulgarien im Prozess der Staatsbildung besonders spät kam, hatte simple geographische Gründe: Wegen der größten Nähe zum osmanischen Machtzentrum Konstantinopel/Istanbul waren die Untertanen dort leichter zu kontrollieren als die weiter entfernt lebenden Völker. Der späte Start der Bulgaren brachte ihnen entsprechend ungünstigere Ausgangsbedingungen. Den Anfang hatten die Serben gemacht. Nach mehreren Aufständen seit 1804 und schweren Rückschlägen wurden sie 1817 als teilweise autonomes Fürstentum anerkannt, das aber noch unter türkischer Herrschaft stand; 1867 mussten die letzten türkischen Truppen abziehen. Die Griechen fochten 1821–1829 ihren Unabhängigkeitskampf aus, wurden 1830 als unabhängiges Land anerkannt und verlegten 1834 ihre Hauptstadt von Nauplion nach Athen, das einstige geistige Zentrum der antiken Welt, das nun aber nur noch eine Kleinstadt war, wo sie 1837 ihre erste Universität eröffneten. Die Donaufürstentümer (Moldau und Walachei) kamen 1828 aus türkischem zunächst unter russisches Protektorat, wurden 1859 vereinigt und 1861 offiziell zum Fürstentum Rumänien (ab 1881 Königreich).

Bulgarien erlangte erst 1877/1878 die Unabhängigkeit. Dem vorausgegangen war der April-Aufstand von 1876. Die spätere nationalistische Mythologie Bulgariens stilisierte ihn zum wichtigen Ereignis hoch, obgleich er »als Revolution ein kompletter Fehlschlag« (Mazower 2003, S. 163) gewesen war. Er blieb lokal begrenzt und wurde brutal niedergeschlagen. Nach einem Massaker im Dorf Batak, Batash-Massaker genannt, bei dem die Mehrheit der bulgarisch-christlichen Bewohner durch Osmanen ermordet wurden (nach unterschiedlichen Schätzungen zwischen 1400 und 5000 Opfer), machte in Europa das Wort von den »Bulgarian Horrors«, den bulgarischen Gräueln, die Runde.

1877 fielen russische Truppen in der Region ein, 1878 standen sie 20 Kilometer vor der türkischen Hauptstadt Istanbul. Auf dem Weg dorthin wurden die Kämpfe am Schipkapass im Balkangebirge für das bulgarische Nationalheldenbewusstsein besonders wichtig. Auf der Seite der Russen kämpften damals 5500 Bulgaren: fünf Kompanien eines bulgarischen Freiwilligen-Korps, die später als die Vorläufer der bulgarischen Armee galten.

Das Osmanische Reich musste sich geschlagen geben. Die den Türken diktierten Friedensbedingungen sicherten im Vertrag von San Stefano die Unabhängigkeit für Bulgarien, Rumänien und Serbien. Und dieser erste bulgarische Staat seit über 500 Jahren kam den nationalistischen Träumen von einem neuen Großbulgarien recht nahe. Doch die Regelung galt nur wenige Monate. Die Westmächte wollten eine derart große Ausdehnung des russischen Einflusses auf dem Balkan nicht zulassen. Sie stutzten Bulgarien fünf Monate später, am 13. Juli 1878, auf dem Berliner Kongress auf weniger als die Hälfte des Territoriums zurück (Mazower 2003, S. 164).

Das wiederum hatte zur Folge, dass Bulgarien später wiederholt Kriege gegen seine Nachbarn (Serbien, Griechenland) führte – hauptsächlich um Makedonien mit der von allen gleichermaßen beanspruchten Stadt Saloniki zu gewinnen, die heute griechisch ist und Thessaloniki heißt, früher von Bulgaren, Makedoniern und Serben Solun genannt wurde, und die bei den Türken Selânik, bei den sephardischen Juden Salónika hieß. Die Verkleinerung Bulgariens hatte außerdem zur Folge, dass sich das Land in den folgenden Jahrzehnten außenpolitisch stets an jene Mächte anlehnte und von ihnen vereinnahmen ließ, die ihm Unterstützung für seine San-Stefano-Riesenversion versprachen – im Wesentlichen waren das Russland und später Hitler-Deutschland.

*

Der neue bulgarische Staat war als konstitutionelle Monarchie definiert – noch tributpflichtig dem Osmanischen Reich. Prinz Alexander Josef von Battenberg, ein in Darmstadt aufgewachsener Neffe des russischen Zaren Alexander II., wurde der erste Monarch. Er führte das Land als Fürst Alexander I. bis 1886. Ihm folgte auf dem Thron 1887 der in Wien geborene Ferdinand Maximilian Karl Leopold Maria von Sachsen-Coburg und Gotha, der als Ferdinand I. regierte. Erst 1908 konnte er Bulgarien für vollständig unabhängig von den Türken erklären und nahm den Titel eines Zaren von Bulgarien[11] an. Am Ende des Ersten Weltkrieges, in dem Bulgarien zu den Verlierern gehörte, überließ Ferdinand den Thron seinem Sohn Boris, der als Zar Boris III. bis 1943 regierte.

Das Beispiel der Befreiung und anschließenden Verkleinerung Bulgariens zeigt, dass die Balkanbewohner ihre Anstrengungen um Unabhängigkeit zwar leidenschaftlich verfolgten, aber zwischen globalpolitischen Interessen der Großmächte trotzdem nicht unabhängig werden konnten. Die »Orientalische Frage« war seit dem 19. Jahrhundert ein Dauerbrenner der internationalen Politik und galt einer

Region, in der nun Großmächte ihre eigenen Rivalitäten austrugen. Deshalb bezeichnet der Historiker Wolfgang Reinhard die Überreste des zerfallenen Osmanischen Reiches als »große *Halbkolonie* des Westens« (Reinhard 2018, S. 1047).

Die am Balkan direkt interessierten Weltmächte waren – neben dem Osmanischen Reich – das ebenfalls im Niedergang befindliche Habsburger Reich, das in seiner letzten Phase zwischen 1867 und 1918 noch als Österreichisch-Ungarische »k. u. k. Doppelmonarchie« existierte, und das russische Reich, das im 19. Jahrhundert einen wirtschaftlichen Aufschwung erlebte. Im Erstarken des russischen Zarenreiches wiederum, besonders in dessen Expansionsstreben nach Süden (Krim, Zentralasien), sah Großbritannien eine Gefahr für seine eigenen kolonialen Interessen in Indien und China und griff deshalb in »Orientalischen Fragen« ein, wenn dadurch Russlands Positionen geschwächt werden konnten.[12]

Als neue Großmacht trat das 1870/71 gegründete Deutsche Reich auf die Bühne der Balkanpolitik. Zwar betonte Bismarck in einer Reichstagsrede 1876, er sehe auf dem Balkan »kein Interesse [...], welches auch nur [...] die gesunden Knochen eines einzigen pommerschen Musketiers wert wäre«, doch gleichzeitig definierte er als strategisches Ziel, »das orientalische Geschwür offen zu halten und dadurch die Einigkeit der anderen Großmächte zu vereiteln und unseren eigenen Frieden zu sichern« (zitiert nach Calic 2018, S. 347).

Kurzum: »Die Großmächte«, resümiert Mazower, »waren stark in die inneren Angelegenheiten der neuen Staaten verstrickt. Dort setzten sie stellungslose Sprösslinge europäischer Fürstenhäuser als Könige ein, stellten ihre Verfassungen auf und wählten Gruppen militärischer und ziviler Berater – von den Bayern, die in den vierziger Jahren des

19. Jahrhunderts unter König Otto Griechenland regierten, bis zu den Russen, die in den achtziger Jahren des 19. Jahrhunderts Bulgarien führten, einschließlich seiner Armee und seines Kriegsministeriums. Sie bestimmten Grenzen, setzten bei diplomatischen Konferenzen Territorien fest und drängten durch Kanonenbootdiplomatie und ökonomischen Druck allen Beteiligten ihren Willen auf.« (Mazower 2003, S. 165 ff.)

Diese direkte politische Kontrolle sei allerdings bis Anfang des 20. Jahrhunderts zusammengebrochen. Dann nutzten die Großmächte modernere Formen, um in einer sich globalisierenden Welt arme Länder in Abhängigkeiten zu halten: Wirtschaftsverträge sorgten dafür, dass die Balkanstaaten gegenüber dem Westen zwar Entwicklungen nachholen konnten und sogar mussten, aber nicht mal ansatzweise zum Niveau des Westens aufholen konnten. Die Preisschere zwischen den landwirtschaftlich geprägten Balkanländern und den Industriestaaten verschaffte letzteren weiterhin wachsende Gewinnvorteile. Um 1900 lag die Industrieproduktion pro Kopf der Bevölkerung in Bulgarien bei 33 Prozent des gesamteuropäischen Durchschnitts, im Vergleich zu den USA oder Großbritannien lag Südosteuropa sogar nur bei vier bis sechs Prozent. Ähnlich verhielt es sich mit dem Wohlstandsgefälle zwischen den Balkan- und den Industrieländern: Vor dem Ersten Weltkrieg erreichte Bulgarien 36,6 Prozent des europäischen Wohlstandsniveaus, in Griechenland waren es 39,3 Prozent, in Serbien 31,2 Prozent.

Anfang des 20. Jahrhunderts führten die Balkanländer über zehn Jahre lang – zwischen 1912 und 1923 – fast ununterbrochen Kriege. Im Ersten Balkankrieg 1912/13, in dem es noch gegen die Osmanen ging, wurde von deutscher Seite für die Bulgarin der Begriff »Preußen des Balkans« geprägt

(Troebst 2013, S. 264). Im Ersten Weltkrieg (1914–1918) war Bulgarien der einzige Balkanstaat, der aufseiten der Mittelmächte Deutschland und Österreich-Ungarn kämpfte, und das nun – Ironie der Geschichte – gemeinsam mit der kurz zuvor noch heftig bekriegten Türkei.

Nach der Niederlage 1918 musste das Land Gebiete abgeben und hatte hohe Reparationszahlungen zu leisten sowie Flüchtlingsströme zu bewältigen, die aus der Türkei, und aus verlorenen Gebieten einwanderten. »Relativ gesehen«, berechnet der Historiker Robert Gerwarth, enthielt das Abkommen für Bulgarien »noch drakonischere Bestimmungen als der Vertrag von Versailles, den man den Deutschen auferlegt hatte [...] Gemessen an seiner Größe und seinem Bruttoinlandsprodukt hatte Bulgarien die höchsten Reparationen aller Mittelmächte zu leisten« (Gerwarth 2018, S. 268).

Dennoch, trotz der gewaltigen Unterschiede in Wirtschaft und Wohlstand zwischen starken Industrienationen und agrarischen Balkanländern, vollzogen sich die nachholenden – aber, wie gesagt: nicht ansatzweise einholenden – Entwicklungen nach dem Ersten Weltkrieg rasch und wurden dort als Fortschritte erlebt. Jene Zeit, in der Käthe Heil ihren Jordan Gawriloff fand und später mit der Familie nach Lom umzog, charakterisiert Mazower als jenen »kurzen Moment des Optimismus in den zwanziger Jahren, zwischen dem Wiederaufbau nach dem Krieg und dem Börsencrash an der Wall Street«, in dem sich die Balkanstaaten der liberalen internationalen Wirtschaft zuwandten (Mazower 2003, S. 204).

Kein Lampenfieber: Debüts in Lom und Sofia

Für Saschko Gawriloff wurden zwei Orte entscheidend, an denen er erstmals öffentlich als Geiger auftrat: die Lesehalle in Lom und der bulgarische Zarenhof in Sofia. Vorher werden wir sehen, dass die Frage nach dem Debüt eines Künstlers noch viel weiter gefasst werden muss, als in Programmheften zu lesen ist. Doch zuerst ist die kühne Behauptung »Kein Lampenfieber« in der Überschrift zu überprüfen, die vielleicht manchen, der schon vor Publikum auftrat, verwundert.

Wohl alle Künstler, auch ganz große, kennen Lampenfieber. Manche sind davon zuweilen schwer gepeinigt worden. Saschko Gawriloff ist das nicht fremd, er kennt jede Menge Geschichten darüber. Etwa als er 1946 in der Berliner Staatsoper den Weltklassegeiger David Oistrach hinter der Bühne erlebte, der kurz vor seinem Berlin-Debüt mit drei Violinkonzerten an einem Abend höchst nervös alle Kontakte abwehrte und Ruhe und Konzentration suchte. »Und der hatte das Beethoven-Konzert sehr oft gespielt, Brahms oder Tschaikowski sicher noch häufiger. Aber damals: kurz nach dem Krieg, zum ersten Mal in Berlin, wahrscheinlich zum ersten Mal in der westlichen Welt, das war eine unglaubliche Belastung.« Oder die Geschichte der legendären Sopranistin Erna Berger (1900–1990), von der man sich erzählte, sie sei vor Auftritten derart nervös gewesen geworden, dass sie heftigen Durchfall bekam, erst mehrmals zur Toilette eilen musste, bevor sie bereit war – und dann stets hervorragend und souverän sang.

»So etwas hatte ich nicht, aber Lampenfieber kenne ich natürlich«, sagt Gawriloff und erinnert sich an einen Auftritt in Gelsenkirchen Ende der 50er, Anfang der 60er Jahre, »als ich zum ersten Mal das Beethoven-Konzert aufgeführt habe«. Sehr nervös war er damals. »Aber dann: Das Komische ist, wenn du aufs Podium gehst und denkst, na jetzt ist nichts mehr zu ändern – dann geht es. Aber vorher: schauderhaft! Oder wie man manchmal vor einem Konzert im Hotel liegt, schlafen soll und will, aber einfach nicht zur Ruhe kommt, sondern immer wieder an diese eine ganz bestimmte Stelle denkt und aufgeregt ist.«

Nach dem Krieg hatte ihm mal sein Geigenlehrer »etwas Nettes« zu dem Thema gesagt: »Na, Lampenfieber hast du ja nicht …« – »Doooch!«, protestierte der damals 16-jährige Student. – »Ach was«, erklärte ihm der Lehrer. »Du musst dir das so vorstellen: Du kommst aufs Podium, guckst in den Saal, siehst diese runden Köpfe überall, dann sagst du dir einfach: Das sind alles Kohlköpfe.«

Saschko Gawriloff lacht herzlich, wenn er diese Anekdote zum Besten gibt, aber dann kommt er doch mit seiner eigenen Moral von der Geschichte: »Dieser Rat hat mir natürlich überhaupt nicht gefallen. Wenn ich mir da lauter Kohlköpfe vorstellen soll, dann kann ich doch nicht richtig spielen! Spiele ich denn für Kohlköpfe?!« Deshalb hat er sich eine andere Devise zurechtgelegt, die kunstgemäßer und menschlicher klingt: »Ich achte immer darauf, dass da ein Kontakt entsteht. Wenn Sie spielen, müssen Sie spüren, dass es da irgendwelche Beziehungen zu den Leuten gibt, die wirklich zuhören. Mich hat dieser Kontakt zum Publikum immer fasziniert. Oder die Beziehung zu den anderen Musikern während des Musizierens. Das kann schön sein. – Aber«, fällt ihm dazu auch gleich die Kehrseite der Medaille ein. »Manchmal ist es mühsam mit solchen Beziehungen: Wenn ein Pianist oder sogar ein ganzes Orchester wie ein Bleifuß an einem hängen. In so einem Fall müssen Sie alles mitziehen: den Kerl, der da oben herumpinselt (dazu macht er grinsend Dirigierbewegungen), und dazu noch das ganze Orchester auf Trab bringen. Das ist eine sensible, lebendige Angelegenheit! Und manchmal schwer.«

*

Diese unmittelbaren Beziehungen beim Musizieren: Wahrscheinlich sind sie die beste Hilfe gegen Lampenfieber. Und sicher liegt darin eine Erklärung dafür, warum Saschko als Kind kein Lampenfieber hatte. Publikumserfahrung hatte er in Lom schon als kleiner Hoteldirigent gesammelt. Und für den jungen Geiger funktionierte die Geborgenheit in vertrauter Umgebung ganz ähnlich. »Nein, damals hatte ich kein Lampenfieber. Es hat mir einfach Spaß gemacht. Es war ja das Kammerorchester meines Vaters, in dem musizierten die fortgeschrittenen Schüler vom Gymnasium. Wenn ich da spielen durfte mit neun, zehn Jahren, ›Zigeunerweisen‹ oder sowas, dann habe ich mich richtig gefreut. Und meine Freundin aus meiner Klasse saß ja mit im Saal.«

Für Saschko waren das Heimspiele, in der Lesehalle von Lom aufzutreten. Zumal diese Lesehallen als besondere Orte heimatlicher Identität konzipiert waren. »Tschitalischte«, die bulgarische Bezeichnung lässt sich übersetzen als Ort des Lesens, Lesestube oder eben Lesehalle. Doch eine »Lesehalle«, wie sie heute in Bulgarien weit verbreitet sind [13], ist weit mehr als eine Halle zum Lesen. Gegründet wurden die ersten Tschitalischtes, die bald Bibliotheken, Theater- und Musikensembles, Parteiversammlungen, Rentnertreffs, Sprach- und Tanzkurse und Kinovorführungen beherbergten, ursprünglich durch patriotisch gesinnte und gebildete Bulgaren im Zusammenhang mit dem »Bulgarischen Aufbruch«, um mit

Hilfe der Muttersprache kulturelle Identität und ein Nationalgefühl in der Bevölkerung zu befördern.

Die ersten drei Lesehallen Bulgariens entstanden 1856. Die älteste ist die in Lom[14]. Sie sollte herausragende Bedeutung erlangen und wirkt heute wie ein Wahrzeichen der Geschichte. Krastjo Pischurka, ein bekannter Lehrer und Dichter (1823–1875), hatte in Lom sogar schon 1848 eine Lesestube in einem Schulzimmer begründet und sie dann 1856 in einem selbstständigen Gebäude untergebracht. Hier gehörte Krastjo Pischurka dann zu den ersten Bulgaren, die eine Theateraufführung wagten, nämlich eine bulgarische Version des Dramas »Leben und Tod der heiligen Genoveva« von Ludwig Tieck, in Bulgarien unter dem Titel »Die kummervolle Genoveva« bekannt. Da Frauen damals nicht auftreten durften, übernahm Pischurka bei der Premiere Ende 1856 in seiner Lesehalle persönlich die Titelrolle. Für diese Theaterarbeit wurde er von der osmanischen Obrigkeit sogleich verhaftet und wegen »Hervorrufung patriotischer Gefühle« zu drei Monaten Kerker verurteilt.

Dass diese multifunktionalen Kulturhäuser ihren Namen »Lesehalle« bis in die Gegenwart behielten, hängt mit der großen Bedeutung zusammen, die das Lesen im 19. und 20. Jahrhundert für die Herausbildung der bulgarischen Nationalität hatte. Die liberalen Vorkämpfer der Unabhängigkeit setzten auf Bildung und sahen im Lesen den wichtigsten Multiplikator für Nationalkultur. Eine allgemeine Schulbildung gab es nicht während der Osmanen-Herrschaft, und als nach der Unabhängigkeit 1878 die Schulpflicht in Bulgarien möglich wurde, fehlte es erstmal an Geld und qualifizierten Lehrern. Nur langsam ging die Rate der Analphabeten zurück, vor dem Ersten Weltkrieg lag sie in Bulgarien noch bei 66 Prozent[15]. Deshalb waren Privatinitiativen wie die Gründungen erster bulgarischer Schulen oder der Lesehallen tatsächlich von größter nationaler Bedeutung.

Im 20. Jahrhundert blieben die Lesehallen jener zentrale und zugleich lokal bedeutsame Ort. Saschko Gawriloff erlebte hier in Lom nicht nur einheimische Kunstproduktion und Geselligkeit oder Theater- und Operngastspiele aus der Hauptstadt Sofia – die Tschitalischte wurde für ihn das erste Sprungbrett der künftigen Karriere: Hier trat er erstmals als Künstler ins Rampenlicht einer Öffentlichkeit. Das geschah schon bald, denn der tägliche Unterricht beim Vater, so nervend dessen Strenge und sein Arbeitsdruck manchmal war, hatte schnell Früchte getragen.

*

Wann genau Saschko debütierte und wie oft er in Lom auftrat, ist nicht mehr genau zu ermitteln. Aber nach seinem Debüt als Sechsjähriger war er bei jedem Auftritt der väterlichen Musikschule aktiv, bald schon solistisch. Zwei Programmzettel für Auftritte der Violinklasse seines Vaters haben die Zeiten überdauert. Danach trat Saschko – übrigens in dieser Zeit unter dem Namen Siegfried Gawriloff (später bis zum Kriegsende als Siegfried Jordan) – am 16. Februar 1936 in einer Veranstaltung mit insgesamt zwölf Darbietungen gleich drei Mal aufs Podium der Lesehalle: mit einem Trio von Charles Dancla (Trio op. 129), einem Violinen-Sextett vom selben Komponisten (op. 99) und einem Winterlied. Ein weiterer Programmzettel dokumentiert ein Vorspiel am 16. Mai 1937, bei dem Saschko bereits als Solist (mit Klavierbegleitung) auftrat: Da spielte der nun Siebenjährige bereits Oskar Riedings Violinkonzert Nr. 1 op. 34 und stand im zweiten Teil der Veranstaltung mit dem Trio »Valse« von Dancla auf der Bühne.

Ob wir damit das exakte Datum für Gawriloffs Bühnendebüt kennen, bleibt unsicher. So beweiskräftig die beiden Programmzettel sind – es kann schon früher Auftritte in einem Musikschul-Konzert gegeben haben, von dem Belege fehlen. Möglichkeiten dafür gab es reichlich, neben dem klassischen pädagogischen Violinen-Repertoire wurde bei diesen Konzerten bulgarische Volksmusik aufgeführt. »Es gibt da diese Volkstänze, Reigen. ›Horo‹ heißen sie, die werden bei allen möglichen Gelegenheiten gespielt und getanzt. Wunderschöne Stücke, die hat mein Vater für unser Kammerorchester bearbeitet. In der Lesehalle gab es nicht nur Viotti oder Spohr, sondern daneben immer Volksmusik«, erinnert sich Gawriloff. Gut möglich, dass er da schon früher in einem der Orchester-Horos auf der Bühne stand.

Bei der Frage nach dem wirklichen Debüt sind aber noch andere Umstände in Betracht zu ziehen. Darunter der folgende. Diese Anekdote berichtet vom ersten Auftritt des Künstlers, bei dem er mit seiner Musik Geld verdienen konnte – wenngleich ein noch bescheidenes Honorar.

Als Schüler der ersten Volksschulklasse traf er sich regelmäßig mit einem Freund, der ebenfalls Geige lernte. Nach dem Unterricht ging Saschko oft mit zu ihm. Da er auf der anderen Seite des Marktes wohnte, dort, wo die Jugendstil-Villen standen, mussten sie über den Markt gehen, vorbei an den Hallen, in denen die Schlachter ihre Fleischprodukte zum Verkauf anboten. Rinder hingen da, die in Hälften geteilt waren, Schweine, auch Schafe. Und jedes Mal, wenn die beiden Knirpse mit ihren Geigen vorbeikamen, riefen ihnen die Männer auf ihren Schemeln vor den Schlachterhallen zu: »Hey, ihr da! Spielt uns doch mal was vor!« Worauf die Jungs angestrengt geradeaus nach vorn blickten, ihre Schritte verlegen beschleunigten, um dann hinter der nächsten Ecke ihre ängstliche Aufregung wegen dieser Kerle in ihren Lederschürzen herauszukichern.

Einmal aber war einer der Schlachter besonders hartnäckig. Er ließ überhaupt nicht locker. Hey, ihr da …! Und dann: »Nun kommt doch mal her, ihr zwei! Also wenn ihr mir was vorspielt, dann kriegt jeder zwei Lewa.« Diesmal schauten sie nicht angestrengt nach vorn, sondern einander ratsuchend an und waren sich schnell einig: Dafür konnte man doch anschließend was Süßes kaufen. »Klar«, sagten sie, »machen wir.«

»Dann«, berichtet Gawriloff, »gingen wir in die Halle, packten zwischen den halbierten Ochsen, den Schweinen und Schafen, die da herumhingen, unsere Geigen aus und führten Küchler-Duos auf, das konnten wir ja.« So standen sie also und spielten im Halbdunkel, mittendrin zwischen den herumhängenden riesigen Tierleichen, im dunstigen Geruch von frischem Fleisch und Blut, und ließen ihre zarten Geigentöne erklingen. Die Männer standen und saßen um sie herum, klatschten nach jedem Stück, riefen begeistert »Prima!« und »Bravo!«. Hinterher, nachdem die versprochene Gage gezahlt war, gingen sie nach Hause und Saschko berichtete beim Abendbrot von ihrem musikalischen Abenteuer zwischen toten Ochsen und Schweinen und, nicht ohne Stolz, vom begeisterten Applaus der Schlachter. Es gab großes Gelächter am Familientisch.

Mit der Entwicklung des jungen Geigers ging es eine Weile gut voran. Der Vater hatte sogar dafür gesorgt, dass an der rhythmischen Ausbildung des Jungen, gewissermaßen an seinem ganzheitlichen, körperlichen Musikgefühl, gearbeitet wurde. Saschkos Onkel, der Bulgarisch- und Sportlehrer, gab für Mädchen Ballettunterricht, und Jordan Gawriloff hatte zu ihm gesagt: »Der Junge sollte mit in die Ballettstunden gehen.« Saschko nahm teil – und tat das gern. Bereut hat er es nie, im Gegenteil: »Das war ja das, was wir später im Internat in Leipzig als ›Rhythmische Erziehung‹ hatten.« Für eine Musikerlaufbahn betrachtet er das als ganz notwendige Ausbildung: »Wenn man die Musik mit dem ganzen Körper empfindet, dann kann man sie besser spielen. Wir sind ja als Körper wie ein Baum, der seine Wurzeln fest in der Erde hat, aber mit dem Stamm und den Ästen schwingt.« Während er das erklärt, deutet er die Bewegungen eines Geigers an und schwingt dabei mit dem ganzen Oberkörper in großen, bogenförmigen Bewegungen. »Dieses dynamische Schwingen beim Spielen, das nenne ich Musizieren. Viele können sich ja mit dem Instrument gar nicht richtig bewegen: Manche stehen viel zu steif da, andere zappeln sehr seltsam herum.«

*

Bald sollte die kontinuierliche Ausbildung eine ganz große Würdigung finden. Eines Tages, im Jahre 1940, kam in Lom eine Einladung an, die dem Orchester und dem jungen Solisten Siegfried Gawriloff einen Auftritt in der Hauptstadt Sofia anbot: Sozusagen als Wunderkind vor der Zarenfamilie. Das musikalische Leben in Bulgarien und insbesondere in Sofia hatte in den 1930er Jahren bereits ein beachtliches Niveau erreicht. Aber alles war noch sehr neu und frisch, getragen vom Enthusiasmus des kulturellen Aufbruchs im ganzen Land. Bildeten das Lesen und die mit der Sprache verbundenen Künste von Anfang an die wichtigsten Elemente dieses kulturellen Aufbruchs, war es dagegen im Musikleben anfangs verhaltener geblieben. Das stimmt natürlich nicht für die Volksmusik, denn in Bulgarien wie auf dem gesamten Balkan wurde in Dörfern wie in Städten schon während der osmanischen Herrschaft viel musiziert, getanzt und gesungen. Das Thema Volksmusik wurde frühzeitig als Feld zur Förderung eines Nationalbewusstseins entdeckt[16]. Aber es stimmt für jenen Bereich der Musik, der in der Tradition westeuropäischer Kunstmusik steht, die man in Bulgarien erst im Zuge der »kulturellen Globalisierung« kennenlernte (Calic 2018, S. 469 ff.).

Die Zusammenhänge zwischen beiden musikalischen Welten – der Volksmusik und der Kunstmusik – sind in Bulgarien besonders eng: 1963 wurde festgehalten, dass die »seit etwa einem halben Jahrhundert aufgezeichneten bulgarischen Volkslieder, deren Zahl schon rund 50.000 erreicht hat und deren Texte (unter denen einige bis zu 225 Strophen besitzen!) einen unwahrscheinlichen Reichtum enthalten«, auch von den meisten zeitgenössischen bulgarischen Komponisten als unerschöpfliche Quelle benutzt wurden (Stantschewa 1963, S. 88). Bei der Verbreitung dieser Lieder spielten die Tschitalischtes eine große Rolle, dort veranstalteten die Bulgaren Schul-, Tanz- und Volksfeste mit viel Musik. Jugendliche wurden zum Musizieren angespornt, so dass im Laufe der Jahre Laienmusikensembles und insgesamt ein breites Interesse für Musik entstanden.

1851 fand sich zudem das erste Orchester Bulgariens zusammen, gegründet von dem Emigranten Michai Schafran in der Stadt Schumen. Es bestand zunächst aus neun ausländischen, vier Jahre später bereits aus 18 bulgarischen Streichern und Flötisten und führte einfache Orchesterwerke, vor allem Walzer, Polonaisen, Quadrillen, Märsche, sowie Orchesterbearbeitungen bulgarischer Volkslieder auf.

Zur Zeit der Befreiung Bulgariens 1878 gab es im ganzen Land weder Musikschulen oder -institute noch professionell ausgebildete Musikpädagogen, Musiker oder Komponisten.

Deshalb blühte zuerst die Chormusik auf. Die erste Opernaufführung Bulgariens ereignete sich 1891 in Sofia – mit Ausschnitten aus Nicolais »Die lustigen Weiber von Windsor« und Verdis »Troubadour«. Die Partie des fehlenden Orchesters übernahm damals Angel Bukoreschtliev (1870–1950), der als erster bedeutender Pianist Bulgariens gilt. Danach allerdings ruhte das Opernleben in Sofia nochmals für rund fünfzehn Jahre, erst 1908 gab es wieder ein neu gegründetes Ensemble, es führte regelmäßig Opernausschnitte auf, seit 1910 ganze Opern.

Eine erhebliche Bedeutung am Beginn des bulgarischen Musiklebens hatten die Blasorchester der bulgarischen Armee, die später oft um Streichinstrumente erweitert wurden. Georgi Atanassov (1882–1931), der nach seinem Studium in Italien in Bulgarien unter dem Namen »Maestro« bekannt war, veranstaltete seit 1916 mit dem erweiterten Militärorchester der Garde eine Reihe von 89 Konzerten und brachte damit dem Publikum in Sofia zum ersten Mal die berühmtesten Orchesterwerke der deutschen Klassik und Romantik sowie der großen russischen Komponisten zu Gehör.

In den 1930er Jahren gab es schon einen festen Opernbetrieb in Sofia sowie mehrere Orchester im Land. Während Ensembles aus der Hauptstadt durch die Provinzen tourten, gab es umgekehrt in der Hauptstadt ein Interesse, künstlerische Leistungen der Provinz einzuladen, sicher als Motivation für die junge Nationalkultur. Vor diesem Hintergrund wird verständlich, dass in Lom die erwähnte Einladung einer Konzertagentur aus Sofia eintraf. Die Agentur veranstaltete sonst große Konzerte und wollte nun, nachdem sie von der Musikschule in Lom erfahren hatte, deren Orchester nach Sofia einladen.

Vielleicht hatte Vater Jordan Gawriloff sogar ein paar Beziehungen aus seiner Studienzeit in Sofia genutzt, um den

Termin einzufädeln. Erfolge fallen ja schließlich nie von selbst vom Himmel, sowas musste doch organisiert werden. Und waren nicht schon früher Musiker des Westens in ganz umtriebiger Weise offensiv vorgegangen? Etwa Leopold Mozart, der seinen Wunderknaben Wolfgang Amadeus schon seit dessen siebtem Lebensjahr in den Adelshäusern halb Europas herumreichte. Hier in Sofia war nun ebenfalls ein Wunderkind vorzustellen, sogar ein bulgarisches, das um 1940 schon virtuos spielen konnte. Und ebenso zu würdigen war das erstaunliche Phänomen, dass in einer kleinen Stadt wie Lom ein Laienorchester kontinuierlich so gut klang, dass man es nun im großen Festsaal der Militärakademie auftreten ließ – vor der Zarenfamilie.

*

Die Gastspielreise nach Sofia wurde sehr aufregend, Saschko Gawriloff hat viele Erinnerungen daran. Er gehörte damals mit zehn Jahren zu den Jüngsten im Orchester – und wurde für die Übernachtung in Sofia im Mädchenzimmer untergebracht. Nach dem Motto: Bei dem Kleinen wird schon nichts passieren. »Eigentlich ganz schick«, erinnert er sich als über Neunzigjähriger fröhlich. »Die Mädchen waren in meinem Alter und bis hinauf zur gymnasialen Stufe, dann um die 18, und sie sahen alle hübsch aus. Ich mochte die. Da war ich natürlich der Hahn im Korbe.« Immerhin war er in einem Alter, in dem man sich als Junge für Mädchen zu interessieren begann. Aber es »passierte« nichts. Das heißt: Doch, es passierte etwas, aber ganz anders, als besorgte Pädagogen hätten befürchten können. Es passierte die Geschichte mit der kurzen Hose.

Extra für das Konzert hatte man ihm eine »wunderbare schwarze Stoffhose« geschneidert. Die hieß zwar »kurze

Hose«, aber das bedeutete nach der gängigen Mode der Zeit: bis unterhalb des Knies. Ein Maß, das dem Jungen, der sonst mit richtig kurzen Hosen durchs sommerliche Leben stromerte, viel zu lang war. Zumal: Es war Hochsommer, der ist in Bulgarien sehr heiß. Saschko protestierte wegen dieser Hose. Doch der Vater befahl: »Du ziehst die an, denn so ist hier bei Hofe eine kurze Hose!«

Dann der Auftritt: Alles lief gut, der Vater dirigierte sein Orchester, weiße Hemden beziehungsweise (bei den Mädchen) Blusen wogten – mit der Erfahrung aus vielen Ballettstunden in Schwingungen versetzt – beim Musizieren im dynamischen Gleichklang auf der Bühne hin und her. Die schwarzen Hosen und Röcke sah man kaum, weil die Musiker ja saßen. Alles wie geplant und oft zuvor geprobt. Nun aber trat Saschko auf die Bühne und – der Vater traute seinen Augen nicht. Beinahe wäre ihm der Taktstock aus der Hand gefallen. Aber sein ärgerliches Zischeln in Richtung des jungen Solisten nützte nichts. Da war nichts mehr zu machen, er konnte nur, er musste jetzt dirigieren, die Show lief weiter, das Publikum lauschte aufmerksam. Und der Wunderknabe aus Lom spielte Bériots Ballettszene, dazu noch ein Violinkonzert von Vivaldi, Stücke, die er oft geübt hatte und fast im Schlaf konnte. Er spielte sie mit einer noch kindlichen und schon künstlerischen Leidenschaft – falls das nicht ohnehin die gleiche Energiequelle ist –, sodass die Zarin und ihre beiden Kinder sowie alle anderen Zuschauer im Festsaal der Militärakademie von Sofia anschließend gerührt und begeistert applaudierten.

Ein schöner Erfolg. Eigentlich. Doch nach dem Konzert gab es Ohrfeigen und eine große Standpauke vom Vater. »Wie trittst du vor der Zarin auf?!« Was hatte der Junge getan? Er hatte seine Hosenbeine zweimal nach Innen hochgekrempelt, hatte aus der lang geschneiderten »kurzen« Hose eine richtige kurze Hose gemacht. Knie frei vor der Zarin: Naja, Untertanen aus der fernen Provinz konnten sich nicht sicher sein, wie die vornehme Gesellschaft bei Hofe einen derartigen Verstoß gegen ihre Kleiderkonventionen ahnden würde.

An besondere Reaktionen des Publikums auf sein kniefreies Outfit kann sich Saschko Gawriloff nicht erinnern. »Nein, ich habe nichts bemerkt. Aber ich fühlte mich jedenfalls ... etwas sportlicher.« Und wer weiß? Vielleicht hatte er ja ganz intuitiv, noch ohne es zu wissen, etwas im Musikbusiness neuerdings Erfolgversprechendes getan: Schließlich hatte vor ihm schon einer der später ganz Großen unter den Geigern, der dreizehn Jahre ältere Yehudi Menuhin, seine Auftritte mit kurzer Hose noch bis zum vierzehnten Lebensjahr ausgedehnt, um möglichst lange seinen Status-Bonus als Kinderstar oder »Wunderknabe« zu bewahren.

Aber vielleicht war die kleine Keckheit des Jungen, die damals gar nicht so klein war, sondern nur aus dem Rückblick des Erfolgreichen klein erscheinen mag – vielleicht war sie doch ein früher Beleg für einen gewissen Eigensinn, und damit für seine Befähigung, später als Solist auf den Bühnen zu stehen. Denn ohne Selbstbewusstsein, ohne Eigensinn wird man da vorn kaum Erfolg haben, wenn man sich nicht gegen Konventionen durchsetzen kann. Seien dies nun Konventionen der Spielweise, solche des Repertoires, oder eben – als kleine Vorübung für spätere Innovationsfreuden – gegen Konventionen der Bekleidung und des Auftritts.

1941–1945. Neue Heimat: Deutschland im Krieg

Umzug von Lom nach Leipzig

Als Zehnjähriger aufzutreten vor der bulgarischen Zarin, Zariza Joanna, und ihren beiden Kindern Marie Louise und Simeon (damals sieben und drei Jahre alt): für Saschko Gawriloff war das ein großer Erfolg, trotz der anschließenden väterlichen Ohrfeigen. Mehr wäre für den jungen Musiker auf absehbare Zeit in Bulgarien kaum zu erreichen gewesen. Aber das war nicht der Hauptgrund dafür, dass die Familie beschloss, kurz danach, im Frühjahr 1941, nach Leipzig umzuziehen. Wieder ging die Reise über die Donau, stromaufwärts von Lom nach Wien, dann mit dem Zug weiter nach Leipzig. Aber diesmal waren die Reisenden ernster. Vielleicht war der Donaudampfschifffahrtsgesellschaftskapitän militärisch zackiger als früher; seit dem deutschen Einmarsch in Österreich 1938 war die DDSG ein großdeutsches Unternehmen, dessen Schiffe nun auch kriegswichtige Güter transportierten.

Mag sein, dass die Stimmung diesmal unsicherer war als bei den früheren Donau-Reisen. Die Familie hatte mehr Gepäck mitgenommen als sonst, doch genau wussten sie zu diesem Zeitpunkt noch nicht, dass man auf dem Weg war, sich endgültig von Lom und Bulgarien zu verabschieden. Ganz endgültig war der Abschied noch nicht. Im Sommer 1942 reiste die Familie nochmals nach Lom: ihr letzter Besuch im Donaustädtchen für sehr lange Zeit. Erst 1972 sollte Saschko Gawriloff wieder nach Bulgarien kommen: die Heimkehr eines (fast) verlorenen Sohnes, nun als international bekannter Musiker mit einem großartigen Auftritt in Sofia, im großen Saal der Nationalversammlung.

Für den Umzug der Familie nach Leipzig gab es historische Gründe: Deutschland führte seit dem 1. September 1939 Krieg in Europa und hatte nach Österreich und Tschechien schon Polen, den größten Teil Frankreichs, die Benelux-Länder und Skandinavien besetzt. Nun braute sich auf dem Balkan etwas zusammen, das ein Elfjähriger noch nicht unbedingt verstehen konnte. Und für Eltern war es unter damaligen Bedingungen womöglich überlebenswichtig, was und wieviel davon sie ihrem Kind erklärten – oder was lieber nicht. Hitler ließ die Balkanstaaten diplomatisch »bearbeiten«, um sie in ein Bündnis zu zwingen. Mit der Sowjetunion hatte Deutschland noch am 23. August 1939, eine Woche vor dem Überfall auf Polen, einen Nichtangriffsvertrag für zehn Jahre abgeschlossen, doch politisch aufmerksamen Zeitgenossen war klar, dass die deutschen Maßnahmen zur Einbindung der Balkanländer vor allem die Aufmarschgebiete und Rohstoffquellen für den nächsten großen Angriff der faschistischen Wehrmacht sichern sollten – für den Überfall auf die UdSSR.

Bulgarien hatte durch eine Politik des Lavierens lange Zeit eine klare Positionierung verweigert: Die Regierung war ebenso an traditionell guten Beziehungen zu Deutschland interessiert wie an denen zu Russland, das immerhin als Befreier der Bulgaren von 500-jähriger Türkenherrschaft galt. Doch nachdem im November 1940 Ungarn, Rumänien und die Slowakei den deutsch-italienisch-japanischen Dreimächtepakt unterschrieben hatten, war der deutsche Druck noch einmal gewachsen. Am 1. März 1941 unterzeichnete die Regierung Bulgariens. Als drei Wochen später, am 25. März, Jugoslawiens Regierung ebenfalls unterschrieb, wendeten sich in Belgrad Generäle mit einem Militärputsch gegen diese politische Linie und setzten eine andere Regierung ein, was Hitler zum Anlass nahm, den Vielvölkerstaat zerschlagen zu lassen. Bulgarien, das bei dieser Zerschlagung Ostmakedonien erhielt, wurde sofort nach seinem Beitritt zur Achse Berlin–Rom–Tokio zum Aufmarschgebiet für deutsche Truppen – zunächst gegen Jugoslawien und Griechenland, danach gegen die Sowjetunion. Für Saschkos Familie gab es daher viele Gründe, das Land zu verlassen. Vielleicht war es eine bewusste Entscheidung, sich in Sicherheit zu bringen, vielleicht nur ein zufällig rechtzeitiges Ausweichen vor kommenden Frontverläufen.

*

Für den jungen Geiger bedeutete dieser Umzug eine endgültige Entscheidung über seine künftige Entwicklung. Bis dahin war manches offen gewesen. Wohlhabende Verwandte hatten wiederholt vorgeschlagen, den talentierten Jungen zum Studium nach Odessa zu schicken: ins Mekka der Violinisten. An der Finanzierung wäre es nicht gescheitert, es gab traditionell gute Beziehungen dorthin, Familien- und Freundschaftsbande. Ein Cousin seines Vaters – beide standen politisch links – war angesichts der sich immer schärfer in Richtung einer rechtskonservativen Diktatur entwickelnden Verhältnisse Bulgariens in die Sowjetunion emigriert und hatte dort eine gute Stellung gefunden. Dadurch wusste man in Lom von dem bedeutenden Geiger und Geigenprofessor Pjotr Stoljarski (1871–1944) in Odessa, einem der Begründer der sowjetischen Geigenschule, zu dessen Schülern spätere Berühmtheiten wie David Oistrach und Nathan Milstein oder die Brüder Boris und Michael Goldstein gehörten. Stoljarski, der insbesondere mit seiner Methodik für die professionelle Geigenausbildung seit dem frühesten Kindesalter bekannt war, hatte 1933 in der Schwarzmeerstadt eine Staatliche Musikfachschule für begabte Kinder gegründet. Die wäre für Saschko in Frage gekommen.

Nun aber zeichnete sich ab: Genauso, wie das Land Bulgarien sich zwischen der Sowjetunion und Deutschland entschied, trafen Saschko beziehungsweise seine Eltern für ihn die Wahl zwischen Odessa und Leipzig. Die Endgültigkeit dieser Entscheidung war in der Familie zunächst noch nicht klar. Der Musiker erinnert sich an Aussagen seines Vaters, der – unter Berufung auf seinen Cousin – anfangs noch beides für möglich hielt: »Hitler und Stalin sind ja jetzt Verbündete, es gibt da diesen Nichtangriffspakt. Da wäre es doch gut, wir gehen erstmal nach Deutschland, und du gingest dann von dort nach Odessa.« Noch viele Jahre später konnte er das mulmige Gefühl spüren, das ihn angesichts dieser väterlichen Idee beschlichen hatte: Wie das wohl werden sollte, mit elf Jahren allein in einer fremden Stadt und fern der Familie.

Aber jetzt richtete man sich in Leipzig ein – mit der ganzen Familie: Mutter, Vater und Saschkos jüngere Schwester Sonja, die damals gerade acht geworden war. Der Vater fand Aufgaben als Geiger im Gewandhausorchester. Und es war die Heimat der Mutter, die in Leipzig eine Stelle bei der Deutschen Bank erhielt. Hier gab es eine weitverzweigte, starke Großfamilie mit Onkels, Tanten, Cousins und Cousinen. Und Großvater Hugo Heil würde sicher helfen. Trotz dieser familiären Verbindungen schien es zunächst schwierig, ein Visum zu erhalten, aber dann klappte es doch.

Leipzig kannte Saschko bereits. Immer wieder war er mit seinen Eltern dorthin gefahren, jeweils für ein paar Monate, manchmal ganze Sommer lang bis in den Herbst hinein. Er erinnert sich an mehrere solcher Langzeitaufenthalte. Darunter 1936: »Die Zeit der Olympischen Spiele fand ich besonders interessant. Damals fuhren wir natürlich nach Leipzig zur Verwandtschaft, und von dort aus ging es dann nach Berlin.« In diesen Phasen hatte er bereits jeweils mehrere Wochen am Leipziger Konservatorium studiert: Geige bei Hans Hilf, Harmonielehre bei Helmut Bräutigam. Und für die Allgemeinbildung besuchte er in den Leipziger Perioden jeweils die Volksschule in Markleeberg, lernte dort Deutsch und frischte Vergessenes auf – vergaß dafür etwas Bulgarisch, das er nach der Rückkehr in Lom wieder auffrischte. Lom war in den ersten zehn Lebensjahren Saschkos Hauptheimat gewesen, doch Leipzig war ihm zur Zeit des Umzugs 1941 durchaus vertraut.

Dort war Gawriloff 1938 sogar schon einmal als junger Geiger öffentlich aufgetreten. Der Patenonkel hatte da ein wenig geprahlt, wie toll sein Kleiner bereits Geige spiele. Nun sollte er, zusammen mit einem jungen Cellisten, im Rathaussaal von Markleeberg ein Konzert mit Klavierbegleitung spielen: Schuhplattler von Arthur Seybold, Ballettszene von Bériot und Dvořák-Sonatine. Der Patenonkel zeigte sich nach dem Auftritt höchst zufrieden – und griff gerührt zur Geldbörse. Es war das zweite Konzert seines Künstlerlebens, mit dem Saschko Geld verdiente, und das erste in Deutschland. Diesmal gab es fünf Silbermark. Die Gagen entwickelten sich, allerdings noch langsam.

*

In Leipzig verstanden sich die Geigenlehrer Hans Hilf und Walther Davisson als Fortsetzer einer von Joseph Joachim (1831–1907) begründeten Traditionslinie, der damals wichtigsten deutschen Geigenschule.[17] Seinen ersten Leipziger Mentor, Hans Hilf, beschreibt Saschko Gawriloff als gestrengen Lehrer. Es kam durchaus vor, dass der dem Schüler mal einen Klaps auf den Hinterkopf gab: »Pass doch auf, du!« Doch insgesamt war Hilf offenbar zufrieden mit dem Schüler aus Bulgarien. Unterrichtet wurde bei ihm zu Hause, in einer großen Stadtwohnung mit hohen Räumen. Besonders beeindruckte Saschko dort die Ordnung, die der Herr Lehrer in seinen Noten hielt. Gebunden und nummeriert standen sie in großen schweren Schränken, sodass er jedes gesuchte Stück schnell fand. »Ich habe später versucht, eine perfekte Ordnung in meine Noten zu bringen«, lacht Gawriloff noch im hohen Alter. »Bis heute ist mir das nicht gelungen.«

Nicht lange nach der Umsiedlung nach Leipzig besuchte Geigenlehrer Hans Hilf die Familie mit der Nachricht, dass demnächst in Leipzig ein Musisches Gymnasium eröffnet werde. »Und es wäre doch sehr gut«, meinte er, »wenn der Junge dorthin käme.« Das Elternpaar freute sich, einige Wochen später musste Saschko, der damals noch Siegfried genannt wurde, seine Aufnahmeprüfung fürs Musische Gymnasium bestehen. »Was den musikalischen Teil anbelangt, war das für mich kein Problem. Ich spielte damals die ›Gesangsszene‹ von Spohr (Solokadenzen aus Spohrs Violinkonzert Nr. 8) und Bachs Solosonaten. Ein bisschen Klavier hatte mir meine Mutter beigebracht, ich konnte bereits ganze Inventionen von Bach.«

Zum Abenteuer wurde aber die »normale« Schulprüfung. »Es war ja ein Gymnasium, man sollte Rechtschreibung und solche Dinge können. Für mich wurde das ein Riesenproblem.« In Lom, wo Saschko bis zur ersten Oberschulklasse gekommen war, hatte er überwiegend Bulgarisch gesprochen, Deutsch nur bei den Eltern, hin und wieder einen Brief an die Großeltern geschrieben, das war's. Deshalb nun die Deutschprüfung als größte Hürde. »Wir schrieben ein Diktat, es ging um Vorpommern, darin kam die Stadt Stettin vor. Die schrieb ich natürlich, wie ich mir das vorstellte: ›Städtin‹, eine weibliche Form von Stadt.« Saschko Gawriloff lacht später – auch über das Diktatergebnis von insgesamt 22 Fehlern. »Oh-Oooh«, habe es danach sorgenvoll in der Schule geheißen. Weshalb Saschkos Mutter nun die für das Fach Deutsch bisher ungünstigen Voraussetzungen ihres Sohnes ausführlich entschuldigte und erklärte. Sie versprach, dass ihr Siegfried das alles jetzt ganz schnell nachholen werde.

Er wurde trotz der Deutschschwächen ins Gymnasium aufgenommen, und bald konnte der Deutschlehrer beruhigt werden. Ein Hausaufsatz war zu schreiben, vor der Abgabe sollte ihn die Mutter bei einem ihrer Besuche im Internat korrigieren. Anschließend zog sich Saschko in der Nacht, da er seine Aktion nicht gleich bei allen Mitschülern in ihrem Zehn-Mann-Zimmer bekannt machen wollte, auf die Toilette zurück und schrieb dort den ganzen korrigierten Aufsatz heimlich nochmal ins Reine. »Aber nachts ist man nicht mehr so aufmerksam, und ich habe beim Abschreiben wieder Fehler reingebracht. Trotzdem wurde der Aufsatz als großer Fortschritt bemerkt.« Weil er auf der Geige sehr gut war, ebenso in allen anderen Fächern, die nichts mit deutscher Rechtschreibung zu tun hatten, Sport, Mathematik, Englisch und Latein, durfte er bleiben. Und mit der deutschen Sprache wurde es bald besser.

»Soldatisch-musische Erziehung«

»Gleich am Tag der Eröffnung des Musischen Gymnasiums haben wir uns im Gewandhaus musikalisch vorgestellt«, erinnert sich Saschko Gawriloff. Der Pianist Siegfried Stöckigt, wie er selbst damals fast zwölf Jahre alt und ebenfalls Schüler am neuen Gymnasium, spielte etwas von Brahms. Saschko, begleitet von Thomaskantor Günther Ramin am Klavier, spielte das Violinkonzert Nr. 2 d-Moll von Louis Spohr. Zum Eröffnungsfestakt am 28. September 1941 war Reichserziehungsminister Bernhard Rust erschienen, ein stramm militanter NSDAP-Politiker. Die Sache war dem Regime wichtig [18]. Man wolle mit dieser Schule dazu beitragen, hieß es im Leipziger Jahrbuch 1942 über die Gründung: »eine neue Führerschicht auf dem Gebiete der Kunst auszubilden«.

Die Naziführung stellte das Musische Gymnasium in eine Reihe mit den Adolf-Hitler-Schulen und den Nationalpolitischen Erziehungsanstalten (Napola). Die Ausbildung nannte das Regime »soldatisch-musische Erziehung«: Die Schüler, die hier lernten und im Internat lebten (1942 waren es 110 junge Männer in sieben Klassen), sollten sich wohl als Soldaten der Musen fühlen – oder schlimmer noch: als Soldaten des Führers auf dem Schlachtfeld der Musen. Viele der Jüngeren sahen das zunächst noch lockerer: Man wollte einfach Künstler werden. »›Soldatisch-musisch‹ – anfangs war das noch nicht so«, berichtet Gawriloff. »Sportlich, ja: Wir haben viel Sport gemacht. Aber die wollten das schon als eine musische Eliteschule, auch die Nazis wollten das anfangs. Soldatisch wurde es dann später, umso mehr, je näher das Kriegsende kam.«

Wie viele andere Dinge dieser Zeit besaß auch die Idee des Musischen Gymnasiums einen Januskopf: Einerseits missbrauchten die Nazis das Projekt mit brachialer Offenheit für ihre politischen und kriegerischen (»soldatisch«) Absichten. Andererseits hatte die Notwendigkeit einer gut organisierten Talente- und Eliteförderung schon lange vorher überall in der Luft gelegen. Stoljarskis 1933 in Odessa gegründete Musikfachschule haben wir bereits erwähnt, bereits ein Jahr zuvor war die Zentrale Musikschule Moskau am dortigen Konservatorium gegründet worden. In Deutschland hatte schon 1921 der Pianist und Kulturpolitiker Leo Kestenberg (1882–1962) sein – vorerst nicht realisiertes – Programm einer sechsstufigen musikgymnasialen Ausbildung (8. bis 13. Klasse) entwickelt, aber nicht als eigenen Schultypus, sondern als Zweig einer normalen Oberschule. Dass diese Idee des jüdischen Künstlers dann ausgerechnet durch die Nazis mit ihrem antisemitischen Rassenwahn adaptiert und missbraucht wurde, gehört sicher zu den Paradoxien der Geschichte.

Der damalige Begriff der »musischen Erziehung« stand einerseits für eine Erweiterung gegenüber einer rein musikgymnasialen Ausbildung, in dem Sinne, dass in dem Leipziger Gymnasium auch Maler und Bildhauer, wie Arnd Schultheiß, ausgebildet wurden. Andererseits nutzten die Nazis ihre Version einer »musischen Erziehung« zu einer Orientierung auf den irrationalen Anteil, auf das »Seelische« in der Erziehung, wie sie Ernst Krieck, einer der führenden nationalsozialistischen Erziehungswissenschaftler bereits in den 1920er Jahren bestimmt hatte: ganz allgemein eine grundlegende Voraussetzung für Wehrhaftigkeit und »soldatischen Geist« (siehe Garmatter 2010).

Mit der Leipziger Gründung, dem zweiten Musischen Gymnasium Deutschlands nach Frankfurt am Main 1939, versuchte das Hitler-Regime zugleich, den weltberühmten

Thomanerchor aus dem Einfluss der Kirche zu lösen und unter staatliche Obhut zu bringen. In einem ersten Schritt auf diesem Wege, als scheinbares Zugeständnis, wurde Günther Ramin in Doppelfunktion als Thomaskantor belassen und zusätzlich als künstlerischer Leiter des Gymnasiums eingesetzt[19]. Diese Nähe zum Thomanerchor ebenso wie die weitergeführte musikalische Ausbildung der Schüler bei ihren Lehrern am Konservatorium mag die ideologische Indoktrination durch die Nazis zunächst etwas abgeschwächt haben, aufzuhalten war sie jedoch nicht.

Saschko Gawriloff berichtet, wie die Schüler in ihren Schuluniformen marschierten. »Zum Beispiel marschierte unsere ganze Schule, wenn ein hoher General von der Front kam, der das Musische Gymnasium besuchte und dann seine Rede hielt: Vom deutschen Riesen, der bald wieder aufstehen und den Krieg gewinnen würde, etwas in dieser Art.« Dazu gab es dann ein Konzert mit dem Schulorchester, ein Klavierkonzert mit Stöckigt oder ein Spohr-Konzert mit dem Geiger. »Auch zur Thomaskirche marschierten wir. Im Gleichschritt zum Gottesdienst und zur Motette.« Vollkommen absurd sei das gewesen. »Aber wir haben darüber nicht politisch gedacht, sondern haben es so empfunden, wie wenn man heute ins Fußballstadion marschiert.« Nachdenklich machen den Musiker solche Erinnerungen bis ins hohe Alter. Im Jahr 2023 erzählt er darüber folgendes:

> »Wir marschierten durch Leipzig, singend. Aber wir sangen nicht solche Soldatenmärsche wie ›O du schöner Westerwald‹, sondern wirklich sehr schöne Stücke aus dem Liederbuch von Hugo Distler[20], keine Märsche, aber ebenfalls im Vierertakt. Die Leute blieben stehen, merkten an unserem Gesang, dass wir keine Nazis sein konnten, manchmal applaudierten sie. Und wir marschierten, mit dem vierstimmigen Chorgesang unserer glasklaren Stimmen, zur Thomaskirche. Dort

gab es den Gottesdienst, es gab die Thomaner, das Gewandhausorchester. Und es gab dort Günther Ramin, der erstmal eine halbe Stunde lang auf der Orgel improvisierte, phänomenal. Dann folgte eine Bach'sche Motette oder Kantate. Oder es gab die Weihnachtsfeiern, mit Tannenbaum und Gottesdienst, mit großem Aufwand.

Und das alles in einer Zeit, in der auf der anderen Seite schlimme Dinge passierten. Davon hatten wir überhaupt keine Ahnung. Man propagierte uns eine heile Welt. Und wir als Kinder … man wollte uns ja zur künftigen Elite machen, wir waren irgendwie involviert. Aber alles andere, was passierte in der Welt, kriegten wir gar nicht mit. Eigentlich erfuhren wir immer nur, wie erfolgreich das deutsche Heer den Krieg führte – das war schon irgendwo schizophren.«

»Soldaten« – wohl eher »Kadetten« – der Muse, die mit vierstimmigem Knabengesang durch die Stadt marschieren und ihre Geborgenheit in humanistischer Kultur wie ein Heimatgefühl genossen – das mochte anfangs beruhigt haben. Aber idyllisch blieb es nicht. Um 1943 kamen zwei neue Lehrkräfte ans Musische Gymnasium, von einer Napola[21]. Mit ihnen wurde der Ton zackiger, militärischer Drill hielt Einzug: Mehr Marschieren, mehr Schießen.

Marschiert wurde fast täglich, die Schießausbildung erfolgte einmal in der Woche, anfangs mit Luftgewehren, dann mit Kleinkaliber. Auf der großen Terrasse einer der drei großen Villen im Johannapark, in denen Gymnasium und Internat untergebracht waren, wurde dafür eine Zielscheibe aufgestellt. Eine zynische Methode sollte die Schüler zum genauen Zielen zwingen: »Zu unserer Schuluniform gehörte ein Koppel mit viereckigem Koppelschloss aus Metall. Nun mussten wir uns gegenüber aufstellen, ich sollte mit dem Luftgewehr auf das Koppel meines Partners schießen, und der schoss dann auf meins.« Mehrmals mussten sie das üben. Es hätte schmerzhaft oder gar gefährlich ausgehen können. Passiert ist aber zum Glück nichts. Vielleicht hatten die Kinder bei solchen Dingen neben der Angst ein aufregendes Gefühl, einen Kitzel von Abenteuer und Wagnis. Aber es kamen erste Zweifel auf, ob solcher (aus der Sicht des Regimes durchaus logischer) Firlefanz sie ihrem eigenen künstlerischen Ziel überhaupt näher bringen konnte.

Der erste Musikwettbewerb

Trotz des Geschießes und Marschierens machte Saschko auf der Geige gute Fortschritte. Er arbeitete weiter an virtuosen Stücken von Viotti, Spohr, Dvořák oder Mozart und Wieniawski. Die Kinder hatten sogar noch Enthusiasmus übrig und wollten, einfach für sich, ein Orchester gründen. Saschko besorgte Noten für Salonorchester von Tschaikowski, verteilte sie, und das neue Orchester begann, abends zu proben. Allerdings war dieser Peter Tschaikowski ja ein Russe; deshalb galt er, wenngleich seit fast 50 Jahren tot, während des Krieges gegen die Sowjetunion als nicht aufführungswürdig. Zumindest nicht für den Heimleiter des Internats, der bei einer der Freizeitproben den Namen des Komponisten auf den Noten sah und das Material sofort einzog: »Tschaikowski – nein, das geht nicht. Wisst ihr denn nicht … ?!« Das Verbot erfolgte in aller Stille und ohne weitere Folgen, es wurde danach einfach nicht mehr darüber gesprochen.

Der Wunsch nach dem eigenen Orchester war aber nicht gestorben, bald entstand das offizielle Schulorchester. Bei allen möglichen Anlässen boten die Schüler des Musischen Gymnasiums den musikalischen Rahmen. Und an Stelle von Tschaikowski wurde einfach mehr Haydn gespielt.

Anfang 1942 schlug sein Geigenlehrer Hans Hilf etwas vor – wobei Vorschläge in der Regel im forschen Tonfall einer nicht weiter zu diskutierenden Anordnung vorgetragen wurden und oft mit einem zackigen »So!« begannen. Oder mit folgendem Kommando: »Hör mal! Du vertrittst unsere Schule in diesem Jahr beim Musikwettbewerb für den Gau Sachsen.« Der Zwölfjährige reiste im Frühjahr nach Markneukirchen, mit einer aufgeregten Klavierbegleiterin, die ihn ständig zum Üben drängte: »Du musst dich besser vorbereiten!«

Ob er selbst aufgeregt war vor diesem ersten Musikwettbewerb seines Lebens – Saschko Gawriloff kann sich an keinen Stress erinnern. Wieder mal kein Lampenfieber. »Aber ich habe später oft davon geträumt. Es hatte mich wohl doch sehr aufgewühlt.« Nach dem Auftritt teilte ihm die Jury mit, dass er den Ersten Preis gewonnen habe. Dafür gab es eine schöne Trophäe: Eine Geige, im Vogtland gefertigt, »in einem sehr schönen Lederkasten mit Futteral«. Das Instrument könnte damals einige tausend Reichsmark wert gewesen sein, vermutet er später, aber es ging gegen Ende des Krieges verloren. Die Wettbewerbssieger erhielten außerdem noch ein Extra: eine Schallplattenaufnahme.

Überreicht wurde der Preis im Leipziger Rathaus. Neben Gawriloff wurde dort sein elfjähriger Mitschüler Alexander Meyer von Bremen ausgezeichnet, ein Leipziger Wunderkind auf dem Klavier. Wie üblich marschierte das gesamte Musische Gymnasium singend zum Rathaus. Unheimlich wirkten die beiden Flakgeschütze rechts und links des Treppenaufgangs. Es war mitten im Krieg, und einige deutsche Großstädte wie Kiel, Hamburg, Lübeck und Rostock hatten bereits schwere Bombenangriffe erlebt. Im Saal wurde Musik gespielt, eine Endsieg-besoffene Rede des NSDAP-Oberbürgermeisters durfte nicht fehlen, dann wurden die Preise übergeben. Vom Musischen Gymnasium gab's als Extrageschenk die zweibändige Bach-Biographie von Julius August Philipp Spitta, das wahrscheinlich bis heute umfangreichste Werk über den genialen Komponisten. Darin hatten alle seine Mitschüler und Lehrkräfte unterschrieben.

Einige Tage später kam aus der Schulleitung die Anordnung: »Du fährst jetzt nach Berlin ins Studio zu einer Schallplattenaufnahme.« Das war der Extra-Teil des Preises, natürlich nicht ohne Propaganda-Absicht. Der junge Preisträger spielte sein Spohr-Violinkonzert ein und wurde dazu in einem pädagogischen Vorzeige-Ton interviewt. All das kam auf die Platte von Polydor.

Leider gingen die drei Exemplare, die der Preisträger damals erhielt, irgendwann zu Bruch. Biografisch gesehen war das seine erste Schallplattenaufnahme, nach seinem ersten Sieg bei seinem ersten Musikwettbewerb. Größere und bedeutendere Wettbewerbe sollten nach dem Krieg folgen, mit Gewinnen und Preisen. Und noch viele, wichtigere, wohlklingendere Schallplatten.

Ausgebombt: Der Krieg kommt nach Hause

Der Krieg, den Deutschland wenige Jahre zuvor in die Welt getragen hatte, kehrte zu seinem Ausgangspunkt zurück. Zunächst in Form des Bombenkrieges. Leipzig wurde im Dezember 1943 zum Ziel – relativ spät unter den deutschen Städten, die von britischen und amerikanischen Bombergruppen angegriffen wurden. Die ersten Bombenangriffe auf Kiel und Hamburg, Lübeck und Rostock lagen da bereits anderthalb bis drei Jahre zurück. Im Juli 1943 hatten die Alliierten ihre verheerenden Angriffe auf Hamburg und zuletzt im November mehrere Großangriffe auf Berlin geflogen.

In Leipzig heulten die Alarmsirenen in der Nacht zum 4. Dezember 1943, einem Samstag. Der Historiker Jörg Friedrich beschreibt den Luftangriff auf die Stadt als »einen der bestgelungenen Brandangriffe des Bombenkrieges« (Friedrich 2002, S. 347 f.). Bis 4.25 Uhr, schreibt Friedrich, »lagen knapp 300.000 Brandbomben und 665 Tonnen Spreng- und Minenbomben konzentriert im Ziel«. Der Feuersturm in der Stadt habe nach Angaben von Feuerwehroffizieren »Hamburger Ausmaße« erreicht, 1815 Menschen verloren ihr Leben, 140 000 Menschen wurden obdachlos, 41 Prozent der Wohnungen waren zerstört. Eine Leipziger Besonderheit hebt Friedrich hervor: »Die Einwohner verhielten sich völlig luftschutzwidrig. [...] Hätten die Leipziger ihrer Luftschutzleitung gehorcht und den Keller bis zum Entwarnungssignal nicht verlassen, wären Tausende darin verglüht und erstickt, wie geschehen in Kassel, Heilbronn, Darmstadt.« Doch die Leipziger stiegen, als alles brannte, nach draußen, um zu löschen. »Der Brand war unmöglich zu löschen. Aber der beherzte Ausstieg war die letzte Chance, durch Lücken davonzulaufen, bevor der Flammenriegel schloss.«

Saschko Gawriloff erlebte den Angriff als 14-Jähriger. »Ich weiß noch, wir sollten am nächsten Tag Arbeiten in Latein und Mathe schreiben. In der Nacht gingen die Sirenen, und wir freuten uns zuerst noch, dass dann ja die Arbeiten sicher ausfallen würden.« Doch kaum waren sie im Keller, ging es los. »Die Luftminen vor allem. Wenn so ein Ding explodierte, dann wackelte alles.« Statt Freude herrschte jetzt pure Angst. Nach einer halben oder dreiviertel Stunde hieß es: Raus zum Luftschutzdienst. Das hatten sie in der Ausbildung einige Male geübt. Jeder erhielt einen Stahlhelm; mit Wasserspritze und Eimern voll Sand sollte gelöscht werden. Die große Villa des Gymnasiums brannte auf dem Dach. Während der Bombenangriff noch im Gange war, rannten die Jungs nach oben. Aber löschen ließ sich der Phosphorbrand mit dieser Hilfsausrüstung nicht. Und als ein paar Luftminen runtergingen, schleuderte die Druckwelle einen von ihnen vom Dach nach unten, zwei Stockwerke tief. Er hatte Glück, stürzte in eine Hecke und kam dadurch mit einem gebrochenen Schlüsselbein davon.

Inzwischen war der Luftangriff vorüber. Der Schüler-Löschtrupp wurde in ein brennendes Nachbarhaus kommandiert. Aber hier war das Löschen vergeblich, dafür machte Saschko Gawriloff eine Entdeckung, die er später als »Schockerlebnis« bezeichnet. Im Obergeschoss der Villa sahen sie drei SA-Männer, die aber nicht Feuer zu löschen versuchten, sondern Wertgegenstände stahlen. »Für mich ein unglaublicher Schock damals«, berichtet er. »Wir wurden ja so erzogen, dass diese Leute die Elite der Nation seien, fast wie Heilige. Und dann stehen da drei von denen in Uniform und stopfen sich die Taschen voll.« Für ihn und andere sei das prägend geworden. Immer deutlicher spürten die Schüler, dass vieles ganz anders war, als man ihnen erzählt hatte. Die Zweifel nahmen zu.

*

Das brennende Haus war verloren, der Schülertrupp bekam die Weisung: Raus hier. Wenige Tage später musste das gesamte Musische Gymnasium einer solchen Anordnung folgen. Zwei der drei Villen der Schule waren bei dem Angriff getroffen worden. Nun wurden sie evakuiert: nach Nossen, dreißig Kilometer vor Dresden gelegen, in eine ehemalige Essigfabrik, die schon seit über hundert Jahren als Schulgebäude diente. Gawriloff erinnert sich an einen wunderbaren alten Saal mit einer Orgel, die per Fußarbeit mit Luft versorgt werden musste. »Da musste immer einer von uns, der was ausgefressen hatte, nach hinten und dort strampeln, dass vorn Orgel gespielt werden konnte.« Hinter dem Saal gab es zudem eine barocke Bibliothek mit Wendeltreppe, tausende Bücher.

Seit Anfang 1944 änderte sich unter dem Einfluss des näher rückenden Krieges der Unterricht. Der Drill nahm zu, Marschieren, Schießen. In Nossen kam sogar noch etwas Reiten dazu. Dagegen waren im Geschichtsunterricht nun manchmal ungewohnte Töne zu hören. Einmal sagte ein Lehrer: »Meine Herren. Die Sache wird immer unangenehmer …«, und ließ dann ein paar kritische Sätze zur Lage folgen. »Das war schon gefährlich für ihn«, schätzt Gawriloff später ein. »Wenn da einer unter uns gewesen wäre, der sowas gemeldet hätte, dann wäre der Lehrer dran gewesen.« Aber es gab unter ihnen keinen, der sowas meldete. Die Schüler hatten in den letzten Wochen einiges über das Regime und die wirkliche Kriegssituation begriffen. Und sie begannen mit einem baldigen Einberufungsbefehl zu rechnen. Unter den älteren Jahrgängen der Sechzehn-, Siebzehnjährigen waren bereits viele eingezogen worden. 1944 war offiziell der Jahrgang 1928 dran, es war nur noch eine Frage der Zeit, bis Saschkos Jahrgang 1929 dran war.

In Nossen wurde der musikalische Unterricht schwieriger. Wegen der 70 Kilometer Entfernung nach Leipzig wurde alles organisatorisch aufwendiger. Zunächst reiste noch Geigenlehrer Hans Hilf aus Leipzig an. Als der an die Front musste, sprang für einige Zeit Thomas Ungar ein. Dann übernahm Walther Davisson den Unterricht – nicht für alle Geiger, aber wohl für die drei besten. Davisson kannte Saschko, da er ja schon dessen Vater als Studenten unterrichtet hatte. Und nach Nossen musste er regelmäßig kommen, um das Internatsorchester zu leiten.

Für Saschko Gawriloff war dies das letzte Jahr am Musischen Gymnasium. Am Beginn des neuen Schuljahres musste er das Internat wieder verlassen. Ein Arzt hatte Verdacht auf Scharlach bescheinigt, ihn nach Leipzig ins Krankenhaus eingewiesen und anschließend häusliche Quarantäne angeordnet. Saschko ahnte nicht, dass diese Entscheidung möglicherweise sein Leben retten sollte. Er musste nun nach Hause zur Familie. Doch dieses Zuhause lag nicht mehr in Leipzig. Zwei Jahre zuvor hatte der Vater zunächst eine Stelle als Geiger eines Hotelorchesters im schlesischen Hirschberg gefunden. Im folgenden Jahr, 1943 zog die Familie erneut um. Der Vater wurde Konzertmeister im städtischen Theaterorchester von Landsberg an der Warthe (heute Gorzów Wielkopolski in Polen).

Als Saschko nach seinem Krankenhausaufenthalt im Herbst 1944 in Landsberg eintraf, wo er dann bis zum Kriegsende bleiben sollte, war der Vater bereits wieder aus dem Orchester entlassen worden. Der Kriegsverlauf hatte die Situation der ganzen Familie schlagartig verändert. Wie alle Bulgaren in Deutschland galten sie seit dem 9. September 1944 als Bürger einer feindlichen Macht. Jordan Gawriloff war seitdem zum Arbeitsdienst in der Rüstungsindustrie verpflichtet und arbeitete in einem Werk der IG-Farben am Stadtrand von Landsberg.

Balkan-Exkurs 2: Bulgaren im Krieg

In Bulgarien hatte es nach dem Ersten Weltkrieg mehrere Nachbeben sozialer Unruhen gegeben. Die bürgerlichen Parteien bezahlten mit einem Wahldebakel die Kriegsniederlage; der Bulgarische Bauernbund gewann die Macht und wurde bald wieder weggeputscht. Eine rechtsorientierte autoritäre Regierung der »Demokratischen Eintracht« festigte ihr neues Regime mit »Blutorgien« gegen Kommunisten und Bauernpartei. Eine direkt faschistische Bewegung, wie sie in vielen Ländern der Region (Rumänien, Ungarn, Kroatien) großen Einfluss gewannen, blieb in Bulgarien jedoch relativ schwach. Das Land wurde zur Königsdiktatur, die Zar Boris III. im Jahr 1935 etablierte.

Einem Bündnis mit Hitlerdeutschland wich die bulgarische Regierung lange aus, die Bevölkerung war tief gespalten und jede Entscheidung zwischen Deutschland und der Sowjetunion konnte zur Instabilität des Landes führen. Mit dem Beitritt zur Achse Berlin–Rom–Tokio am 1. März 1941 hatte Bulgarien dann dem größeren Druck der im Moment stärkeren Seite nachgegeben. Gegen Kriegsende kehrten sich die Kräfteverhältnisse um, Bulgarien wechselte im September 1944 die Seite und wandte sich gegen Deutschland. Unerwartet kam die Wendung nicht, auch andere kleine Länder, die zuvor im Zwangsbündnis mit Deutschland gestanden hatten, vollzogen angesichts des Vorrückens der Roten Armee solche Wendungen: Rumänien am 25. August 1944, Finnland am 15./19. September. Für Bulgarien endete nun eine Periode des politischen Lavierens, das vor allem darauf gerichtet war, sich aus den Kämpfen herauszuhalten – aber trotzdem gelegentliche Vorteile, wie die Übernahme Ostmakedoniens, mitzunehmen.

Lange war Bulgarien für die deutsche Wehrmacht von großer strategischer Bedeutung. Allerdings erfolgte die Kriegsteilnahme des Landes mehr indirekt. Für den Beitritt zum Dreimächtepakt hatte die bulgarische Regierung 1941 die Bedingung durchgesetzt, sich nicht direkt am Krieg zu beteiligen. Deshalb hatte man Großbritannien und den USA nur formell den Krieg erklärt, gegenüber der Sowjetunion jedoch Neutralität gewahrt und zu ihr sogar während des gesamten Kriegsverlaufs diplomatische Beziehungen unterhalten.

Als am 8. September 1944 die Rote Armee auf das Territorium Bulgariens vorrückte, gab es keine Gegenwehr, weshalb Stalin die bulgarische Armee nicht entwaffnen ließ. Am 9. September folgten ein Regierungswechsel in Sofia (der zweite innerhalb von acht Tagen) und die Kriegserklärung gegenüber Deutschland. Anschließend kämpften bulgarische Truppen auf der Seite der Roten Armee. Für Bulgaren, die in Deutschland lebten, änderte sich dadurch grundsätzlich der Aufenthaltsstatus. Sie waren nun Bürger eines feindlichen Landes und wurden entsprechend isoliert.

Ende des »Dritten Reiches«: Üben heißt hoffen

Landsberg an der Warthe war bei Kriegsende eine Stadt mit knapp 50.000 Einwohnern. Als Saschko nach seinem Krankenhausaufenthalt im September 1944 zur Familie kam, musste sein Vater dort für die IG Farben arbeiten. Für ihn gab es kaum noch Gelegenheiten zum Musizieren. Ein paar Monate zuvor war er dort noch Konzertmeister gewesen, und Saschko konnte, wenn er auf Familienbesuch aus dem Internat kam, einige Male im Landsberger Orchester mitspielen.

Einmal sogar als Solist mit »La Folia« von Corelli. Zuweilen fuhr er mit, wenn das Orchester im nahegelegenen Küstrin gastierte oder zum sommerlichen Kurkonzert ins weiter entfernte Misdroy (heute Międzyzdroje in Polen) auf der Ostsee-Insel Wolin tourte.

Doch jetzt rückte die Front sehr schnell auf Landsberg zu, das gesellschaftliche Leben begann sich aufzulösen. Schon im Herbst fuhren hier Tag und Nacht Sonderzüge mit Flüchtlingen durch. Auf der Straße durchquerten Flüchtlings-Trecks die Stadt, ehemalige Einwohner der Stadt berichten in ihren Erinnerungen, dass zahlreiche Viehherden vom Osten her durch die Stadt getrieben wurden. Unter den Ankommenden gab es viele Verwundete von der Ostfront, weshalb Ende 1944 in einem Gymnasium ein Lazarett eingerichtet wurde.

Im Januar 1945 spitzte sich die Situation weiter zu, in der zweiten Monatshälfte war der Kriegslärm der Front deutlich zu hören. Eines Tages erhielt Saschko Gawriloff einen Einberufungsbefehl. Er habe sich am 1. Februar 1945 in einer Kaserne in Dresden zur Flakhelferausbildung zu melden. Nach kurzer Ausbildung sollte er in Dresden an einer Flak (Flugzeugabwehrkanone) eingesetzt werden. Erst vor ein paar Wochen war Saschko fünfzehn geworden; der Befehl machte vor allem deutlich: Das NS-System musste am Ende sein. Denn nach offiziellen Richtlinien sollten nur Schüler bis zum Jahrgang 1928 einberufen werden. Nun der Jahrgang 1929, noch jüngere Kinder. Hitler mobilisierte sein allerletztes »Aufgebot«.

Zu Hause gab es deshalb Streit mit dem Vater, denn der fiel, wie Saschko damals fand, mit seiner linken Gesinnung »unangenehm auf, weil er aufmüpfig war«. Der Sohn glaubte, er müsse dem Einberufungsbefehl folgen und nach Dresden fahren. Sein Vater dagegen meinte: »Ach was, der Krieg ist verloren. Du hörst doch den Geschützdonner. Diese Banditen haben ausgespielt.« Worauf Saschko warnte: »Sag sowas nicht laut. Wenn du weiter so redest, sperren sie uns noch ins KZ. Du musst ruhiger werden.«

Der Kriegsverlauf selbst entschied über die Streitfrage. Am 30. Januar, es war ein eisiger Dienstag – die Warthe war zugefroren, sodass viele den Fluss zu Fuß überquerten – wurde Landsberg kampflos aufgegeben.[22] Bevor die deutschen Truppen abzogen, zerstörten Sprengkommandos der Wehrmacht die Brücken über die Warthe. Unterschiede gibt es in Zeitzeugen-Berichten zur Tageszeit der Sprengung – die Aussagen schwanken zwischen Mittag, Nachmittag und Abend. Gawriloff berichtet von einer »unglaublichen Detonation« am Abend, als es schon dunkel war. Er wollte gerade mit seinem gepackten Koffer die Wohnung in Richtung Bahnhof verlassen, um den Zug nach Dresden zu erreichen, da hörte er im Treppenhaus diesen gewaltigen Knall. Am folgenden Tag, dem 31. Januar, gab es noch einen deutschen Luftangriff auf Bahnanlagen am nördlichen Warthe-Ufer und auf die Brücken, um den Nachschub der Roten Armee zu verzögern.

An diesem 31. Januar rückten Soldaten der Roten Armee bereits in Landsberg ein, die ersten hatten schon am Vortag den Stadtrand erreicht. Augenzeugen berichten später von Schüssen und brennenden Häusern in der Stadt, von Plünderungen und Vergewaltigungen. Die Kommandos durchsuchten jede Wohnung, insbesondere nach deutschen Soldaten, nach Waffen und Uniformen, Rundfunkempfängern und Wertsachen. Bei der Familie Gawriloff, die im dritten Stock eines Mietshauses wohnte, gestaltete sich das Verhältnis zu den Russen von Anfang an freundlicher. Die sprachliche Verwandtschaft und der Beruf des Musikers wirkten sich wohl entspannend aus, sodass bald engere Beziehungen entstanden.

*

Saschko musste jetzt nicht mehr nach Dresden. Das heißt: Er konnte gar nicht, selbst wenn er gewollt hätte. Wegen der zerstörten Brücken war der Bahnhof nicht erreichbar, von dort fuhren ohnehin keine Züge mehr nach Deutschland. Für Saschko war der Krieg vorbei, Dresden unerreichbar. Der 15-Jährige war gerettet. Wieviel Glück er damals hatte, zeigte sich zwei Wochen später: Zwischen 13. und 15. Februar 1945 kamen bei den Bombardierungen Dresdens durch die britische und amerikanische Luftwaffe rund 25 000 Menschen ums Leben. Als Flakhelfer wäre er sehr wahrscheinlich unter ihnen gewesen.

Viel später, um 1980, fand diese Episode ein überraschendes Nachspiel. Inzwischen unterrichtete Saschko Gawriloff eine Geigen-Hauptfachklasse an der Berliner Hochschule der Künste (HdK, heute Universität der Künste, UdK). Eine seiner Studentinnen lud ihn zu einem Konzert ins Schloss ihrer Heimatstadt Aschaffenburg ein, wo ihre Mutter, die Kulturdezernentin der Stadt, das Organisatorische regelte. Der Geigenprofessor sagte zu und stattete der Familie seiner Studentin vor dem Konzert einen kleinen Besuch ab. »Und da sitzt ihr Vater, gekrümmt an einen Ofen gelehnt«, erzählt er später. Er sei kriegsgeschädigt, erklärte die Studentin. Gawriloff kam mit ihm ins Gespräch. Jagdflieger sei er gewesen im Zweiten Weltkrieg, erzählte ihm der Mann. »Mein letzter Einsatz war Landsberg an der Warthe. Da habe ich die Brücke in die Luft gesprengt, gleich danach wurde ich abgeschossen.« Überrascht rief Gawriloff aus: »Mensch, Sie haben mir das Leben gerettet!« Er erzählte ihm seine

Geschichte von Landsberg, die seine Rettung vor dem Inferno von Dresden war. »Ist das nicht verrückt?!«, beendet er seinen Bericht über das Treffen. »Eine unglaubliche Geschichte.«

Der Krieg zog weiter in Richtung Berlin und sollte noch drei Monate dauern bis zur bedingungslosen Kapitulation Deutschlands am 8. Mai 1945. Doch Landsberg lag jetzt hinter der Front, von Deutschland aus gesehen. Die Russen blieben, einige Offiziere besuchten zuweilen Familie Gawriloff. Zu diesen musikalischen Bulgaren hatten sie mehr Vertrauen als zu den meisten Deutschen in der Stadt. Saschko Gawriloff erinnert sich an die Mannschaft eines Geschützes auf Selbstfahrlafette, die regelmäßig an die Front ins 40 Kilometer entfernte, heftig umkämpfte Küstrin an der Oder[23] fuhr. Jeweils nach vier Tagen kamen die Soldaten zurück und hatten einen Tag frei. Einmal klopften sie nachts um eins an die Wohnungstür. »Wir haben Essen mitgebracht. Und jetzt wollen wir ein bisschen Musik machen«, sagte ihr Offizier. Er hieß Alexander, genau wie Saschko. Sascha (die russische Koseform von Alexander) nannte ihn die Familie bei seinen häufigen Besuchen bald vertraulich.

Nun musste Saschko nach Mitternacht für Sascha und seine Leute musizieren. »Ich spielte mit meiner Schwester Sonja, die damals mit elf Jahren schon sehr gut auf dem Klavier war, die Kaukasische Suite von Ippolitow-Iwanow, all diese Schinken. Die Stücke waren sehr traurig, die Soldaten weinten dann vor Rührung.« Weil sie keinen Alkohol hatten, schickte Offizier Alexander seinen Burschen nochmal los, um Getränke zu besorgen. Der kam mit einer großen Ballonflasche zurück, fast wie eine Bowle. Drin war aber Baldrian, den er in einer Apotheke oder Drogerie entdeckt hatte. Deshalb wurde mit Baldrian-Bowle gefeiert. »Nach einer halben Stunde war die ganze Belegschaft eingeschlafen. Ohne Emotionen lagen die da und schliefen. Wir auch.« Am nächsten Morgen ratterte das Geschützkommando wieder zurück zur Front. »Also«, schließt Gawriloff diese Geschichte, »das war alles grotesk.«

*

Ganz vorbei war der Krieg für Saschkos Familie noch nicht. Der Vater, der nun nicht mehr für die deutsche Rüstungsindustrie arbeiten musste, machte wieder Musik: Truppenbetreuung für die Russen. Einige Mitglieder des städtischen Theaters von Landsberg, an dem er selbst bis zum Herbst 1944 in Opern und Konzerten gespielt hatte, fanden sich zu einer bunten Truppe zusammen. Zuweilen wirkte Saschko mit. Zirkusakrobaten gehörten dazu, darunter ein Franzose, Louis, der akrobatische Tanznummern aufführte. Der wirbelte seine Partnerin kräftig durch die Luft, eine Soubrette vom Theater, die noch im vergangenen Jahr dort »Die lustige Witwe« gesungen hatte. »Und wir, ein kleines Orchester, spielten dazu solche Sachen wie ›Das Karussell dreht sich immer rundherum‹ [24] und sowas.«

Künstlerisch war der Junge da wenig gefordert. Er war jetzt in jenem Alter, in dem er unbedingt kontinuierlichen und intensiven Unterricht brauchte, normalerweise hätte er große Lernfortschritte machen oder gar schon einen Durchbruch mit anspruchsvollen Werken erreichen können. Aber die Ausbildung war abgebrochen, in Landsberg gab es nichts für ihn. Saschkos Vater war mit seinen eigenen Projekten sehr beschäftigt. Ab und zu fragte er den Jungen, woran er gerade arbeite, hörte es sich an, besprach es mit ihm. »Aber meinen Plan habe ich mir selbst gestaltet. Ich nahm alle Stücke, die ich bis dahin erarbeitet hatte, und studierte sie noch einmal systematisch.«

Außerdem nutzte er eine weitere Methode, die vermutlich bis heute im Geigenstudium eher nur inoffiziell angewendet wird. Er hörte sich Solisten auf Schallplatten an und versuchte, nach Gehör und ohne Noten, die damals in der Stadt Landsberg nicht zu finden waren, deren Stimmen nachzuspielen. »Das war ja eigentlich die Methode, mit der die Roma-Musiker, wie dieser Welko in Lom, ihre Stücke erarbeitet haben.« Ein Verfahren, das offenbar nebenbei das musikalische Gehör und die Improvisationsfähigkeit schult. Mehr noch: das die Bereitschaft fördert, Dinge auf dem Instrument auszuprobieren, Experimentierlust. Und die Frage eines Studiums in Odessa rückte erneut in den Horizont des 15-Jährigen. Doch als der Krieg vorbei war, musste die Familie für ihr Auskommen sorgen.

Zuerst aber musste sie aus Landsberg weg. Ende Juni übernahm die Volksrepublik Polen von den russischen Besatzern die Verwaltung der Stadt. Zu den ersten Maßnahmen gehörte die Aufforderung an alle Nicht-Polen, Landsberg umgehend zu verlassen. In ihre Wohnungen sollten Menschen aus Weißrussland, der heutigen Westukraine und dem Baltikum ziehen. Gemäß den Verträgen zwischen den Siegermächten wurde ganz Polen auf der Landkarte ein großes Stück nach Westen verschoben. Das bedeutete massenhafte Umsiedlungen von Bevölkerungen, von denen mehrere Millionen Menschen betroffen waren.

Die neue polnische Westgrenze wird seither durch die Flüsse Oder und Neiße gebildet, die damals noch in dieser Gegend lebenden Deutschen, soweit sie nicht mit der abziehenden Wehrmacht geflohen waren, befanden sich nun plötzlich im Ausland. Deshalb zogen seit dem 30. Juni 1945 erneut Trecks durch Landsberg, über die hölzerne Behelfsbrücke in Richtung Westen. Die Flüchtlinge hießen nun Vertriebene oder Umsiedler.

Für Familie Gawriloff wurde die Reise etwas einfacher. Ihr Bekannter, Sascha, jener russische Artillerie-Offizier Alexander, bot an: »Wenn ihr wollt, nimmt euch mein Bursche im Lastwagen mit nach Berlin.« Sie packten ihre Koffer, Noten, Instrumente; auf einem Laster konnte man immerhin das Wichtigste mitnehmen. Sie reisten, zusammen mit dem artistischen Franzosen Louis und seiner fliegenden Soubrette, auf dem Lkw nach Berlin.

Die Fahrt durch die völlig zerstörte Hauptstadt des untergegangenen Deutschen Reiches wirkte niederschmetternd. »In der Köpenicker Straße hielt der Fahrer plötzlich an und sagte einfach: ›Hier ist Schluss. Mein Auftrag ist beendet, ich muss jetzt in die Kommandantur.‹ Und wir standen auf der Straße, zwischen lauter zerstörten Häusern«, erinnert sich Saschko Gawriloff. Es begann zu regnen. Ratlos schauten sie sich um in dieser bizarren Ruinenlandschaft. Aus einem Fenster im dritten Stock eines der wenigen stehengebliebenen Häuser schaute eine Frau. Dann kam sie herunter und sagte: »Was macht ihr denn jetzt hier? Ihr könnt doch nicht auf der Straße bleiben!«

Es war als Einladung gemeint, sie hatten ihr erstes Quartier gefunden: Sechs Personen, die Familie mit zwei Kindern und das Artistenpaar – alle zusammen in einem Zimmer. Für mehrere Wochen. In der Enge lernte Saschko nebenbei etwas Französisch von Louis. Schon bald sollte die Wohnsituation besser werden.

1945–1953. Alles offen: Ostdeutschland und Westberlin

Schmale Pfade zwischen Trümmerbergen

Einige Wochen nach der Abreise aus Landsberg zog Familie Gawriloff zum ersten Mal innerhalb Berlins um: von der Köpenicker Straße zum Herrmannplatz in Kreuzberg. Hier lebten sie nur noch zu viert in einem Zimmer, nun ohne Louis und die Sängerin. »Berlin lag total am Boden«, erinnert sich Saschko Gawriloff an diesen Sommer 1945 in der Ruinenstadt. Zur Stadtmitte war es nicht weit, aber um dorthin zu gelangen, musste man durch ein Chaos der Zerstörung: auf einem schmalen Pfad zwischen Trümmerbergen. »Das war damals alles, was uns geblieben war«, sagt er später.

Andererseits: »Man war voller Hoffnung. Der Krieg war vorbei, es gab keine Sirenen mehr, kein Bombenpfeifen und keine Zerstörung. Es konnte eigentlich nur aufwärts gehen. Und viele Leute in Berlin saßen wieder am Kurfürstendamm, in den Cafés, wie Kranzler, die recht und schlecht eröffnet hatten, noch mitten in den Ruinen, und freuten sich, dass sie mit heiler Haut davongekommen waren. Langsam begann das Kunstleben wieder. Es war eine sehr interessante Zeit. Für mich ganz besonders.«

Das Bild vom Trümmerpfad mag die Chancen beschreiben, wie – und ob überhaupt – man an frühere Pläne oder Träume anknüpfen könnte. Zwar hatte der junge Geiger die Unterbrechungen und Lücken, mit denen der Krieg seine künstlerische Ausbildung behindert hatte, durch geschicktes Selbststudium etwas ausgleichen können. Doch jene

Entwicklungsphase, die man sonst in friedlichen Zeiten als unbeschwerte Kindheit bezeichnet, wäre für seine Entwicklung außerordentlich wichtig gewesen. Unbeschwert war diese Zeit für den nun 15-Jährigen überhaupt nicht verlaufen, zumindest nicht in den letzten drei, vier Jahren. »Man kam sich damals trotz seiner Kindheit sehr erwachsen vor: sehr ernsthaft und verantwortungsvoll«, sagt er später. Immerhin: Man hatte überlebt. Und der Frieden eröffnete neue Möglichkeiten. Dieser Frieden benötigte Musik, folglich gute Musiker. Und vielleicht konnte das nun folgende Hineingeworfen-Werden in gleich sehr große Aufgaben und Herausforderungen die Ausbildungslücken der letzten Zeit mit einem kräftigen Schub ausgleichen.

Neue große Aufgaben fand zunächst Saschkos Vater, der Sohn sollte erstmal seine im Herbst 1944 unterbrochene gymnasiale Schulausbildung fortsetzen. Für das weitere Geigenstudium hatte die Familie an eine Rückkehr nach Leipzig gedacht. – »Studieren in Leipzig?«, fragte ihn deshalb ganz ungläubig ein polnischer Geiger aus dem Landsberger Orchester, als er den in Berlin wieder traf. In Leipzig sei doch jetzt nichts. Gegenwärtig gebe es hier im Osten nur einen guten Pädagogen: Gustav Havemann.

Saschko blieb in Berlin, bei der Familie, und besuchte ein Gymnasium in der Heerstraße. Bei der Einstufung in die Schule wurden kurzerhand zwei Jahre übersprungen. Das hieß: Es fehlte viel Stoff in Sprachen und naturwissenschaftlichen Fächern. Er würde da in den nächsten Jahren jede Menge nachzuarbeiten haben, denn das Abitur war damals noch in allen Fächern abzulegen. Aber dazu kam es dann gar nicht mehr.

Parallel zum Schulunterricht begann Saschko Gawriloff Anfang 1946 das Geigenstudium bei Gustav Havemann. Die

Hochschulen hatten den Betrieb noch nicht wieder aufgenommen; Studium bedeutete in seinem Fall Privatunterricht, den musste man natürlich bezahlen können. Dass die Familie sich das leisten konnte, war dem neuen Job des Vaters zu verdanken: Jordan Gawriloff war jetzt Orchesterleiter.

*

Unmittelbar nach dem Kriegsende hatte das kulturelle Leben in Berlin wieder begonnen. Sicher wäre es übertrieben, schon 1945 von einem Erblühen zu sprechen; aber dass Konzerte und Theateraufführungen in Trümmerlandschaften gespielt wurden, setzte deutliche Zeichen der Hoffnung und einer Neubesinnung. Und das sollten sie auch.

Schon am 13. Mai 1945, nur fünf Tage nach der bedingungslosen Kapitulation, hatte das Berliner Kammerorchester unter Hans von Benda im Bürgersaal des zerstörten Rathauses Schöneberg das erste Berliner Nachkriegskonzert aufgeführt. Am 18. Mai spielten Musiker verschiedener Orchester unter Leopold Ludwig im notdürftig gesäuberten großen Sendesaal des Funkhauses in der Masurenallee.[25] Und eine Woche später, am 26. Mai, präsentierten sich im Titania-Palast die Berliner Philharmoniker, das berühmteste Orchester Deutschlands, unter der Leitung des künftigen neuen Chefs Leo Borchard. Der russisch-deutsche Dirigent Borchard leitete die Philharmoniker jedoch nur zwei Monate: Nachdem er am 23. August 1945 an einem Kontrollpunkt von einem amerikanischen Soldaten erschossen worden war, wurde Sergiu Celibidache Chefdirigent. Die ersten Nachkriegskonzerte zeigten, wie sich die Zeiten geändert hatten. Ihr letztes Konzert, drei Wochen vor Kriegsende, hatten die Berliner Philharmoniker unter dem Dirigenten Robert Heger mit der Schlussszene aus Wagners

»Götterdämmerung« eröffnet und Beethovens Violinkonzert sowie Bruckners vierte Sinfonie folgen lassen; nun, 18 Tage nach Kriegsende, eröffneten sie mit der Sommernachtstraum-Ouvertüre des bei den Nazis verfemten Komponisten Felix Mendelssohn Bartholdy, gefolgt von einem Violinkonzert Mozarts und der vierten Sinfonie von Tschaikowski.

In Ostberlin war die russische Kommandantur, offenbar aufgrund der guten Beziehungen zwischen den Gawriloffs und den sowjetischen Offizieren aus Landsberg, auf Saschkos Vater gekommen, als sie einen Leiter für ein Sinfonieorchester suchte. Über das Debüt dieses Orchesters im Dezember 1945 – mit der Libussa-Ouvertüre von Smetana, Spanischen Tänzen von Moczkowski, Liszts Ungarischer Rhapsodie Nr. 2 und der Ballettszene aus Beriots Violinkonzert – informiert eine Berliner Tageszeitung ohne genaue Orts- oder Zeitangabe unter der Überschrift »Erstes volkstümliches Konzert des internationalen Symphonie-Orchesters«: »Das auf Anordnung der sowjetischen Zentralkommandantur zusammengestellte Internationale Symphonie-Orchester bewies mit seinem ersten volkstümlichen Konzert, wie es sich unter der Führung seines Dirigenten Jordan Gawriloff innerlich gefestigt hat und nunmehr ein einheitliches Ganzes wurde«, lobt der mit »R.St.« gezeichnete Artikel und hebt den »Sondererfolg« des sechzehnjährigen Solisten Saschko Gawriloff als »junger, fertiger Meister« hervor.

Nach Saschko Gawriloffs Erinnerung fand das erste Konzert des neuen Orchesters, möglicherweise ein früheres als das hier beschriebene, 1945 im Theater am Schiffbauerdamm statt: Dort spielte er selbst das Viotti-Konzert, und der damals sehr bekannte Cellist Tibor de Machulla trat mit dem Schumann-Konzert auf. Auch an ein Konzert des

Orchesters im Saal des Berliner Rundfunks in der Masurenallee erinnert er sich.

Für die Anfangszeit 1945/46 mit all ihren Unsicherheiten und – was Logistik betrifft – Provisorien im kulturellen Bereich sind Belege für die Konzerte schwer zu finden. Zudem handelt es sich hier um ein Orchester, das seit den beginnenden 1950er-Jahren nicht mehr existiert und daher nicht, wie die berühmteren Einrichtungen Berlins, seine eigene Geschichte aufarbeiten, archivieren oder publizieren konnte. In den später digitalisierten Archiven des Staatlichen Instituts für Musikforschung taucht ein Konzert unter der Leitung Jordan Gawriloffs (mit Saschko Gawriloff als Solist) erstmals am 2. November 1947 (Mercedes-Palast im Bezirk Wedding) auf (siehe Digital.SIM). Der Klangkörper heißt dort aber nicht mehr Internationales Symphonieorchester, sondern Sinfonie-Orchester Berlin, kann jedoch nicht identisch sein mit dem nach eigener Traditionsdarstellung erst 1957 unter diesem Namen gegründeten »Sinfonie Orchester Berlin« der Konzertdirektion Professor Victor Hohenfels, das dann jahrzehntelang »Populäre Konzerte« in der Berliner Philharmonie aufführte.

Die Bezeichnung »International« aus der Gründungszeit des Orchesters war gewiss hoch gegriffen und sollte wohl, als Gegensatz zur nationalistisch verengten Perspektive der Vorjahre, eine besondere Weltoffenheit betonen: Nicht beschränkt zu sein auf Deutsches – weder im Repertoire noch in der Zusammensetzung. »Das Wort ›International‹ war damals, glaube ich, geradezu ein Modebegriff«, sagt Gawriloff und erinnert sich, dass dort keineswegs besonders viele internationale Musiker mitspielten. Überwiegend hatten sich da Mitglieder des früheren Städtischen Orchesters Berlin zusammengefunden, das bis 1944 unter dem

Dirigenten Fritz Zaun das hauptstädtische Musikleben – neben den Philharmonikern – mitgeprägt hatte.

Der neue Klangkörper mit dem Dirigenten Jordan Gawriloff trat häufig in Veranstaltungen für sowjetische Soldaten auf, ebenso in Konzerten für das Berliner Musikpublikum. Wie Saschko Gawriloff ebenfalls berichtet, verband die Sowjetische Militäradministration (SMAD) das Orchester logistisch mit dem Funkhaus Grünau, das seit 1946 in einem ehemaligen Sporthaus im Ostberliner Bezirk Treptow-Köpenick als Rundfunkstudio ausgebaut wurde.[26]

Für die meisten Musiker blieben diese Hintergründe damals weitgehend unklar. Wichtiger war Saschko Gawriloff, dass er als junger Geiger hier Violinkonzerte von Mendelssohn, Viotti, Wieniawski oder Spohr, aufführen konnte. Und ebenso wichtig in dieser Zeit des großen Mangels an vielem Lebensnotwendigem: Das Orchester wurde in Naturalien bezahlt, mit Kartoffeln, Briketts, Wurst, sogar die knappe Butter war ein Zahlungsmittel. Manches von diesen »Einkünften« wurde einmal monatlich mit dem Auto, das der Vater sich inzwischen angeschafft hatte, nach Babelsberg transportiert, ins Wohnhaus von Gustav Havemann. Denn mit Naturalien bezahlte die Familie Saschkos Privatstudium bei dem bekannten Violinprofessor.

Die Sache mit dem eigenen Auto war etwas kurios. Sein neues Amt als Orchesterchef hatte die gesellschaftliche Stellung des Vaters erheblich verbessert. Die Familie zog nun in eine komfortable Wohnung in der Steinstraße, die einem ehemaligen Aufsichtsratsmitglied der Reichsbank Berlin gehört hatte: Großer Aufgang mit Portier, alles mit Marmor, geräumige sechs Zimmer für die Eltern Käthe und Jordan Gawriloff sowie Saschko und seine Schwester Sonja; zusätzlich darin noch eine kleine Wohnung für Dienstboten mit eigenem Bad sowie ein Lieferantenzugang zur Küche. »Eine richtige hochherrschaftliche Wohnung war das, sehr hohe Decke, riesige Wohnräume, unglaublich!«, fasst Gawriloff einen gewissen Luxusschock der Nachkriegszeit zusammen. Das Auto, einen alten DKW F 1 aus der Vorkriegsproduktion, hatte der Vater ziemlich tollkühn angeschafft, »obwohl er doch gar nicht Auto fahren konnte«, erinnert sich Gawriloff. Deshalb brauchte er nun noch einen Chauffeur dazu, und der, ein Herr Müller, wohnte fortan mit seiner Frau in der Dienstbotenwohnung.

Studieren: Havemann, Oistrach, Kovacs

Als Saschko Gawriloff um seinen 85. Geburtstag herum gefragt wurde, wie er das tägliche Üben im Alter erlebe, verwies er auf Erfahrungen des Meistercellisten Pablo Casals. Der habe noch als über Neunzigjähriger auf eine ähnliche Frage geantwortet: »Ich habe das Gefühl, ich mache Fortschritte.« Zehn Jahre später bestätigt er diese Erfahrungen von Casals noch ausdrücklicher. Das Üben und Studieren ist für Musiker ein lebenslanger Prozess, der das Training spieltechnischer Fertigkeiten ebenso umfasst wie ein tiefer in musikalische Strukturen und Sinnzusammenhänge eindringendes reflektierendes Erarbeiten, Ausprobieren und Erforschen. In der letzteren Bedeutung ist es für Instrumentalisten sicher eng mit dem Sinn ihres Lebens verbunden. Dass sich im Laufe der Entwicklung eines Künstlers die Schwerpunkte seines Übens/Studierens verschieben hin zu diesem Lebenssinn, liegt an seinen wachsenden Musik- und Lebens-Erfahrungen sowie technischen Fertigkeiten. Die Aufgabe bleibt lebenslang, ebenso die Überraschung, Einsicht und

Genugtuung, die sie mit sich bringt. Für den Geiger war dieser komplexe Grundvorgang, in dem Handwerkliches mit Spirituellem und Philosophischem eng verbunden sind, neben den Auftritten stets sein Hauptarbeitsfeld.

Damals jedoch, in der Nachkriegszeit, hatte der junge Musiker erstmal großen Nachholbedarf – im Sinne eines Bedürfnisses nach Anleitung und Begleitung durch künstlerische Erfahrung und auch im Sinne größerer künstlerischer Herausforderungen. Deshalb traf es sich gut, dass er in Prof. Gustav Havemann, der einst selbst ein berühmter Geiger war, einen in allen Bereichen des Fachs – Orchesterspiel, Kammermusiker und Solist – bewanderten Lehrer fand. Der konnte aus seiner langen Erfahrung den Studenten auf praktische Dinge hinweisen, die heute selten jemand im Studium lernt. Zum Beispiel, was das Verhalten und die Orientierung des Solisten in komplizierten Konzertsituationen betrifft: An dieser bestimmten Stelle pass besonders auf, da bist du mit der Flöte zusammen, die dich aber nicht hören kann, und der Dirigent kümmert sich selten um diese Situation – also dreh dich zur Flöte, Blickkontakt aufnehmen. Wichtige Hinweise dieser Art.

Die Situation, dass eine Ausbildung jetzt nur als Privatunterricht möglich war, erwies sich als vorteilhaft: Zwei, oft noch mehr Unterrichtseinheiten pro Woche mit dem Professor, eine solche Intensität wird an Hochschulen (damals wie heute) nur selten erreicht. Hinzu kamen regelmäßige Kammermusikrunden mit 20 bis 30 Teilnehmern in Havemanns Haus in Babelsberg. Vor dem Hintergrund dieser Studienerfahrung bewertet Gawriloff nach über drei Jahrzehnten eigener Lehrtätigkeit als Violinprofessor an vielen deutschen und internationalen Hochschulen die heute üblichen Studienbedingungen recht differenziert: »Der

Umstand, dass es in der Hochschule in der Regel nur einmal wöchentlich Hauptfachunterricht gibt, lässt sich teilweise mit dem schon hohen Niveau und dem hohen Grad an Selbstständigkeit der Studierenden begründen. Man kommt einmal pro Woche zusammen, zeigt die Resultate und bespricht das neue oder fortzusetzende Pensum. Aber: Wer viel erreichen will, der braucht einen personal coach – möglichst jeden Tag.«

Sein eigenes Schüler-Verhältnis zum personal coach Gustav Havemann gestaltete sich intensiv. Und es endete erst, als der Professor 1960 starb. Anfang der 1950er Jahre wurde Gawriloff noch dessen Assistent an der Deutschen Musikhochschule (heute »Hanns Eisler«) und begann dort bereits, selbst zu unterrichten. Der Professor wurde über das Geigenspiel hinaus sein wichtiger Mentor bei den ersten Schritten in die eigene Karriere. Dabei mochte es nützlich gewesen sein, dass der Professor beispielsweise Anfang der 1950er Jahre der Jury des Deutschen Instrumentalisten-Wettbewerbs in Ostberlin angehörte, dessen ersten Preis im Fach Geige sich Saschko Gawriloff 1953 mit Gustav Schmahl teilte (jeder 3000 Mark). Oder dass Havemann gute Beziehungen zu Orchestern und Dirigenten unterhielt, die ihrerseits sehr interessiert an jungen Talenten waren.

Wie das praktisch ablief, hatte viele überraschende Momente: »Eines Tages im Herbst 1947, kurz vor meinem achtzehnten Geburtstag, kam ich zum Unterricht zu Havemann. Bei ihm saß ein Fremder. Ich spielte etwas, Wieniawski-Konzert und noch etwas, der Gast saß da, wirkte interessiert und nickte oft zustimmend. Als die Stunde vorbei war, sagte Havemann zu mir: ›Ich habe mir überlegt, du gehst als Konzertmeister nach Dresden zu den Philharmonikern.‹« Der unbekannte Gast war, wie sich herausstellte, der Orchesterdirektor der Dresdner Philharmonie, und der wollte den Vertrag sofort perfekt machen. Ohne weiteres Probespiel.«

Überrascht widersprach der frisch Engagierte: »Moment mal, unmöglich, das geht nicht. Ich bin noch in der Schule, Unterprima, nächstes Jahr ist Abitur. – Und außerdem: Ich habe noch nie Orchester gespielt!« Doch Havemann hatte entschieden. Auf das Abitur ging er gar nicht erst ein, und die Frage der Orchestererfahrung erledigte er mit einem Argument, das dem Schüler noch später oft zu denken gab. »Entweder«, sprach der Meister, »du lernst das in sechs Wochen, oder du lernst es nie.«

Wieder einmal ging es ins Ungewisse. Gawriloff meldete sich in der Schule ab (und kehrte nie wieder dorthin zurück), zog nach Dresden, wo er ein Zimmer im Villenviertel Weißer Hirsch fand. Während seines ersten Engagements, wie noch bei den folgenden, blieb er Havemanns Schüler und fuhr zwei Mal im Monat nach Babelsberg zum Unterricht. Havemann war es dann wieder, der ihm im folgenden Sommer 1948 eröffnete: »Ach, weißt du, ich habe mit Furtwängler telefoniert, die suchen einen Konzertmeister. Und da habe ich mir gedacht, du gehst jetzt zu den Berliner Philharmonikern.« Wieder war er überrascht und fühlte sich überrumpelt. Achtzehn Jahre jung und schon Erster Konzertmeister in Deutschlands berühmtestem Orchester? »Mein Gott, Gustav, das ist doch unmöglich«, versuchte der Student zaghaft zu widersprechen. Aber offenbar war schon alles fest geplant, Widerrede wurde ignoriert: »Du gehst dorthin zum Probespiel! Aus!«

So kam er zu den Berliner Philharmonikern, worüber noch ausführlicher zu berichten sein wird. Aber schon ein Jahr später hatte sich Havemann wieder etwas ausgedacht für seinen Schützling: »Weißt du, die Philharmoniker reisen viel, du kommst dadurch zu wenig zum Üben. Aber du sollst solistisch was tun. Deshalb musst du bei denen wieder weg und zum Berliner Rundfunk-Sinfonieorchester.«

Gawriloff war inzwischen fast zwanzig, fühlte sich bei den Berliner Philharmonikern sehr wohl. Er wollte überhaupt nicht wieder weg dort – und sich deshalb jetzt endlich mal durchsetzen gegen diesen Lehrer, der immer alles für ihn entschied. Wieder half kein Einspruch, er wechselte im Herbst 1949 zum Rundfunk-Sinfonieorchester. Im Nachhinein vermutete er, dass Havemann, der nach seiner Verstrickung in die NS-Kulturpolitik nun im Osten seine linke Gesinnung (wieder-)entdeckt hatte (mehr dazu im nächsten Kapitel), das junge Talent im kulturpolitischen Interesse der DDR herübergeholt haben könnte. Aber die Bedingungen, mit denen er beim Berliner Rundfunk einstieg, waren tatsächlich traumhaft und steckten voller Entwicklungsmöglichkeiten, sodass er dort zum jungen Geigenstar der DDR aufsteigen konnte.

Nicht nur bei den drei ersten Engagements war der Einfluss des Lehrers entscheidend. »Der hatte in meiner Anfangszeit die Hände immer mit im Spiel. Wie ein Vaterstellvertreter. Das ging bis ins Privatleben hinein.« Als sie sich 1949 über Urlaubspläne unterhielten, legte Havemann kurzerhand fest: »Du kommst mit mir: nach Warnemünde!« – »Aber ich wollte doch … also nach Thüringen«, wandte Gawriloff ein. »Nein, du kommst mit mir!« Und Saschkos jüngere Schwester musste auch mit.

Hätte es diesen durch Havemann angeordneten Ostsee-Urlaub nicht gegeben: Wohl nie wäre es zu jener folgenreichen Urlaubsbekanntschaft Gawriloffs mit der jungen attraktiven Warnemünderin Renate Diele gekommen, damals

Gymnasialschülerin, die 1951 zur Hochzeit in Warnemünde und zu einer über 70-jährigen Ehe führen sollte. »Kinderheirat mit meiner lieben Frau«, nannte er später schmunzelnd diesen Wendepunkt seiner Biographie. »Ich war bei der Hochzeit 21, und meine Frau war 19. Vorher hatte ich die Absicht, jetzt richtig anzufangen mit der Karriere und später, vielleicht mit 40, zu heiraten. Aber plötzlich wurde alles ganz anders. Ganz schnell«, sagt er und lacht dazu, wie es aussieht, zufrieden.

Zufrieden, denn offenbar muss diese Ehe, die über 70 Jahre hielt, gelungen gewesen sein. War/ist es eine glückliche Ehe? Bei dieser Frage lächelt der alte Herr charmant. Womöglich ein klein wenig unsicher? »Also, das musst Du meine Frau fragen«, sagt er lachend. Gut, dann werden wir das auf jeden Fall noch tun.

*

Zu den künstlerischen Grunderlebnissen der Nachkriegszeit in Berlin gehörten für Saschko Gawriloff die Literatur von Alexander Puschkin und Konzerte mit dem Geiger David Oistrach (1908–1974). Das erste, was er in einem Laden direkt neben der russischen Botschaft Unter den Linden kaufte und anschließend geradezu verschlang, war eine Ausgabe sämtlicher Werke des Dichters. Oistrach kaufte er dort auf Schallplatten, lange bevor er ihn in seinen Berliner Konzerten erlebte: »Das Tschaikowski-Konzert, das Glasunow-Konzert, all das … ich war natürlich fasziniert und sagte mir: O Mann, das ist meine Welt. Und dann habe ich diese Plattenaufnahmen regelrecht studiert. Und natürlich die Sinfonien von Schostakowitsch und Tschaikowski.«

Dass er dann selbst Unterricht bei David Oistrach, quasi einen langfristigen Meisterkurs, erhalten konnte, war mehreren Bestrebungen zu verdanken. Seit 1946 oder 1947 gastierte der weltbekannte sowjetische Geiger in Berlin, und seit der Gründung der DDR im Oktober 1949 lockten deren Kulturpolitiker, wenn sie um das junge Talent warben, mit einem Studium bei Oistrach in Moskau. Doch bereits vorher war der bulgarische Botschafter aktiv geworden – Saschko war ja, wenngleich in Leipzig geboren, im Pass seines bulgarischen Vaters verzeichnet. »Und die wollten natürlich, dass ich später zurück nach Bulgarien komme«, erklärt er später die Bemühungen der bulgarischen Botschaft.

Wenn nun David Oistrach in Berlin war, entweder wegen eines Konzerts in Deutschland oder als Zwischenstopp auf der Durchreise zu anderen europäischen Städten, wohnte er in den ersten Jahren, als noch alles zerstört war, in der russischen Botschaft. Bei solchen Aufenthalten pflegte er Unterricht zu erteilen. Die bulgarische Botschaft rief dann vorher bei Gawriloff an und teilte einen Termin mit. Um die zwölf bis fünfzehn solcher Studientreffen habe er über die Jahre mit Oistrach gehabt, erinnert er sich später. Der bulgarische Kulturattaché wollte ihm sogar nahelegen, nach einigen dieser Begegnungen direkt in Moskau bei ihm zu studieren. Doch da war er bereits Konzertmeister, auch die frisch geschlossene Ehe mit Renate hielt ihn von einem Wechsel nach Moskau ab. Es blieb bei Terminen in der russischen Botschaft, aber die empfand er als sehr ergiebig.

Beim ersten Treffen spielte er das Mendelssohn-Konzert vor. Oistrach hörte sich im großen Botschaftssaal das ganze Konzert an. Dann begann er: »Sag mal, du machst während des gesamten Vortrags das gleiche Vibrato. Warum?« Gawriloff war etwas irritiert: Naja, das habe er so gelernt. Darauf Oistrach: »Ja, ich weiß. Seit Kulenkampffs Zeiten[27] ist das hier in Deutschland Mode. Man macht einfach das gleiche

Vibrato. Sänger singen mit dem gleichen Vibrato, und Geiger spielen mit dem gleichen motorischen Vibrato. Aber ein Vibrato ist keine gymnastische Übung, sondern ein musikalischer Ausdruck. Und Ausdruck hängt ab von Emotionen. Wenn ich erregt bin, muss ich ein anderes Vibrato auf der Geige machen, als wenn ich einen ruhigen Satz einer Beethovensonate spiele.« Gawriloff erinnert sich, dass das, was ihm heute selbstverständlich und nicht anders denkbar ist, damals für ihn neu war.

Danach hat er bei Oistrach genauer hingehört, in Konzerten und auf Schallplatten. »Ich habe alte Aufnahmen von ihm, da spielte er, wie er es mir erklärt hatte. Aber später, mit 50 oder 60, machte er immer mehr ein sehr ruhiges und breites Vibrato, nicht mehr so expressiv und emotional.« Viele technische Dinge wurden bei diesem Treffen vertieft: Die Haltung der rechten Hand beim Spiccato etwa und die Erklärung des Spiccato als Springbogen.

Ein anderes Mal arbeiteten sie am Tschaikowski-Konzert, und hier wurden für den jungen Musiker einige inhaltliche Sinnbezüge dieser Musik interessant, weil Oistrach sie ihm so lebhaft ausmalte. »Die erste Kadenz des Konzertes«, erklärte ihm der Meister, »die wird meist falsch interpretiert.« Das sei ein Rezitativ und beginne mit einer Frage: »Warum/wozu?« Der erste Halbtonschritt nach oben, das sei dieses Wozu, im Russischen heißt es »satschém«. Die meisten Geiger würden das nur beliebig spielen, als wäre es einfach eine rhapsodische Erfindung. »Aber es geht hier um diese Frage, und aus der entwickelt sich ein Rhythmus: Achtel, Triole, Sechzehntel. Am Anfang diese Frage – und dann endet es, als würde die Sonne aufgehen.«

Danach wurden die Erklärungen noch bildreicher und lebendiger. Das erste Thema: Es sei, wie wenn sich ein Russe stolz präsentiert. Beim zweiten Thema, dem lyrischen – da müsse das Vibrato von ruhig zu expressiv wechseln und dann wieder langsam zurückgehen. Und im letzten Satz, beendete Oistrach seine überraschende Lektion, da zeige uns Tschaikowski den betrunkenen Russen. »Jambambiladimdamda … Da hat der Russe, so hat es Oistrach wirklich gesagt, da hat der zu viel Wodka getrunken. Das fand ich hochinteressant. Für mich eine völlig neue Sache. Ich hatte das vorher bei Havemann studiert, der gab mehr so praktische Hinweise: An dieser Stelle beachtest du dieses, da jenes. Ohne dieses Reflektierende, was man mit dieser Musik ›erzählen‹, kann.«

*

Vielleicht war Havemann als Lehrer für den mittlerweile schon viel beschäftigten jungen Geiger allmählich ausgeschöpft. Möglicherweise hatte der schon alles gelernt, was er von dem alten Mann lernen konnte, der bereits 68 Jahre alt war, als er 1950 bei der Ostberliner Neugründung der »Deutschen Hochschule für Musik« (die seit 1964 »Hanns Eisler« heißt) in deren erstes Professorenkollegium berufen wurde. Gawriloff blieb zwar weiter dessen Schüler und dann Assistent. Doch bei seiner Suche nach anderen, neuen Anregungen, die ihm auch für den eigenen Beginn als Violinpädagoge nutzen konnten, stieß er durch den Tip eines Pianisten, mit dem er in dieser Zeit viel zusammenspielte, auf eine überraschende Empfehlung: Martin Kovacs.

Er kannte ihn flüchtig, er saß am Pult bei den zweiten Violinen des Rundfunksinfonieorchesters, mit dem er zu dieser Zeit selbst als Erster Konzertmeister und Solist spielte. Gesprochen hatte er noch nie mit ihm, und nie wäre er auf die Idee gekommen, in ihm einen Lehrer für sich zu vermuten. Nun aber, Ende 1950, sprach er ihn an und schlug eine pädagogische Zusammenarbeit vor. Kovacs, »eine richtige Berliner Type«, wie Gawriloff erzählt, sagte zu: »Na klar, det könn' wa machen. Wenn Se Lust ham …«

Martin Kovacs soll früher mit einem Assistenten des Geigers Carl Flesch zusammengearbeitet und außerordentliche Erfahrungen besessen haben. Was die eigene Karriere betraf, schien er eher genügsam gewesen zu sein. »Wissen Se, ick hätte ja früher auch als Solist spielen können«, sagte er einmal. »Aber da hab ick mir jedacht: Wat soll ick da jetzt erst stundenlang mit der Bahn hinfahren. Det mach ick nich.«

Die Zusammenarbeit wurde sehr konkret und hilfreich. »Ick weiß ja, wat Sie spielen, Sie ham ja mit uns gespielt. Aber: *Wie* machen Sie das denn? Wie machen Sie spiccato?« Gawriloff antwortete, er wisse es nicht genau, er mache es eben. »Also einen Springbogen? Oder ein Ondeggiando?« Die Antwort war die gleiche: »Das weiß ich alles nicht, ich mache es einfach.«

»Aber wenn Sie unterrichten wollen, dann müssen Sie wissen und erklären, wie Sie das machen«, sagte Kovacs. Eine Phase analytisch-methodischer Ausbildung begann. Man untersuchte Details, machte sie bewusst, probierte vieles aus. »Fantastisch. Dadurch bin ich überhaupt erst zum Nachdenken über die technischen Feinheiten des Geigenspiels gekommen, die ich bis dahin mehr intuitiv gehandhabt hatte«, schwärmt Gawriloff noch viele Jahre später. »Alles, was ich später verwendet habe in meinem Unterricht, jedenfalls das meiste davon, habe ich bei Kovacs gelernt.«

Die Beziehung wurde zur freundschaftlichen Partnerschaft und ging noch weiter, nachdem die Familie zwei Jahre später nach Frankfurt am Main übergesiedelt war. »Ich habe ihn oft eingeladen, in den Sommerferien zu kommen«, berichtet Gawriloff. »Wir haben dann im Taunus für den Urlaub eine Wohnung gemietet. Die war furchtbar, aber man konnte dort üben.« Beim ersten Mal war Michael, der älteste Sohn, gerade ein Jahr und ein lebhaftes agiles Kind, den zweiten Jungen, Mathias, trug Renate schon unterm Herzen. »Es war bewundernswert, wie sie das alles gemacht hat. Während ich arbeitete, musste sie mit dem Kinderwagen im Taunus rumfahren«, erinnert er sich. Aus einiger Entfernung betrachtet hätte man die Situation dort für eine (neo-)romantische Idylle halten können, aber es war natürlich Arbeit. »Sie hat alles abgeschirmt und uns geholfen. Und wenn Martin Kovacs kam im Sommer, dann haben wir draußen im Wald gearbeitet. Michael lief da herum, sie passte auf, und wir haben im Wald das Bartók-Konzert und andere Stücke gemacht.«

Schatten der Vergangenheit: Havemann

Wirklich vergangen ist die Vergangenheit nie. Ihre Ergebnisse wirken nach, unabhängig davon, ob wir das wollen oder ob wir es wissen. Neben gesellschaftlichen Strukturen, Machtverhältnissen, Institutionen gehören zu dieser fortwirkenden Vergangenheit auch Verdrängtes, Lebenslügen und sogar das Nichtgewusste. Plötzlich und Unerwartet können solche Dinge aufbrechen, zu Enttäuschung oder Entsetzen, im schlimmsten Fall zu seelischer Krankheit führen. Oder, sogar trotz Bildung (die ja Teil eines gesellschaftlichen Verdrängungsprozesses sein kann), zu politischer Blindheit. Wohl jeder hat schon Erfahrungen gemacht, wie »Unbewältigtes« einen überrascht und dazu zwingt, das frühere Lebens neu zu überdenken. In der deutschen

Geschichte seit 1945 sorgten vor allem der Nationalsozialismus und seine Nachwirkungen für solche Brüche.

Mit Musik scheint dieses Thema wenig zu tun zu haben, aber Saschko Gawriloff stieß ausgerechnet im Zusammenhang mit seiner Arbeit als Geiger darauf: die dunkle Seite im Leben seines Mentors Gustav Havemann. Dass dies ausgerechnet im Haus des Komponisten Paul Hindemith (1895–1963) geschah, gibt dem Startpunkt dieser Erkenntnis symbolische Wirkung, denn Hindemith spielte im Verlauf der politischen Entgleisungen Havemanns eine wichtige Rolle – als deren Schlusspunkt.

Seinen Havemann-Schock erlebte Gawriloff in Blonay, einem kleinen, malerischen Schweizer Ort am Genfersee, bei Vevey in der Nähe von Montreux gelegen. Dort, in seiner Villa La Chance, hatte Paul Hindemith nach der Rückkehr aus dem amerikanischen Exil im Jahre 1953 bis zu seinem Tod gelebt. Er hatte es abgelehnt, dauerhaft nach Deutschland heimzukehren, wo es bis zu seiner Emigration 1938 regelrechte Hexenjagden gegen ihn gegeben hatte. Schon vor ihrem Machtantritt hatten die Nazis ihn, den damals schon berühmten Komponisten, massiv angegriffen und behindert; seit 1933 hatten sie die Angriffe verschärft, ihn mit Sendeverboten im Rundfunk belegt, ihn mit Begriffen wie »Kulturbolschewismus« und »entartet« diffamiert und mit alldem erreicht, dass er und seine Frau Gertrud erst in die Schweiz und von dort 1940 in die USA emigriert waren.

Heute betreibt die Hindemith-Stiftung in Blonay ein Hindemith-Musikzentrum im eigens zu diesem Zweck erworbenen Chalet Lacroix, einer alpentypischen großen Villa (Chalet), die zuvor der Familie Lacroix gehört hatte. Jährlich finden hier Sommerkurse statt, »Journées Paul Hindemith«. In den 1980er Jahren war dazu mehrmals

Gawriloff, zu der Zeit Violinprofessor in Köln, eingeladen, um Meisterkurse zu geben und mit anderen Professoren zu konzertieren. Gewohnt hat er dort in der etwas oberhalb des Musikzentrums gelegenen Villa Hindemiths. Gawriloff erinnert sich, dass er sich anfangs durchaus »ein bisschen komisch« fühlte, im Zimmer des Komponisten zu schlafen. »Ich hatte doch Mitte der 50er Jahre als Konzertmeister in Frankfurt noch unter seinem Dirigat gespielt«, erzählt er später. »Damals hatte ich, frecher Jüngling, der ich war, ihn nicht nett behandelt – und nun schlief ich in seinem Bett.« Seine Frechheit damals hatte darin bestanden, dass sich der junge Konzertmeister Kritik am gestandenen Meister erlaubte und sich eine genauere Art zu dirigieren wünschte (»Er pinselte da so herum.«). Und Hindemith, damals um die 60 Jahre alt, quittierte die Kritik in schönster hessischer Diktion: »Ei, das hat mir ja noch keiner g'sagt.«

Solche Dinge gingen Gawriloff nun durch den Kopf, als er in Blonay in Hindemiths Bett lag und keinen Schlaf fand. Ein Buch im Regal weckte sein Interesse, die Erinnerungen der promovierten Philosophin Berta Geißmar (1892–1949), die als Chefsekretärin Wilhelm Furtwänglers gearbeitet hatte, aber eigentlich seine enge Vertraute, »rechte Hand« und Managerin war. Gawriloff begann darin zu lesen – und war plötzlich hellwach. Geißmar wollte in dem Buch vor allem Vorwürfe gegen Furtwängler entkräften und seine bis heute umstrittene Position als Vorzeigekünstler des Dritten Reichs rechtfertigen als geschickte »Taktik, mit der WF gegen die Rassendiskriminierung auftrat« (Geißmar 1996, S. 385).

In dem Buch befasste sie sich auch mit Gustav Havemann. Und was dessen einstiger Student nun las, erschreckte ihn. »Mir standen die Haare zu Berge!« Ein strammer Nazi war er gewesen, dieser Gustav Havemann. Berta Geißmar, die Ende

1935 Deutschland verließ, in London arbeitete, aber noch öfter zu Besuch nach Deutschland kam (zuletzt im Sommerurlaub 1938), gibt in ihrem Buch ein Telefongespräch wieder, in dem Havemann sie persönlich wegen ihres angeblichen »jüdischen Einflusses« angreift und sie am Ende anbrüllt: »Wir werden bald mit Ihnen kurzen Prozess machen, das können Sie mir glauben!« (Geißmar 1996, S. 107)

Eine gewisse Machtposition besaß Havemann damals tatsächlich. Er war im April 1932 in die NSDAP eingetreten, hatte im selben Jahr als Mitglied im antisemitischen »Kampfbund für deutsche Kultur« die Leitung des Kampfbund-Orchesters übernommen, das er in SA-Uniform zu dirigieren pflegte. 1933 wurde er Mitglied im sechsköpfigen Präsidialrat der Reichsmusikkammer und deren Fachschaftsleiter der Berufsmusiker.

Für Gawriloff brach jetzt eine Welt zusammen. Havemann, in dem er, der ahnungslose Schüler, einen gütigen alten Herrn, »Ersatzvater und netten Opa«, gesehen hatte, der sich um ihn kümmerte, dieser Havemann sollte einst ein übler Antisemit gewesen sein. Und dazu noch, wie es in Berta Geißmars Buch weiter hieß: »ein äußerst zweifelhafter Charakter. [...] Er war ein Säufer; keine Schülerin der Hochschule für Musik, wo er lehrte, war vor ihm sicher, und er steckte immer in Schulden. [...] lange Zeit hindurch amtierte er, aufgeblasen in seiner SA-Uniform, und griff brutal in bestehende Institutionen ein, ohne dass ihn jemand hindern konnte.«

Gawriloffs Schock saß tief. Zwar hatte er schon früher Gerede gehört, Havemann sei ein Nazi gewesen. Aber geredet wurde damals viel; man war vorsichtig, weil es auch falsche Nazivorwürfe gegeben hatte, die nur Konkurrenten oder missliebige Personen aus dem Weg räumen sollten, und umgekehrt mysteriöse und offenkundig falsche »Entnazifizierungs«-Bescheide, die nur auf Vertuschungen oder Deals basieren konnten. Wirklich aufgearbeitet war damals wenig, wie spätere Enthüllungen zeigten.

Jetzt erst begriff Gawriloff nachträglich ein Erlebnis, das er während des ARD-Musikwettbewerbs 1953 in München bei einer Begegnung mit dem in der Jury tätigen Geigenprofessor Max Rostal hatte.[28] Möglicherweise hatte Rostal selbst Havemann als antisemitischen Eiferer erlebt oder zumindest davon gehört. 1933 wurde Rostal, damals Assistent bei Carl Flesch, wegen seiner jüdischen Herkunft als Violinlehrer der Berliner Hochschule für Musik entlassen und musste im folgenden Jahr nach England emigrieren. Und nun, bei jener Begegnung 1953 mit Gawriloff in München, waren Rostals Gesichtszüge plötzlich erstarrt, als dieser ihm auf die Frage nach seinem Lehrer mit ahnungslosem Stolz den Namen Havemanns genannt hatte.

»Aber später war ich dann mit Rostal befreundet«, erzählt Gawriloff. Überhaupt hat er in seiner weiteren Laufbahn immer wieder Brücken geschlagen. Er, der einstige Schüler Havemanns, wirkte später im Geiste und als Wahlverwandter derer, denen die Nazis geschadet hatten. Mit der Übernahme einer Meisterklasse folgte er 1982 Max Rostal auf dessen Lehrstuhl an der Kölner Musikhochschule. Schon zuvor hatte er in den Sechzigerjahren mit Rostal die Konzerte von Beethoven und Hans Pfitzner erarbeitet und war auf diese Weise, als bereits gestandener Geiger, spät zu einem Rostal-Schüler geworden. Und als Gawriloff 1995 selbst einen Meisterkurs an der Flesch-Akademie Baden-Baden übernahm, würdigte er mit der Tradition des ungarisch-jüdischen Violinisten Carl Flesch das Vermächtnis jenes Mannes, der einst Professorenkollege Havemanns an der Berliner Hochschule war, bis die Nazis ihn 1934 entlassen und ihm 1935 die deutsche Staatsbürgerschaft entzogen hatten.

Wiedergutzumachen hatte Gawriloff nichts, denn er war nicht mitverantwortlich für die Verbrechen des NS-Staates. Wieder gutmachen lässt sich diese Vergangenheit ohnehin nicht. Doch Gawriloffs Entscheidungen trugen dazu bei, dass im hiesigen Musikleben der Gegenwart eine Vergiftung durch Rassenwahn oder politischen Extremismus inzwischen ausgeschlossen sein sollten.[29] Seinen Lehrer Havemann jedoch konnte er nach der schockierenden Lektüre in Blonay in den 1980er Jahren nicht mehr fragen. Der war 1960 gestorben. »Im Nachhinein tat mir das alles leid, denn ich kannte ihn immer als richtigen gutmütigen Mecklenburger, aus Güstrow.«

*

Havemanns Motive für seine antisemitischen Angriffe und seine Hitler-Begeisterung blieben rätselhaft und sind bis heute nicht aufgeklärt. Warum beispielsweise verschwieg der ihm gewidmete Lexikon-Artikel in der zwischen 1949 und 1986 erschienenen Erstausgabe des 17-bändigen internationalen Standardwerks »Musik in Geschichte und Gegenwart« seine Nazi-Verstrickungen derart vollständig, ohne die kleinste Andeutung zu geben? Darin hieß es über seine Professur an der Berliner Hochschule lediglich, er habe dort zwischen 1920 und 1945 »eine künstlerisch intensive, persönlich lebendige Lehrtätigkeit« ausgeübt und sei Partnern und Schülern »ein immer hilfsbereiter Kamerad« gewesen.[30] War Cornelia Schröder-Auerbach, die für diesen Havemann-Artikel zuständige Autorin des Lexikons, ahnungslos? Mit Sicherheit nicht: Cornelia Schröder-Auerbach gehörte selbst zu den Verfolgten des NS-Regimes und war 1935 wegen ihrer jüdischen Wurzeln mit ihrem Mann, dem Komponisten und Bratscher Hanning Schröder, durch Ausschluss aus der Reichsmusikkammer vom Berufsverbot betroffen. Beide konnten sich mit kirchenmusikalischen Jobs bis 1945 durchschlagen, versteckten gegen Ende des Krieges in ihrer eigenen Wohnung ein jüdisches Ehepaar und retteten es so vor dem Tod. Sie kannten sehr genau die furchtbaren Auswirkungen des Antisemitismus. Deshalb ließe sich Schröder-Auerbachs wohlwollende Beschreibung Havemanns sicher nicht durch eine übergroße Nachsicht erklären, nur weil ihr Ehemann Hanning Schröder früher dessen Schüler und danach mit ihm befreundet war.

Eine weitere Zeitzeugin wirft ein günstigeres Licht auf die Figur Havemanns, die Geigerin Eva Roloff. Die Schwester des für das Widerstandsnetzwerk »Rote Kapelle« tätigen Pianisten Helmut Roloff studierte ebenfalls bei Havemann, verabscheute die Nazis und den Antisemitismus, stand aber als Schülerin dennoch zu ihrem Lehrer. Später berichtete sie, dass Havemann trotz der allgemeinen antisemitischen Stimmung nach dem Machtantritt der Nazis sofort ihrem Wunsch entsprochen habe, mit ihm das Mendelssohn-Konzert zu studieren.

Der Musikwissenschaftler Albrecht Dümling hat 1996 einen differenzierteren Zugang zur Biographie Havemanns versucht. »Gemäß der ihm eigenen Vorstellung von Nationalsozialismus sollten Felix Mendelssohn Bartholdy und Joseph Joachim weiterhin zum Kanon deutscher Kunst gehören. Wie Furtwängler hat sich Havemann 1933 für den Verbleib Carl Fleschs an der Hochschule eingesetzt. Ähnlich wie dem Dirigenten war ihm dabei die Einordnung des Geigerkollegen in die deutsche Musiktradition wesentlich«, schreibt Dümling in seiner materialreichen Studie

(Dümling 1996, S. 11). Darin wird Havemanns Nazi-Aktivität nicht entschuldigt oder gerechtfertigt, aber sachlich analysiert und eingeordnet. Leider bleiben hier dessen Beweggründe für seine demonstrative Hitler-Begeisterung rätselhaft.

Mit Unverständnis und sehr überrascht hatte schon Havemanns Umfeld 1932 auf seinen plötzlichen Übertritt auf die Seite der NSDAP reagiert. Sogar der Nazipartei selbst kam das verdächtig vor, die seit Anfang Mai 1933 Anklagepunkte für ein Parteigerichtsverfahren gegen ihn sammelte. In einem dafür zusammengetragenen »Tatsachenbericht« denunzierten die NS-Aktiven der »Aktion Bund freier Musiklehrkräfte e.V.« ihren Parteigenossen Havemann, er habe früher mal den SPD-Ministerpräsidenten Otto Braun als den einzig geeigneten Diktator für Deutschland bezeichnet. Ein andermal habe er in Gegenwart von Juden gesagt: »Wartet nur, bis ich auf die Barrikaden steige, dann werde ich für euch Juden kämpfen.« Außerdem sei Havemann, so die besorgten Nazis in ihren offiziellen Schreiben an Göring und Goebbels, »zwei Jahre hindurch (bis er jäh und ohne Zwischenraum zur NSDAP überging) Vorsitzender des ausgesprochen jüdischen ›Konzertgeberbundes‹« gewesen. Die Liste enthielt eine Reihe weiterer Vorwürfe aus Sicht der Nazis (Wulf 1983, S. 112).

Mögliche Beweggründe Havemanns werden auch hierbei nicht sichtbar. Sie lassen sich vielleicht aus seiner Biographie erahnen, müssten aber genauer erforscht werden. Havemann, 1882 in Güstrow geboren, hatte um die Jahrhundertwende eine regelrechte Bilderbuchkarriere zu einem bekannten Geiger in Deutschland gemacht. Als Sechzehnjähriger wurde er 1898 einer der letzten Schüler von Joseph Joachim (1831–1907) in Berlin, mit 18 war er Konzertmeister in Lübeck, mit 23 in Darmstadt und Hamburg. Es folgten Stationen in Dresden und Berlin, als Violinlehrer war er zunächst in Leipzig tätig und von 1921 bis 1945 Professor an der Berliner Hochschule. Sein Havemann-Streichquartett galt als wichtiger und gefeierter Durchsetzer neuer Musik, und bereits 1925, wahrscheinlich schon früher, war er Mitglied der sogenannten »Novembergruppe«, einer avantgardistischen Künstlervereinigung, die ihren Namen und ihr Programm aus der deutschen Novemberrevolution von 1918 ableitete.

Politisch war Gustav Havemann daher viele Jahre lang deutlich auf der Seite der Linken zu vermuten. Privat jedoch wurde sein Leben in den Dreißigerjahren kompliziert. Als 1931 seine zweite Ehefrau Bertha Havemann starb, waren die vier[31] aus dieser Ehe hervorgegangenen Kinder zwischen zehn und sechzehn Jahren alt. Noch 1931 heiratete er seine dritte Ehefrau: die im Jahr zuvor von dem Maler Johannes Ilmari Auerbach geschiedene Ingeborg Havemann-Harnack. Sie brachte ihre beiden Söhne aus ihrer ersten Ehe, Wulf und Claus, damals sechs und fünf Jahre alt, mit nach Berlin. Deren jüdische Abstammung verheimlichte das Ehepaar Havemann in der NS-Zeit, um sie zu schützen und ihre Ausbildung auf NS-Schulen zu ermöglichen.

Havemanns ältester Sohn Wolfgang ging in eine andere Richtung als der systemtreue Vater. Über den Bruder seiner Stiefmutter Ingeborg Havemann-Harnack, seinen Onkel Arvid Harnack, kam er in Kontakt zum Widerstands-Netzwerk »Rote Kapelle«, für das er dann selbst im Oberkommando der Marine tätig wurde. Über Wolfgang soll dessen Neffe Robert Havemann, später der wichtigste Dissident der DDR, den Kontakt zum antifaschistischen Widerstand der »Roten Kapelle« gefunden haben. Die

Verwandtschaftsbeziehung zwischen Robert und Wolfgang und damit auch zu Gustav Havemann wird allerdings nur selten erwähnt. Und wenn sie Erwähnung findet, dann widersprüchlich[32], was aber in unserem Rahmen nicht genauer interessieren muss.

Gustav Havemann war demnach Anfang der 1930er Jahre ein Mensch tiefer Widersprüche: Einerseits vertuschte er die jüdische Abstammung in der eigenen Familie und war selbst ein Schüler des als Jude verfemten herausragenden Geigenlehrers Joseph Joachim[33]. Und in seiner Verwandtschaft waren durchweg eher anti-nazistische Einstellungen üblich. Andererseits spielte er sich seit 1932 öffentlich demonstrativ und oft übertrieben als überzeugter Nazi-Funktionär und lautstarker Verfechter antisemitischer Thesen und Forderungen auf. Er trat in SA- und sogar in SS-Uniform ans Dirigentenpult. Die SS-Uniform trug Havemann ohne Berechtigung, weshalb ihm das im Juni 1933 offiziell verboten wurde (siehe Dümling 1996, S. 12).

Dass Havemann Anfang Juli 1935, drei Jahre nach seinem überraschenden Eintritt in die NSDAP, seine politischen Ämter verlor und von Goebbels auf eine Liste der »Musikbolschewisten« gesetzt wurde, war wohl durch das erwähnte Parteigericht langfristig vorbereitet. Nun aber geschah es als unmittelbare Reaktion auf seinen persönlichen Einsatz für Paul Hindemith, um den ein heftiger Kampf der noch nicht völlig gleichgeschalteten Kultureliten gegen Verbots-Bestrebungen der NSDAP-Führung tobte. Der Dirigent Wilhelm Furtwängler hatte mit einem Pro-Hindemith-Zeitungsartikel im Dezember 1934 den Stein ins Rollen gebracht; Havemann hatte dann – unter Ausschluss des Dienstweges und seinen Dienstherrn Goebbels brüskierend – einen eigentlich stramm patriotischen Bericht Hindemiths über dessen

Türkeireise gleich an alle Minister des Kabinetts geschickt. Das wirkte offenbar bei manchen führenden Nazis rehabilitierend zugunsten des umstrittenen Komponisten und hatte letztlich zur Folge, dass Hindemith zunächst wieder auf seine Stelle an der Berliner Hochschule zurückkehren durfte.

»Obwohl Havemann sich bei seiner Hilfsaktion in Übereinstimmung mit Hitler und der NS-Ideologie befand, hatte ein Formfehler, der Verstoß gegen das Führerprinzip, zu seinem Absturz in der NS-Hierarchie geführt«, glaubt Albrecht Dümling und vermutet: »Havemanns Sturz bewirkte bei ihm ein Überdenken seiner Position zum Nationalsozialismus. Bereits vorher muss er seine antisemitische Position gelockert haben. So unterrichtete er nach 1933 die aus jüdischer Familie stammende Ingeborg von Streletzky als Privatschülerin.« (Dümling 1996, S. 14). Dümling zitiert dort auch Carl Flesch, der in einem Brief zwei Monate nach Havemanns Sturz 1935 über ihn schreibt: »Er war ja nicht der Schlechteste und hat insbesondere in Fragen der Unterrichtsbewilligung für Nichtarier sehr energisch gekämpft.«

Aus späterem Blickwinkel ist Havemanns Sturz im Sommer 1935 sicher ein frühzeitiger, man könnte sagen: für ihn rechtzeitiger Einschnitt. Von da an gehörte er nicht mehr zu den Akteuren jener Nazi-Maschinerie, die wenig später mit den Nürnberger Rassengesetzen (September 1935), den Novemberpogromen von 1938 (»Reichskristallnacht«), dem Überfall auf die halbe Welt (ab 1938/39) und dem Holocaust, dem systematischen Völkermord an den Juden (1941–1945), ihre ganze Brutalität offenbarte. Havemann blieb als Professor an der Berliner Hochschule und konzentrierte sich bis 1945 auf seinen Unterricht. Nach dem Krieg lehrte er 1950 an der Musikfachschule Cottbus. Von 1951 bis 1959 leitete er die Geigenklasse der neuen Ostberliner Hochschule. Dort bildete er führende Violinisten der DDR aus, wie Werner Scholz und Gustav Schmahl – oder eben Saschko Gawriloff, der, bevor er 1953 in die Bundesrepublik übersiedelte, auf dem Weg zum DDR-Stargeiger war.

Konzertmeister: Dresden, Berlin und England

Die berufliche Geiger-Laufbahn Saschko Gawriloffs begann 1947 als Konzertmeister in Dresden. Dorthin hatte Gustav Havemann seinen 17-jährigen Schützling vermittelt, ein bisschen über dessen Kopf hinweg. Und etwas Neues hatte Saschko bei dieser Gelegenheit über das Orchesterspiel gelernt. Das heißt: Gelernt noch nicht, nur diese lapidare Weisheit des Mentors mit auf den Weg bekommen. Die musste sich erst noch als richtig erweisen, zunächst war es mehr eine Aufforderung an den Studenten: »Entweder du lernst das in sechs Wochen, oder du lernst es nie.« Botschaft: Mach mal. Dabei ist doch die Position des Konzertmeisters von größter Bedeutung im Orchester. Dermaßen groß ist die Verantwortung, die er da für das Spiel des Ensembles trägt, dass es in einem der unendlich vielen Musikerwitze natürlich der Konzertmeister ist, der dem verzweifelt nachfragenden Dirigenten den ausbleibenden Einsatz seines Orchesters folgendermaßen erklärt: »Ja, wir wollten mal hören, wie der Dirigent alleine klingt.«

Auf ein Probespiel hatten die Dresdner Philharmoniker, bei denen in dieser Saison gerade Heinz Bongartz als Chefdirigent begonnen hatte, verzichtet. Der junge Geiger war entweder außergewöhnlich gut, oder der Bedarf des Orchesters in der Zeit des kriegsbedingt großen Mangels an Talenten besonders drängend. Wahrscheinlich spielte beides,

Bedarf und Qualität, eine Rolle. Und auf die Probe gestellt wurde der Neuling ja ohnehin – in jeder Aufführung. Seinen Einstand in Dresden, seinen ersten Einsatz als Erster Konzertmeister eines Spitzenorchesters, hatte er unter der Leitung des Gastdirigenten Hans Rosbaud. Die Vierte Sinfonie von Brahms, dazu die jazzige Ballettmusik »La Création du monde« von Darius Milhaud und noch ein weiteres Stück. »Und danach«, berichtet er, »haben die alle gesagt: ›Na, der macht das doch gut. Prima, der bleibt jetzt hier.‹«

Von Berlin nach Dresden, das war 1947 der Umzug von einer Ruinenstadt in eine andere. Das Villenviertel Weißer Hirsch, wo der junge Geiger sein Zimmer gefunden hatte, war noch einigermaßen erhalten geblieben. Ansonsten war die Sächsische Hauptstadt völlig zerstört, hauptsächlich durch die Bombenangriffe vom Februar 1945, denen Saschko knapp entgangen war, als er mit fünfzehn, obwohl als Flakhelfer nach Dresden einberufen, in Landsberg feststeckte und nicht zum Dienst erscheinen konnte.

Nach dem Krieg fanden die Konzerte des Orchesters im Hygiene-Museum statt. »Für mich war das damals ein Riesensaal. Aber als ich viel später wieder dorthin kam und mir das ansah, der Saal fasste ungefähr 600 Zuschauer, da war ich enttäuscht: Was, hier soll das gewesen sein?!« Die Anfangsgage war schon recht üppig. »Eine riesige Summe in dieser Zeit: 770 Mark«, erinnert sich der Musiker. »Das Tutti verdiente damals, glaube ich, um die 450 Mark.« Da würde er vom Geigenspiel ganz gut leben können. Nach den zwei Lewa im bulgarischen Schlachthof oder dem Fünfmarkstück des Leipziger Großonkels in seinen Kindertagen, und nach eher bescheidenen Nebeneinkünften, die ihm sein Vater in Berlin zukommen ließ, mal hier oder da 50 oder 100 Mark für einen Auftritt als Solist in dessen Orchester – nach diesen bescheidenen Anfängen klang das jetzt nach gutem Lebensunterhalt.

Eine Gelegenheit, etwas zu verpatzen, fand sich für den Neuen gleich zu Beginn seiner Dresdner Orchesterzeit. Die rhythmischen Raffinessen der Fledermaus-Ouvertüre erwiesen sich als tückische Falle, und mit großem Elan stürzte er sich, konzertmeisterlich gut und deutlich zu hören, einen Tick zu früh in den rauschenden Walzerschwung hinein. Er hatte eine dieser retardierend gespannten Pausen vom Anfang nicht lange genug ausgekostet. Typischer Anfängerfehler. Hinterher gab's schmunzelndes Schulterklopfen und freundliche Tipps von den Kollegen. Kann ja mal passieren, aber bitte: nur das eine Mal. Fehler sind doch dafür gut, dass man aus ihnen lernt.

Großartig fand Gawriloff, dass in diesem Jahr schon die solistischen Verpflichtungen begannen. »Die Dresdner reisten viel, nach Chemnitz, Döbeln, in kleinere Nester. In Zwickau traten wir in einer großen Fabrikhalle eines Autowerkes auf. Dort habe ich zum ersten Mal das Dvořák-Konzert gespielt«, erinnert er sich. Auch mit Konzerten von Mendelssohn und Tschaikowski stand er bereits als Solist vor den Dresdner Philharmonikern.

Am wichtigsten aber war dieses besondere Erlebnis, überhaupt im Orchester zu mitzuwirken. Viele Jahre später, nun mit jahrzehntelanger eigener Erfahrung als Geigenpädagoge, empfiehlt er solche Erlebnisse jedem Geigennachwuchs, selbst wenn sie/er eine solistische Laufbahn anstrebt. Über die Arbeit im Orchester sagt er 1998 in einem Interview:

> »Ich halte es für eine ganz wichtige Erfahrung, mit einem guten Dirigenten eine Symphonie von Beethoven, Brahms oder Mahler zu spielen. Denn es fördert das musikalische Empfinden insgesamt. Allerdings leben wir heute in einer

Zeit des Startums, nach Wunderkindern wird in starkem Maße gefragt. Ein Wunderkind kann gar nicht in einem Orchester gesessen und eine Bruckner-Symphonie gespielt haben. Vielleicht hat es eine gehört, aber auch das ist heute sehr selten. Solche Erfahrungen sind aber wichtig, um Dinge in Beziehung zu setzen. Wenn man keine Mozart- oder Verdi-Oper kennt, dann hat man nur ein eingeschränktes musikalisches Empfinden.

In unserer sehr auf Sensationen gerichteten Zeit treten oft embryonale Wunderkinder aufs Podium, die das Mendelssohn-Konzert vielleicht sehr gut spielen, worüber die Zuhörer mit Recht begeistert sind. Denn das ist eine enorme Leistung. Nur mit Musik hat das häufig nicht viel zu tun. Meist wurden die Werke ›eingeimpft‹ – es wird solange geübt und vom Lehrer ›vorgesagt‹, bis man ein Werk ›konzertreif‹ spielen kann. Ob das Kind das, was es spielt, wirklich empfindet, das steht auf einem ganz anderen Blatt.« (Gawriloff 1998, S. 54)

Eine Betonung liegt hier auf den »*guten* Dirigenten«; deren bedeutendste lernte er auf Konzertmeisterpositionen im Laufe der Jahre kennen. Und als anderen wichtigen Gesichtspunkt betont er, dass er am ersten Pult viele großartige Solisten aus nächster Nähe erlebte – und aus dieser Nähe viel von ihnen lernen konnte. Oder, das zeigt eine Geschichte aus seiner Zeit beim Frankfurter Opern- und Museumsorchester, dass er durch namhafte Solisten gar zur eigenen solistischen Ambition ermuntert und ermutigt, ja geradezu herausgefordert wurde.

In diesem Fall wirkte sich der Ungar Tibor Varga motivierend aus, als er in Frankfurt das Konzert von Alban Berg aufführte. Gawriloff war bestens vertraut mit dem Werk, denn er hatte dem damaligen Chefdirigenten Georg Solti bei dessen Vorbereitung auf die Aufführung geholfen. Als nun Tibor Varga auftrat, der das Werk auswendig spielte, legte der seine Stimme auf dem Pult des Ersten Konzertmeisters ab. »Und dann passierte etwas Komisches«, erzählt Gawriloff. »Er spielte … und dann segelte er ab, stieg während des Spiels aus. Und bis er wieder drin war, hab ich es weitergespielt. Wenn er raus war, spielte ich es.«

Ein paar Jahre später, in seiner Hamburger Zeit, sollte er dieses Konzert von Alban Berg selbst als Solist spielen, zuerst in Düsseldorf, dann mit Pierre Boulez in Edinburgh, später mit Christoph von Dohnányi. Lange vor dem Düsseldorfer Konzert hatte ihn per Brief die Anforderung des Dirigenten Heinrich Hollreiser erreicht, der Solist habe das Werk selbstverständlich auswendig zu spielen. »Ich habe dann ein dreiviertel Jahr lang das Stück gelernt, Note für Note. Jede Woche ging ich zu einem sehr guten Pianisten und habe es mit Klavierbegleitung gespielt. Schließlich konnte ich es – singend, spielend und Noten aufsagend, so hatte ich das drauf. Das kann ich heute noch.« Um die achtzig Mal brachte er es später als Solist auf die Bühne, doch angefangen hatte alles auf dieser Konzertmeisterposition im Frankfurter Orchester.

*

Dass Gawriloff 1948 beim herausragenden deutschen Orchester, den Berliner Philharmonikern, Erster Konzertmeister wurde, gehörte sicher zu den Glücksfällen seiner Laufbahn. Hier konnte er nicht nur mit führenden Musikern der Zeit zusammenarbeiten, mit Dirigenten wie Furtwängler, Klemperer oder Knappertsbusch und Solisten wie Yehudi Menuhin, Micha Ellmann oder Nathan Milstein. Sondern er wurde bei der in der Einleitung erwähnten England-Tournee sofort international wirksam. Ohne Probespiel wie in Dresden nahmen ihn die Berliner aber nicht, da blieben die auf ihre Selbstverwaltungs-Tradition stolzen Musiker streng auf die Sicherung der Qualitätsstandards bedacht. Schon dieses Vorspiel wurde für den Bewerber zum schönen Erlebnis.

Kaum 200 Meter von der U-Bahn-Station Berlin Dahlem-Dorf entfernt liegt die hübsche kleine St.-Annen-Kirche, ihr gegenüber auf der anderen Seite der Königin-Luise-Straße das Gemeindehaus, das heute Martin-Niemöller-Haus heißt. Dort hatten Ende der 1940er Jahre die Berliner Philharmoniker ihre Probenräume. Oben waren die Büros, unten gab es einen großen Saal. Hier fand das Probespiel statt. »Das wurde eine ganz große Geschichte, ich spielte drei Violinkonzerte. Dazu all die großen Orchestersoli. Naja, die haben gedacht, da kommt dieser junge Spund, woll'n mal sehen, was der wirklich kann. ›Bürger als Edelmann‹, ›Heldensegen‹, ›Eulenspiegel‹ musste ich spielen. Und zum Schluss noch die Chaconne von Bach. Nach der Chaconne haben die sogar applaudiert, das fand ich natürlich sehr in Ordnung.« Nach der ausführlichen Prüfung nahmen die Berliner Philharmoniker den Achtzehnjährigen auf. »Ich hab mich bei denen sehr wohlgefühlt, wie ein Küken im Nest.«

Dieses Gefühl der Geborgenheit sollte ihn nun eine Weile begleiten: Er war der Benjamin, ein wenig gar das musikalische Ziehkind. Gawriloff erinnert sich an eine Westdeutschland-Tournee, bei der er während einer Pause im Künstlerzimmer an der Chaconne arbeitete, während die anderen im Hof ihre Rauchpause genossen. Das Fenster stand offen, die unten hörten zu. Danach kam einer der Kollegen, ein Mitglied des Fünferrates, auf ihn zu und sagte: »Mein Junge, wie du das spielst, das ist fabelhaft. Aber eins will ich dir sagen: Wenn du was werden willst, und du wirst sicher was werden, dann nur durch uns.« War das als dezente Drohung gegen mögliche eigene Wege gesagt, oder einfach nur anerkennend gemeint? Damals hatte er es einfach als Genugtuung empfunden, aber er fügt noch eine Episode hinzu. Viel später, nachdem er die Berliner Philharmoniker längst verlassen hatte und danach wieder mit ihnen auftrat, nun als Solist, habe ihm derselbe Musiker, nun weniger freundschaftlich, gesagt: Wer einmal von den Philharmonikern weggehe, der brauche nicht mehr wiederzukommen; dann sei es eben vorbei. »Dann sind die beleidigt«, schließt Gawriloff lachend. »Die lassen sich nicht verlassen.«

*

Kurz nach dem Einstand bei den Berliner Philharmonikern brach das Orchester 1948 zur erwähnten Tournee durch Großbritannien auf. Das erste Auslandsgastspiel eines deutschen Sinfonieorchesters seit dem Krieg, eine Reise aus einer Ruinen-Metropole in eine ebenfalls sehr stark zerstörte Stadt. Heikel an der Tour war: Die Reise führte in eines jener Länder, gegen die Deutschland bis 1945 einen erbitterten Krieg geführt und verloren hatte, und dort empfing man gerade mal drei Jahre nach dem Ende der Schlachten und gegenseitigen Bombardierungen als Gast jenes berühmte Orchester, das bis zum Ende des Nazi-Regimes als dessen kulturelles Aushängeschild fungiert hatte und deshalb jetzt höchst umstritten war. In besonderer Weise betraf das den mitreisenden Dirigenten Wilhelm Furtwängler.

Überhaupt standen zu jener Zeit – in den Augen der internationalen Öffentlichkeit und der Siegermächte, aber auch in den Augen jener Menschen, die in Deutschland eine demokratische Gesellschaft errichten wollten – viele deutsche Kulturschaffende unter Verdacht. Oft zu Recht.

Jene Künstler, die nicht ins Exil geflohen oder im Widerstand aktiv waren, hatten in Deutschland Wege einer »inneren Emigration« gesucht oder sich direkt in den Dienst der Nazis gestellt. Zwischen diesen beiden gegensätzlichen Varianten gab es ein weites, kompliziertes Feld von Widersprüchen und Grautönen zwischen Eifer und Kompromiss, Opportunismus und Zugeständnissen, humanitärem Wollen und Schuld.

Die Diskussion darüber, wer in der NS-Diktatur was für eine Rolle gespielt hatte, wer wieviel Schuld trug, war – in einer ersten Phase – schon wieder im Abklingen: In allen vier Besatzungszonen hatte es anfangs schwarze, graue und weiße Listen (siehe z.B. Glaser 1997, S. 101 ff.) gegeben, Menschen wurden mit Vorwürfen konfrontiert oder hochgelobt, beides in vielen Fällen zu Recht, in anderen zu Unrecht. Der Dirigent Wilhelm Furtwängler etwa, einer der bedeutendsten Dirigenten des 20. Jahrhunderts, gehörte zu den umstrittensten Figuren jener Jahre, stand wegen seiner problematischen Verstrickung in die NS-Kulturpolitik als eine ihrer prominentesten Vorzeige-Berühmtheiten lange auf der schwarzen Liste der Amerikaner, mit Dirigierverbot. Im April 1947 wurde er, für viele überraschend, freigesprochen und dirigierte noch im selben Jahr, am 25. Mai, sein erstes Konzert nach dem Krieg mit den Berliner Philharmonikern. Umstritten blieb Furtwängler auch nach seiner Streichung von der Schwarzen Liste (Vgl. Freede 2007, S. 19–29). In den USA konnte er nach dem Krieg nicht mehr dirigieren, ein Angebot des Chicago Symphony Orchestra 1949 musste wegen Boykott-Drohungen namhafter Musiker zurückgenommen werden.[34]

Überhaupt ist dies eine Zeit vieler symbolischer Gesten, in denen der Streit um internationale Gegensätze sehr intensiv auf dem Feld der Künste ausgetragen wurde. Weltbekannte Künstler wie Artur Rubinstein oder Isaac Stern boykottierten Deutschland; dagegen war Yehudi Menuhin schon 1947 hierher gekommen und hatte als erster jüdischer Solist nach dem Krieg mit den Berliner Philharmonikern gespielt. In zwei Konzerten am 28. und 30. September 1947 im Titania-Palast unter Furtwänglers Leitung hatte sich der Geiger demonstrativ für den umstrittenen Dirigenten eingesetzt, der gerade erst per administrativer Entscheidung entlastet worden war. Menuhin knüpfte damit an eine alte Beziehung an, mit den Berliner Philharmonikern hatte er im Jahr 1929, wenige Tage vor seinem 13. Geburtstag, sein Debüt gefeiert. Damals allerdings unter dem Dirigenten Bruno Walter, den die Nazis Anfang 1933 mit einem Auftrittsverbot aus dem Land getrieben hatten.

Durch Menuhins Berliner Auftritt von 1947 war die England-Reise der Philharmoniker im folgenden Jahr sozusagen moralisch legitimiert, auch der Auftritt Furtwänglers. In vierzehn britischen Städten begrüßte man Ende 1948 die 104 Musiker mit ihrem damals 36-jährigen Chefdirigenten Sergiu Celibidache, der das Orchester von 1945 bis 1952 leitete. Er teilte sich die Dirigate mit dem prominenten Gast Furtwängler, den die Engländer bereits seit den 1920er Jahren kannten und noch in den Jahren des NS-Regimes bis kurz vor Beginn des Zweiten Weltkrieges häufig mit den Berlinern und mit britischen Orchestern erlebt und gefeiert hatten.

Menuhin hatte zu seinen Berliner Auftritten 1947 dem Orchester eine große Ladung von Hüten geschenkt. Eine bemerkenswerte Geste, viele Musiker trugen die Kopfbedeckungen dann auf ihrer England-Tour im folgenden November, erinnert sich Gawriloff. »Wir hatten ja damals kaum etwas, mit Kleidung war es schwierig. Wir spielten dort in

Philharmoniker 1948 auf England-Tournee: Gawriloff zwischen den Dirigenten Sergiu Celibidache (l.) und Wilhelm Furtwängler (r.).

dunklen Anzügen, meiner hatte ein sehr dunkles Braun, nur fast schwarz. Manche von uns hatten abgetragene Schuhe. Aber das englische Publikum kam in Frack und Abendkleid, die Damen behangen mit Brillanten. Als Orchester fühlte man sich da fast ein bisschen schäbig.«

Dem Erfolg in der Londoner Empress Hall tat das keinen Abbruch. »Ein sensationelles Konzert«, schwärmt Gawriloff später. »Und eine halbe Stunde lang stehende Ovationen.« Zehn Jahre waren vergangen seit dem letzten Londoner Auftritt Furtwänglers mit den Berliner Philharmonikern – seit 1938, der letzten ihrer bis dahin fast jährlich Ende Januar unternommenen Englandreisen (Geißmar 1996, S. 312f.). Mit ihrer Rückkehr verbanden britische Konzertbesucher Hoffnungen auf bessere Zeiten, die mit der Sehnsucht nach einer irgendwie friedvollen Normalität zusammenhingen. Zugleich aber erinnerten einige Demonstranten, die in London mit Sprechchören »Nazis raus!« den Bus des Orchesters am Bühneneingang empfingen, an die besonderen Umstände dieser Versöhnungstour. Ihr Protest blieb jedoch eine Ausnahme.

*

Die Symbolik der Englandtournee von 1948 reichte noch viel weiter. Sie markierte nicht nur das Ende einer Feindschaft, sondern stand gleichzeitig schon im Zeichen einer Neuordnung der Welt. Einer Welt mit neuen Feindseligkeiten, was zu jenem Zeitpunkt für die Musiker und ihr Publikum noch kaum zu erkennen war. Erst wenige Monate zuvor hatte die Ära des Kalten Krieges begonnen, dessen »Fronten« und Organisationsstrukturen im Politischen und Kulturellen waren gerade erst im Entstehen. Schon 1945 und 1946 hatte Winston Churchill seine Metapher vom »Eisernen Vorhang« in den Ring geworfen; und am 12. März 1947 gab US-Präsident Harry Truman in einer Rede vor dem amerikanische Kongress mit der »Truman-Doktrin« den offiziellen Startschuss für die offensivere Formel eines Kalten Krieges. Nachdem in den drei westlichen Besatzungszonen am 20. Juni 1948 eine separate Währungsunion durchgeführt worden war, reagierten die sowjetischen Besatzer Ostdeutschlands am 24. Juni 1948 mit einem Blockadering um die Berliner Westsektoren (bis 12. Mai 1949). Mit großem Aufwand unterhielten Amerikaner und Briten seit dem 26. Juni 1948 eine Luftbrücke, um die drei West-Zonen Berlins zu versorgen.

Die Heimat der Berliner Philharmoniker im Westteil der deutschen Hauptstadt war von der Außenwelt getrennt. In dieser Situation wurde die Flugreise des deutschen Spitzenorchesters von Berlin Gatow nach London zu einem deutlichen Signal dafür, dass die blockierte Teilstadt nicht im Geringsten ans Aufgeben dachte, sondern im Gegenteil mit ihren Künstlern internationalen Ruhm erntete.

Für Großbritannien gewann die Tour der Berliner Philharmoniker spezielle Bedeutung als früher kultureller Vorbote der späteren europäischen, damals zunächst westeuropäischen, Vereinigung. Eingeladen zum Konzert hatte das »Oxford Committee for Promoting Friendship and Understanding with Europe« (»Oxford Komitee zur Förderung von Freundschaft und Verständigung mit Europa«). Die Organisation war erst ein Jahr vor der Tour, im März 1947, mit dem Ziel entstanden, christliche und demokratische Kräfte in Europa zu unterstützen; wenig später war sie schon wieder von der Bildfläche verschwunden. Sie gehörte zu einer ganzen Reihe von frühen und vorerst erfolglosen Aktivitäten christlicher Kräfte in Großbritannien, die eine Nachkriegsordnung als europäische Vereinigung anstrebten. Unter dem Dachbegriff »Christian Action« gründete und leitete damals der anglikanische Priester und Stiftsherr Lewis John Collins (1905–1982) verschiedene Organisationen.[35] »Charity Concert Sponsored By Christian Action« stand auf dem Plakat zum Londoner Tourauftakt der Berliner Philharmoniker am 3. November in der Empress Hall.

*

Unabhängig vom internationalen Aufbruchsklima, in das die Tour ganz bewusst gestellt worden war, lieferten natürlich die Musiker selbst die wichtigsten Gründe für den Erfolg ihrer vierzehn britischen Konzerte. »Wir führten Brahms auf, jede Menge, Tschaikowski und die monumentale Achte Sinfonie von Bruckner. Es gab sehr gute Solisten dort: Die britische Pianistin Myra Hess, wirklich eine Weltklasse-Pianistin, mit dem 4. Klavierkonzert von Beethoven. Sie hatte einen unwahrscheinlich schönen Anschlag«, erzählt Gawriloff. »In einem der Konzerte geschah etwas Besonderes. Alles lief sehr gut, aber plötzlich war sie raus. Und da reagierte Furtwängler sehr menschlich und kollegial: Er baute die Orchesterbegleitung zu einer Riesensinfonie aus, kitzelte aus dem Orchester einen gewaltigen Klangrausch heraus, und sie fummelte da suchend vor sich hin. Dann war sie wieder drin, eine Handbewegung von Furtwängler, eine dämpfend-beendende Wischgeste genügte, dass wir wieder zurückhaltend begleiteten, und sie konnte weiterspielen. Ich fand diesen Vorgang fantastisch.«

Doch der neue Konzertmeister lernte Furtwängler auf dieser England-Tour auch ganz anders kennen, ein wenig außer Kontrolle geraten. In Manchester, wo neben einem der fünf BBC-Orchester das Hallé-Orchester, das von Sir Charles Hallé 1858 gegründete älteste professionelle Orchester Großbritanniens, beheimatet ist, wollte und musste man besonders gut sein. Diese Devise hatte der Orchestervorstand bei der Ankunft in der Industriestadt ausgegeben. Das 24 Jahre jüngere Orchester aus Berlin betrachtete das als eine Frage der Ehre und des Respekts. Man begann mit Tschaikowskis Vierter Sinfonie. »Furtwängler kommt raus, gibt den Einsatz, und es beginnen die vier Hörner. Daaam badadadamdam daaam badadadamdam ... Es wurde eine Katastrophe. Die wollten besonders gut spielen, aber es war wirklich fürchterlich. Wir waren alle erschrocken. Was war da passiert? Und Furtwängler, der wurde ganz weiß im Gesicht.«

Man spielte weiter, nur weg von diesem durch die Blechbläser verpatzten Anfang, allmählich normalisierte sich alles, das Konzert lief. »Aber nach zehn Minuten begann ein Monolog von Herrn Furtwängler: ›Sie kommen nachher in mein Zimmer! So geht das nicht‹«, berichtet der Konzertmeister, der vorn an seinem Pult alles deutlich hörte. »Dann hat der fast den ganzen ersten Satz über auf die armen Kerle eingeredet, mehr gezischelt, sehr impulsiv. Plötzlich fiel ihm dann wieder ein: ›Wie kommen Sie dazu?! Sowas!‹ Vielleicht hat man es in den ersten Reihen sogar mitgekriegt, das war dem wurscht.« Hinterher erzählten die älteren Musiker ihrem jungen Kollegen, dass Furtwängler früher als junger Chef der Berliner Philharmoniker sehr impulsiv und reizbar gewesen sein soll, manchmal geradezu aggressiv. In einem Wutausbruch soll er da durchaus mal einen Taktstock zerbrochen haben. »Nach dem Krieg war er längst nicht mehr so.« Aber sonst habe er auf dieser Tour wunderbar dirigiert: die Bruckner-Sinfonie, die Vierte von Brahms.

Der damals 36-jährige Chefdirigent Sergiu Celibidache hatte ebenfalls bereits einen internationalen Ruf. »Er dirigierte sehr temperamentvoll. Mit seinem expressiven musikalischen Ausdruck konnte er tolle Sachen machen. Und sein Erfolg in England war übermäßig groß. Ich würde sogar sagen, vielleicht noch größer als der von Furtwängler«, meint der Konzertmeister.

*

Wenn jemand eine Reise tut, dann kann er was erzählen. Das wusste schon der Dichter Matthias Claudius. Saschko Gawriloff war in seinem Leben viel auf Reisen, auf kurzen, längeren, darunter zahlreiche Weltreisen. Immer gab es da viel zu erzählen: Vom thailändischen König Bhumibol Adulyadej, der selbst Saxofon spielte, und den er bei einem Gastspiel mit dem Philharmonischen Oktett in Thailand kennenlernte. Oder von der japanischen Kaiserin Michiko, mit der er später während seiner regelmäßigen Lehraufenthalte beim

Internationalen Musikfestival im japanischen Ort Kusatsu gemeinsam musizierte und speiste.

Aber diese England-Tournee ganz am Anfang seiner Laufbahn war wegen der besonderen Nachkriegssituation vielleicht auf spezielle Weise prägend. Das Orchester kam aus einem zerstörten Land, von einem zentralen Schauplatz des gerade beginnenden Kalten Krieges, aus einer Situation voller Ungewissheiten. So boten selbst die Anekdoten vom profanen Reisealltag dieser Dienstreisenden in Sachen Musik und Völkerverständigung, die im Konzertsaal mit Bruckner heftigsten Pathosrausch verbreiteten, außerhalb der Konzertbühne seltsame Momentaufnahmen der Zeitumstände. Das begann mit einem Provinzialismus der Sprachbarrieren und hörte mit der Unbeholfenheit beim Rückflug, etwas an strengen Grenzwächtern vorbei zu schmuggeln, nicht auf.

In London war das Orchester im Hotel Imperial untergebracht. Die Begegnung mit dem berühmt-berüchtigten englischen Frühstück versetzte dort nicht jeden Musiker in Freudentaumel. Einer von ihnen fragte nun seine Kollegen, was er denn sagen müsse, um keine Tomaten zu bekommen. Keine Tomaten, da müsse man sagen »only tomatoes«, half ihm ein Musikerkollege auf die Sprünge – und brachte ihn in noch größere Not. Denn der Kellner brachte ihm nun, seinem Wunsch entsprechend, nur Tomaten: eine ganze Schüssel voll. Ein anderer Philharmoniker, plauderte Gawriloff launig, hatte für seine Frau etwas Schönes eingekauft, das wiederum einem Kollegen gut gefiel. »Mensch, wo gibt's das denn?«, fragte der deshalb und erhielt zur Antwort: »Gleich da vorne in der Don't Walk Straße.« So hatte er es jedenfalls auf einem Schild gelesen. Auch an der Grenze, wo beim Rückflug offenbar strenger kontrolliert wurde, kam es zu Peinlichkeiten. Der Solobratscher hatte Kaffee eingekauft, viel Kaffee – und die Kaffeebohnen lose durch die F-Löcher in sein schönes altes italienisches Instrument gefüllt. »Mit einer Kontrolle des Instruments hatte der gar nicht gerechnet«, berichtet der Geiger. »Aber es klapperte sehr. Der Kontrolleur forderte, den Instrumentenkasten zu öffnen. Dann macht er so Schnüffelgeräusche. O, das roch natürlich sehr gut nach Kaffee. Nun hob er die Bratsche an, die war recht schwer, er drehte sie herum, und der ganze schöne Kaffee rieselte heraus.«

Gute Musiker, obgleich sie Meister darin sein können, Gefühle und sogar Heilungen hineinzuschmuggeln in unsere durch den Alltag verhärteten Seelen – als echte Schmuggler im banalen Sinn waren viele von ihnen nicht zu gebrauchen. Mancher hat immerhin sein Schmuggelziel knapp erreicht. Etwa Gawriloff selbst. Die Schuhe, die er in London für sich erworben hatte, zog er auf der Reise einfach an. Alter Schmuggler-Trick, deshalb wendete er den, in Erwartung strenger Kontrollen vorsichtshalber auch gleich bei den Nylonstrümpfen an, die er für seine damalige Freundin, eine Schauspielerin, mitbrachte. »Und als ich ihr die dann zu Hause schenken wollte, waren die natürlich durch meine strammen Beine viel zu weit geworden«, lacht er später über sein seltsames Abenteuer.

Beim Berliner Rundfunk zum DDR-Star

Geborgenheit, wie man sie als jüngstes Mitglied der Berliner Philharmoniker genießen konnte, mag ein wohliges Gefühl sein. Aber ob sie wirklich nützt bei der Entwicklung eines Talents, scheint zweifelhaft. Wahrscheinlich kann sie eher schaden; wohl deshalb pflegte der legendäre Theatermann

Bertolt Brecht zu dozieren: »Eine Begabung muss man entmutigen!« Anhänger einer übermäßig behütenden Kuschelpädagogik heutiger Tage mag dieser harte Satz (geäußert 1952 gegenüber Brechts Meisterschülern) vielleicht erschrecken oder gar in pädagogisch-dogmatische Aufregung versetzen.

Aber wir reden hier nicht von einem zartbesaiteten Knaben, der mit liebevoller Raffinesse motiviert werden musste. Wir reden von einem schon versierten Geiger, der bei seinem Wechsel von den Philharmonikern zum Berliner Rundfunk 1949 ein knapp 20 Jahre junger Mann ist, schon ziemlich viel erlebt und produktiv für sich verarbeitet hat. In solchem Fall kann die Liebe eines Pädagogen noch eine Rolle spielen, aber mehr im Sinne einer geschickten Dosierung, mit der dieser seinen Zögling in die wahren Härten des beginnenden (Berufs-)Lebens hineinwirft. Diese Selbstbewusstwerdung und abhärtende Festigung des Talents, die sich für Gawriloff dann doch als nicht sehr hart erwies, wurde immer wieder angestoßen durch überraschende Entschlüsse seines Lehrers Gustav Havemann, selbst wenn der vielleicht nur ganz pragmatisch auf Orchester-Nachfragen nach einem talentierten Geiger reagiert haben sollte. Jedenfalls sollten wir Havemanns Begründung, Gawriloff müsse nun, nach einem Jahr, wieder weg von den Philharmonikern, weil deren viele Reisen seine Möglichkeiten zum Üben zu sehr einschränken, als pädagogische Verschleierung anderer Hintergründe deuten.

Seine Eltern hatten, als ihr Sohn ein Jahr zuvor von Dresden zu den Berliner Philharmonikern zurückgekehrt war, die große Luxuswohnung bereits verlassen und waren mit seiner jüngeren Schwester Sonja nach Bulgarien zurückgekehrt. Ein paar Jahre später, nach dem Tod der Mutter, kam der Vater wieder nach Berlin. Auch Sonja kehrte nach Berlin zurück, um an der neu gegründeten Ostberliner Musikhochschule Klavier zu studieren, und wohnte einige Zeit bei ihrem Bruder Saschko.

Gawriloff lebte nun in Wilmersdorf und blieb bei seinem Wechsel zum Berliner Rundfunk in Westberlin, wo er für sich eine Zweieinhalb-Zimmer-Wohnung in der Reichsstraße am Theodor-Heuss-Platz gefunden hatte, ganz in der Nähe des Funkhauses in der Masurenallee. In diesem Gebäude, das in Westberlin lag, aber als Ostberliner Exklave von sowjetischen Soldaten bewacht war, wurden noch für mehrere Jahre die ostdeutschen Radioprogramme Berliner Rundfunk und Deutschlandsender produziert. Und hier, in Westberlin, probte das ostdeutsche Rundfunksinfonieorchester.

Wieder präsentierte er sich beim Berliner Rundfunk in einem Vorspiel – und wurde angenommen. »Dort hat man mir die Sache richtig schmackhaft gemacht. Ich erhielt einen Sondervertrag, eine Art Staatsvertrag. Das Einladungsschreiben dazu kam von der DDR-Regierung, ich meine sogar, unterschrieben von Otto Grotewohl.« Das Gehalt sei »sehr hoch« gewesen, erzählt Gawriloff, und da er in Westberlin wohnte und die Orchesterproben ebenfalls im Westen stattfanden, wurde je zur Hälfte in Ost- und Westmark gezahlt. Laut Vertrag hatte der Geiger monatlich acht Dienste zu spielen, darunter eine Aufführung als Konzertmeister. Ebenfalls geregelt waren pro Saison drei oder vier Orchesteraufnahmen als Solist, und jeden Monat eine Kammermusikaufnahme. »Das war natürlich ein wunderbares Angebot. Und an eine Spaltung in Ost- und Westdeutschland, gar an eine Mauer, hat man damals noch nicht gedacht.«

*

Für den jungen Geiger brach eine äußerst produktive Zeit an. »Vorher bei den Berliner Philharmonikern war ich ja ›nur‹ Konzertmeister, spielte das Solo aus dem Weihnachtsoratorium oder ›Till Eulenspiegel‹. Aber hier durfte ich als Solist Konzerte spielen. Die erste Geschichte war das Rakow-Konzert mit Artur Rother.« Eine überraschende Wiederbegegnung mit dieser Aufnahme hatte er Jahre später, als er mit dem Hamburger NDR-Orchester auf USA-Tournee war. »Wir gehen da in New York durch einen Schallplattenladen, und plötzlich stutze ich: Mein Name mit dem Rundfunksinfonieorchester Berlin auf einer Schallplatte, Violinkonzert von Nikolai Rakow. Da hatten die aus dieser Rundfunk-Aufnahme eine Platte gemacht, davon wussten wir Musiker überhaupt nichts.« Später hat er das Rakow-Konzert (Gawriloff: »Sowas wie Chatchaturjan, ein virtuoser Schinken«) im Leipziger Gewandhaus gespielt, ohne Aufnahme, und in den 1960er Jahren mit Isserstedt in Hamburg.

Jetzt beim Berliner Rundfunk begann er mit Erstaufführungen neuer Werke. Genau genommen hatte das bereits Ende 1947 angefangen, in seiner Dresdner Zeit. Dort spielte er die Uraufführung der ersten Komposition von Dietrich Manicke. Der damals 24-jährige Komponist hatte seine siebzehnminütige »Passacaglia und Fuge« zum Abschluss des Kompositionsstudiums in Dresden geschrieben. Für Gawriloff war das wieder so ein erstes Mal: die erste Uraufführung als Solist. Eine große Zahl weiterer Erstaufführungen sollte folgen, darunter Kompositionen, denen er mit seiner Interpretation zu Weltruhm verhalf.

Neben Manicke, von dem er später weitere Werke auf die Bühne brachte, gestaltete Gawriloff Erstaufführungen mit Stücken von Heinz Röttger und von Günter Kochan, den Gawriloff noch vom Leipziger Musischen Gymnasium her kannte[36]. Röttger wie Kochan waren später bedeutende Komponisten der DDR. Mit Kochans Opus 1, dem 1951/52 entstandenen ersten Violinkonzert, hatte Gawriloff viele Jahre später ein bewegendes Erlebnis: Eher zufällig hörte er im Auto, wie ein ostdeutscher Sender das Werk 1989 zum 40. Jahrestag der DDR ausstrahlte. Im Laufe der Jahre waren mehrere Aufnahmen dieses Konzerts entstanden, umso mehr freute er sich, als er bei dieser Sendung seine Erstaufführung erkannte: ausgerechnet mit ihm, dem aus offizieller DDR-Sicht Abtrünnigen.

Anders verhielt es sich mit Heinz Röttger. Dessen bereits 1943 komponiertes Violinkonzert E-Dur spielte Gawriloff nicht mit dem Rundfunksinfonieorchester, sondern als Solist in der norddeutschen Provinz. Sein Vertrag legte fest, dass der junge Konzertmeister des Berliner Rundfunks zusätzlich als Solist in Konzerthäusern und Theatern der DDR auftrat. Das begann in Schwerin, wo er ebenfalls schon Rakow aufgeführt hatte. Und als Röttger 1950 sein eigenes Violinkonzert in Mecklenburg aufs Programm setzte, spielte er es außer in Rostock auch gleich in Stralsund, Greifswald und Schwerin. Ähnliche Solisten-Verpflichtungen führten ihn in diesen Jahren landauf, landab durch die gesamte DDR: Er spielte in Leipzig mit dem Gewandhausorchester, in Dresden, Gera, Dessau, Halle, Magdeburg und mehrfach im Norden. Eine durchaus lukrative Regelung war das, Musikfreunden in der DDR galt er bald als aufstrebender Jungstar im neu etablierten Musikbetrieb des Landes.

Vermittelt wurden diese Auftritte durch die Konzert- und Gastspieldirektion der DDR (KGD). »Von denen erhielt ich jeweils ein Jahr vor Saisonbeginn eine Aufstellung; zum Beispiel: Wir würden Sie gern in folgenden Aufführungen in folgenden Städten spielen lassen. Mit Orchester in Gera,

Gotha und Eisenach«, erinnert er sich. Durch diese zentrale Planung habe er als Solist 20 bis 30 Orchesterkonzerte im Jahr gehabt, dazu noch ein paar Violinabende. »Und das, ohne dass man sich um irgendwas kümmern musste.« Die Honorare seien nicht allzu üppig gewesen, aber für DDR-Verhältnisse doch hoch. »Zwischen 500 und 1500 DDR-Mark, das entsprach einem Monatsgehalt.« Für ihn aber bedeutete es ein gewisses Handycap: Er wohnte im Westen und konzertierte im Osten, musste deshalb das ausgezahlte Ost-Geld anschließend umtauschen. »In Westberlin gab es Wechselstuben. Wenn ich dann vom Gewandhaus zurückkam, die zahlten ein Honorar von 1800 Mark, ging ich anschließend zu Hause in die Wechselstube und tauschte um: eins zu vier, eins zu fünf, manchmal eins zu drei. Die Kurse schwankten.«

Interessanterweise gingen die Konzerte in der DDR, mit reduzierter Häufigkeit, noch weiter, nachdem Gawriloff 1953 offiziell in die Bundesrepublik übergesiedelt war. Dann allerdings wurden manche Umstände bei Ein- und Ausreisen, einschließlich gelegentlicher Schikanen durch Grenz- oder Zollbehörden, nochmals strenger und heftiger. Obgleich: Schon als DDR-Star mit Wohnsitz in (West-)Berlin hatte er an den Grenzen die sonderbarsten Dinge erlebt.

*

Die vielzitierten Fußstapfen, die Franz Konwitschny (1901–1962) seinerzeit hinterließ, wird man sicher als groß bezeichnen. Aber – das merkte Saschko Gawriloff um 1949 – mit Konwitschnys Jacken-Größe war es kaum anders. Bei dem Maestro, einem der wichtigsten Dirigenten des 20. Jahrhunderts, zwischen 1949 und 1962 in Leipzig Gewandhauskapellmeister, parallel dazu Generalmusikdirektor an der Dresdner Staatsoper (1953–1955) und an der Deutschen Staatsoper

Berlin (1955–1962), war Größe nicht nur eine Frage der Bedeutung, sondern ebenso des Körpers. Seine von Zeitgenossen als »wuchtig« beschriebene Erscheinung machte es für das Publikum umso erstaunlicher, wie dieser Hüne die Seelen von Orchestern, von Ensembles, vor allem die Seele der Musik zum Klingen brachte. Bevor er die Dirigentenlaufbahn einschlug, hatte sich Konwitschny in den 1920er Jahren zunächst als guter Geiger und Bratscher betätigt.

Man war demnach unter Kollegen, wenn Gawriloff hin und wieder die Möglichkeit hatte, bei dem 28 Jahre Älteren als Solist aufzutreten. In ganz besonderer Erinnerung blieb ihm ein Konzert ganz am Anfang. Das Besondere begann schon in Berlin mit einem Schreck beim morgendlichen Erwachen: »Verflucht nochmal, ist denn der Wecker kaputt?!«. Dann ging's in größter Eile zum Anhalter Bahnhof, wo er aber nur noch die Rücklichter seines Zuges nach Leipzig entschwinden sah – das Ganze schien sich zu einer Pechsträhne auswachsen zu wollen. Und sowas gleich zu Beginn seiner DDR-Solistenkarriere. Um trotzdem pünktlich zur angesetzten Probe zu gelangen, nahm er ein Taxi von Berlin nach Leipzig. »Das hat mich das halbe Honorar gekostet.« Gerade rechtzeitig zum Probentermin erreichte er die Kongresshalle am Leipziger Zoo, die damalige Wirkungsstätte des Gewandhausorchesters. Die Probe lief gut; zum Abschied sagte Konwitschny noch beiläufig: »Gut, dann morgen Früh im Konzert.« – »Was? Früh?«, erschrak Gawriloff. »Aber ich habe nur den Frack mit ... Naja, dann ziehe ich eben den Frack an.« – »Nee, das kannst du nicht machen«, belehrte ihn Konwitschny. »Morgens um elf im Frack, das geht wirklich nicht.« Was sollte der Solist tun? »Ach, weißt du was?«, meinte Konwitschny. »Dann ziehst du eine Jacke von mir an.«

»Die schwarze Jacke von Konwitschny: Ich hab sie dann angezogen. So bequem hab ich in meinem ganzen Leben noch nicht gespielt«, wird Saschko Gawriloff später erzählen, mit schallendem Lachen. Kein Wort von wegen viel zu groß; nein, sehr bequem war diese Jacke. Fast könnte man die Anekdote für banal halten, aber darin steckt mehr. Sie betraf einen doppelten Konflikt mit der Kleiderordnung. Nicht nur zwischen Frack oder Jacke wurde da gewählt, sondern zwischen zwei möglichen Verstößen gegen die Konvention abgewogen.

Gerade mit dem Verzicht auf den Frack entschied Konwitschny zugunsten von dessen Heiligkeit. Ihn schon am Vormittag zu tragen, hätte quasi die Entwürdigung einer erhabenen Tradition hin zur Beliebigkeit bedeutet. Statt dessen nahm er den anderen Verstoß in Kauf: Eine viel zu große Jacke ist sicher kaum optimal für den ebenfalls festlichen Charakter eines Matinee-Konzerts am Vormittag; womöglich konnte das Outfit sogar unfreiwillig komisch wirken. Aber Konwitschnys Entscheidung schützte die als wichtiger empfundenen Regeln für den Frack.

Eine unkonventionelle Maßnahme zum Schutz einer wichtigeren Konvention. Damals, 1949, arbeitete man in ganz Deutschland daran, den bürgerlichen Konzertbetrieb nach Vorstellungen zu restaurieren, wie sie vor den Einschnitten durch die NS-Zeit als ideal angesehen wurden. Zwar waren die Zeiten weitergegangen und würden bald erneut Fahrt aufnehmen in Richtung einer Modernisierung der Gesellschaft und Kultur, doch vorerst galt die Tradition, die »gute alte«, als der sichere Anker. Der Frack des Musikers (nicht immer der Allerbequemste, aber man ist ja Profi und trägt ihn mit Stolz und Souveränität), dieser schwarze Uniformersatz aus dem 19. Jahrhundert, mit dem das erstarkte Bürgertum gegen die zuvor dominierenden Hofkapellen in ihren Prunkuniformen nun eigene Orchester in einer strengeren Feierlichkeit auf die Bühnen gebracht hatte, blieb noch immer ein fundamentales Bekenntnis. Das Kleidungsstück war in zwei-, dreihundert Jahren zum festlichsten Gesellschaftsanzug der bürgerlichen Welt aufgestiegen. Dessen besondere Bedeutung wurde nun in der Leipziger Matinee entschlossen verteidigt, indem man sein ehernes Grundgesetz hochhielt: Kein Frack vor 18 Uhr! Wäre Gawriloff schon am Morgen im Frack aufgetreten, das mag Konwitschnys Hintergedanke gewesen sein, dann hätte er die heilige Bekenntnis-(Anti-)Uniform zum bloßen Kostüm degradiert.

Im Werdegang des Geigers aber variierte Konwitschnys riesige Jacke nun das Motiv seiner einstmals zu langen »kurzen« Hose im Wunderkind-Konzert vor der bulgarischen Zarin. In beiden Fällen musste er lediglich ordentlich umkrempeln, damals die langen Hosenbeine, diesmal die Ärmel, und schon fand sich der Musiker, fernab aller herrschenden Konvention, in sehr bequemer Lage. Der Qualität seines Spiels war das vermutlich sogar dienlich. Für Modernisierungen war der starr aufs Alte fixierte neue Musikbetrieb noch nicht reif – aber immerhin musste er schon, um die konservativen Regeln zu bewahren, kleine originelle Abweichungen in Kauf nehmen.

Das musste sein: Abschied von Ostdeutschland

Der Mittelpunkt von Gawriloffs Arbeit blieb das Rundfunksinfonieorchester. Doch Mitte 1952 spitzte sich hier die sonderbare und nun immer unglaublicher werdende

Arbeitssituation zu: Der sowjetisch kontrollierte Ostsender produzierte im britisch kontrollierten Westteil Berlins. Die Zuspitzung betraf auch das Orchester. Anfang Juni hatten russische Soldaten im Ostteil die Westberliner Exklaven Steinstücken, Papebucht, Erlengrund und Fichteberg abgeriegelt; vorausgegangen war der seit 1951 schwelende Konflikt, in dem die DDR-Seite solche Exklaven zu übernehmen versuchte. Nun antwortete die britische Besatzungsmacht auf einem anderen Schauplatz: Am 3. Juni um 3.30 Uhr sperrte sie das Haus des Rundfunks in der Masurenallee ab, eine ostdeutsche Exklave im Westberliner Territorium. Sehr zur Überraschung der Musiker, die an jenem 3. Juni 1952, einem Dienstag, wie gewohnt zur Arbeit erscheinen wollten. »Wir kommen da hin, aber alles ist abgesperrt«, erinnert sich Gawriloff. »Vor dem Funkhaus standen Spanische Reiter, mit Stacheldraht, und englische Panzer.« Der Dienst finde heute nicht statt, sagte man ihnen. Sie gingen wieder nach Hause.

Als Ersatz für fehlende geostrategische Erklärungen brodelte die Gerüchteküche: Ihr Dirigent Artur Rother, der zwischen 1943 und 1949 Chef des Rundfunkorchesters war und es noch danach dirigierte, sei der Grund gewesen. Er habe, so erzählten sich die Musiker, bei einer Festveranstaltung in Westberlin, wohl gar beim RIAS-Sinfonieorchester, der politischen Konkurrenz, unter anderem das Deutschlandlied dirigiert und sei deshalb für den Berliner Rundfunk im Osten nicht mehr tragbar. Doch der vermeintliche Dirigentenkonflikt hatte nichts mit der Blockade des Senders zu tun, die nach ein paar Tagen wieder gelockert schien. Die ostdeutschen Radioleute erhielten den Sendebetrieb aufrecht und simulierten später unter Leitung des Chefkommentators Karl-Eduard von Schnitzler noch längere Zeit zu Propagandazwecken eine demonstrative Fiktion von Radioarbeit unter Belagerungsbedingungen. Das Orchester wich sofort in andere Probenräume aus. Am 22. August 1952 war das Funkhaus Masurenallee leergeräumt. Es blieb noch weitere vier Jahre besetzt von einer kleinen russischen Wachmannschaft und hieß unter Westberlinern das »Haus des Schweigens« (vgl. Bauernfeind 2010).

All diese Details waren kleine Schritte zur Durchsetzung und Zementierung der anfangs nur für provisorisch gehaltenen Spaltung zwischen Ost und West. Im Orchester erfuhren sie, dass der Sender bald in den Osten Berlins, ins neu eingerichtete Funkhaus Nalepastraße in Oberschöneweide umziehen werde. Und von den Musikern wurde verlangt, sie sollten privat ebenfalls diesen Schritt tun und nach Ostberlin umziehen.

Die Forderung bedeutete praktisch das Ende jener Zwischenzeit, deren relative Offenheit die Musiker bis dahin – trotz allgemein schwieriger Nachkriegsbedingungen – als einigermaßen lukrativ erlebt hatten. Die DDR, natürlich im Auftrag der sowjetischen Besatzungsmacht, vollzog 1952, als Reaktion auf die Politik des Westens, einen scharfen Kurswechsel: Die Westmächte hatten seit Ende 1946 mit der Bildung von »Bizone« und »Trizone«, danach mit einer exklusiven westdeutschen Währungsreform 1948 und der Gründung der Bundesrepublik im Mai 1949 die Ostzone Deutschlands quasi ausgeschlossen und die Grundlagen für die Spaltung des Landes gelegt. Darauf hatte die sowjetische/ostdeutsche Seite zunächst und noch lange nach der DDR-Gründung im Oktober 1949 mit Kampagnen für ein einiges und neutrales Deutschland reagiert. Erst 1952 schwenkte die DDR-Führung um auf eine Linie der Abgrenzung gegen den Westen und zu einem forcierten »Aufbau des Sozialismus«. Worunter die Ostberliner Führung die Übernahme des sowjetischen

Modells einer stalinistischen Diktatur verstand, kostümiert in ein demokratisch erscheinendes Mehrparteien-System.

Auf vielen Gebieten war diese Wendung mit hartem politischem Durchgreifen verbunden. Sie war das Ende einer bis dahin noch waltenden relativen Offenheit: Berliner Musiker, die im Osten der Stadt arbeiteten und im Westen wohnten, blieben, als sie zu einer Entscheidung für Ost *oder* West genötigt wurden, lieber im Westen. Ganz einfach war das nicht, denn gute Jobs waren rar; viele zogen deshalb in die Bundesrepublik. Andere entschieden sich für die DDR, und mancher mag diese Entscheidung, weil sie endgültig war, später bereut haben.

Saschko Gawriloff versuchte, die alte Offenheit der unmittelbaren Nachkriegs-Zwischenzeit für sich noch eine Weile zu bewahren. Ein wenig gelang ihm das sogar langfristig. Aber im Grunde stand die Entscheidung des jungen Ehepaares fest: Weg hier. Dabei hatten sich die DDR-Funktionäre sehr um den Jungstar bemüht. Blühende Perspektiven waren ihm versprochen worden, eine Villa in Grünau mit stets gut gefülltem Kohlenkeller, ein Studium bei Oistrach in Moskau, ein DDR-Nationalpreis – quasi das Garantieversprechen für dauerhaftes Glück von Gnaden des Staates. Aber die Familie war fest entschlossen zu gehen, besonders Ehefrau Renate achtete resolut darauf, dass es bei dieser Entscheidung blieb. »Genau genommen«, schätzt Gawriloff später ein, »habe ich das meiner Frau zu verdanken. Die hat gesagt: Nein, nicht mit mir. Ich wäre sonst wahrscheinlich nach Moskau gegangen. Ich war da blauäugiger, habe denen einiges geglaubt.« Nun aber beauftragte er eine Agentur, für ihn nach Stellen in Westdeutschland zu suchen.

In der DDR hatte er genug erlebt, manches ertragen, darunter Kurioses. Das lag am generellen Misstrauen der

SED-Führung, die Intellektuelle und Künstler als eine politisch schwankende und daher für Systemzwecke unzuverlässige bürgerliche Schicht beargwöhnte. Besonders schlimm wurde das, weil dieses Misstrauen – auf der Ebene seiner Alltagspraxis – an ein seit Jahrzehnten in Deutschland gewachsenes und in der NS-Zeit brutalisiertes dumpfes Ressentiment gegenüber Intelligenz schlechthin anknüpfte und dieses weiter nährte.

Den daraus erwachsenen behördlichen Kontrollwahn in seiner Unsinnigkeit und Unbedarftheit hatte Gawriloff mehrfach zu spüren bekommen. Zum Beispiel nach einem Konzert in Gera. Obgleich ein junger DDR-Star, brauchte er wegen seines Westberliner Wohnsitzes für jeden Auftritt in der DDR eine Ein- und Ausreisegenehmigung. Wenn er den Auftrittsort erreichte, musste er sich dort an- und zugleich wieder abmelden, was mit einem Stempel erledigt war. Bei diesem Auftritt in Gera war er zeitlich knapp dran und wollte anschließend schnell zurück nach Berlin, um dort am nächsten Tag einen Termin wahrzunehmen. Deshalb wechselte er nach dem Konzert im Hotel nur kurz die Kleidung und eilte zum Nachtzug nach Berlin. Gegen drei Uhr morgens wurde er dann an der Grenze von Berlin geweckt: Mit den Papieren sei etwas nicht in Ordnung. In der Eile hatte er versäumt, sich in Gera den Stempel zu holen.

Nun wurde er mit seinem Gepäck aus dem Zug geholt und in eine Holzbaracke gebracht. Ungefähr vierzig uniformierte Beamte saßen dort, erinnert er sich. Die meisten rauchten, man hätte die Luft im Raum schneiden können, es stank unerträglich. Er solle dort sitzen und warten, bis der Diensthabende kommt. »Wann kommt er denn?« – »Der Genosse Hauptmann kommt 6.30 Uhr.«

Nachdem der Verantwortliche ein paar Stunden später den Fall übernommen hatte und Gawriloff sich zum wiederholten Mal wegen des vergessenen Stempels aus Gera entschuldigt hatte, fragte der Offizier, was denn der Herr Gawriloff überhaupt in Gera gemacht habe. »Ich habe dort als Solist im Sinfoniekonzert gespielt«, antwortete er. »Aha. Hmm. Und was verdient man da?«, forschte der Grenzer weiter. »Ich habe 1200 Mark der DDR erhalten.« – »Waaas?!«, rief der Genosse Hauptmann fassungslos und sprang auf. »Ist ja unerhört!« Für den Grenzer war diese Summe unvorstellbar, sie mag für ihn damals fast zwei Monatsgehältern entsprochen haben. So viel also erhielt einer aus Westberlin hier im Osten ganz legal für eine Stunde Spielen auf der Geige, und dann schleppte der das Geld über jene Grenze fort, die er, der Grenzer, doch gründlich bewachen sollte.

»Der Mann war wütend. Für ihn brach eine Welt zusammen und er war stinkböse auf mich, dass ihm gegenüber diese Ungerechtigkeit geschehen konnte«, erklärt Gawriloff später. Diesen Musiker ließ der Grenzer nun extra lange warten, und er selbst begann unterdessen nochmals eine Recherche am Telefon. Er konnte nicht glauben, dass sowas mit rechten Dingen zuging. Als am Ende doch alles in Ordnung war, ließ er den Geiger mürrisch weiterreisen, mit dem Bummelzug nach Ostberlin Hauptbahnhof, von dort mit der S-Bahn nach Hause. Ein nächtliches Abenteuer, das wohl die Entscheidung des Musikers befördert haben dürfte, lieber ganz nach Westdeutschland zu ziehen. Denn es war keine Ausnahme. Ähnliches, erfuhr er, hatten schon andere Kollegen bei ihren Gastspielen erlebt.

Aber nicht nur die Grenzer bewirkten, dass Gawriloff weg wollte. Das zentral organisierte Konzert-Management, das ja in vieler Hinsicht eigentlich recht praktisch war, weil für den Künstler einfach, zeigte seine finstere Seite. Die zentrale Lenkung war ein Machtinstrument, das staatlicher Willkür dienen konnte. Dass da sogar ein Spielverbot für klassische Musiker herauskommen würde, klingt sehr unwahrscheinlich. Was für Gefahren konnten schon von einem Tschaikowski-Violinkonzert ausgehen? Doch sogar das schaffte Gawriloff: Sich eine Strafe für falsche Prioritätensetzung gegenüber den Oberen einzuhandeln.

Für 1953 wurde ein großes Konzert mit der gesamten DDR-Politprominenz geplant, und die Berliner Konzertagentur forderte den jungen Geigenstar zur Mitwirkung an. Der jedoch hatte am selben Tag einen anderen Konzerttermin und sagte mit dieser Begründung ab. Kurze Zeit später erhielt er in seiner Westberliner Wohnung Besuch von seinem Freund Heinz Röttger, damals Musikdirektor in Rostock (1951 bis 1954), wo der Geiger demnächst wieder für ein Projekt eingeplant war. Von Röttger erfuhr er nun, dass aus dem geplanten Konzert wohl nichts werden würde, denn Gawriloff habe republikweites Auftrittsverbot. »Was? Wieso das? Davon weiß ich überhaupt nichts«, wunderte sich der Musiker.

Ein Anruf bei Hans Pischner, damals Hauptabteilungsleiter Musik im Staatlichen Komitee für Rundfunk der DDR, half weiter. Der versprach, sich darum zu kümmern, kurz danach war das Auftrittsverbot aufgehoben und das Rostocker Konzert konnte stattfinden. Aber der Vorgang gab ihm sehr zu denken. »Hans Pischner war ein wenig mein Förderer«, erzählt Gawriloff. »Er war ein sehr guter Cembalist, hat ja mit Oistrach die Bach-Sonaten gespielt. Später wurde er stellvertretender Kulturminister und danach Intendant der Staatsoper Unter den Linden. Pischner war natürlich ein ganz großer Parteimensch, aber mehr ideell, er glaubte wirklich an diese Sache. Und er war menschlich fabelhaft.«

Mit Pischner hatte er, als noch nicht klar war, dass er in den Westen gehen würde, wie jedes Jahr langfristig seine Spielzeit 1953/54 geplant. Dafür hatte er Großes vor. Drei Violin-Konzerte an einem Abend im großen Konzertsaal des ehemaligen Reichsbankgebäudes wollte er aufführen, etwas Ähnliches, wie er es einst mit Igor Oistrach erlebt hatte. »Pischner plante Mendelssohn, Dvořák und Tschaikowski. Ein Mordsprogramm natürlich.« Es war sogar schon annonciert, möglicherweise waren schon die Plakate gedruckt. Aber dann rief Gawriloffs Agentur an: Er könne in Frankfurt am Main vorspielen. Dort bekäme er eine Stelle, aber mit der Bedingung, sofort anzufangen.

Dadurch wurde der Umzug ein bisschen zur Nacht- und Nebelaktion. Und er bedeutete den Verzicht auf den geplanten ganz großen Berliner Auftritt. Nur einem erzählte er davon, dem Dirigenten Franz Konwitschny, der dieses Konzert leiten sollte. »Herr Konwitschny, ich glaube, unser nächstes Konzert ist in Gefahr.« – »Was? Wieso denn? … Ne, Junge, das kannst du nicht machen.« Worauf Gawriloff ihm sagte: »Ich haue ab, ich bin dann drüben.« – »Naja, das kann ich verstehen. Aber«, fügte Konwitschny noch hinzu und hielt den Zeigefinger vor den geschlossenen Mund, »ich weiß von nichts.«

An Pischner schrieb er vor der Abreise noch eine Abschiedspostkarte. Kurz und knapp nur: »Lieber Herr Pischner, ich gehe jetzt nach Westdeutschland …«, und bedankte sich für die schönen Zeit. Mehrere Jahre später kam der Geiger nach Ostberlin und besuchte seinen Vater, der inzwischen wieder hier lebte und in einer Musikschule unterrichtete. Als er hörte, dass Pischner inzwischen Opernintendant war, meldete er sich bei ihm. Ein wenig Bammel hatte er vor dem Treffen, immerhin war er ja damals irgendwie vertragsbrüchig aus dem Land gegangen. »Entweder verhaften Sie mich jetzt, oder wir trinken zusammen Tee.« Pischner lud ihn zum Tee ein: »Ach, ich freue mich sehr. Erzählen sie doch mal!« Man habe sich dann nett unterhalten, erinnert sich Gawriloff. »Und danach konnte ich wieder in der DDR auftreten.«

*

Schikanen durch DDR-Grenzer erlebte er noch später, nachdem er längst in die Bundesrepublik übergesiedelt war und von dort aus zuweilen Konzerte in der DDR spielte. Das wiederum war wohl möglich, weil seine Weigerung, sich für den Osten zu entscheiden, zwar im Entweder-Oder-Zeitalter des Kalten Krieges zwangsläufig eine Absage an die DDR war, aber trotzdem nicht als endgültiger Bruch behandelt wurde. Das Regime hatte offenbar seine Bemühungen, das künstlerische Talent für sich zu gewinnen, nicht ganz aufgegeben. Und Gawriloff war ja kein »Republikflüchtling« im landläufigen Sinne, weil er vorher kein DDR-Bürger gewesen war. Er war damals überhaupt kein Deutscher, sondern genau genommen ein Staatenloser, wie sich wenig später herausstellte. Und als er 1953 aus Westberlin nach Frankfurt am Main umzog, war das lediglich eine Verlagerung seines Arbeitsschwerpunkts.

Im Grunde gab es für ihn keine Hindernisse, weiter in die DDR zu reisen. Regelmäßig besuchte er seinen alten Lehrer Gustav Havemann oder wirkte als Juror beim Bach-Wettbewerb in Leipzig mit. Und während er seine Laufbahn in Westdeutschland erst ganz neu aufbauen musste, konnte er gelegentlich – durchaus als Training dafür – im Osten als Solist wirken. Er trat in Dessau auf oder in Berlin mit Kurt Masur. Er spielte im September 1957 unter dem Dirigenten

Hans Wallat, seinem alten Leipziger Schulfreund, in Cottbus das Brahms-Konzert. Und mit dem Staatlichen Sinfonieorchester Halle/Saale, das im selben Jahr eine damals viel beachtete Konzertreise nach Westdeutschland unternommen hatte, trat er Anfang 1958 als Solist aus der Bundesrepublik mit Niccolo Paganinis Violinkonzert Nr. 1 in der DDR auf.

Die unwürdige Behandlung an Grenzübergängen bewies ihm jedes Mal, dass, bei allem Wandern zwischen beiden deutschen Welten, seine Entscheidung für den Westen richtig gewesen war. Am Tag nach dem erwähnten Auftritt in Dessau (Dvořák-Konzert) etwa sollte er mit den Berliner Philharmonikern spielen. Deshalb reiste er am Morgen nach dem Konzert von Dessau aus weiter in Richtung Berlin. Bei der Kontrolle an der Staatsgrenze antwortete er auf die entsprechenden Fragen, dass er in Dessau gespielt habe und jetzt zu den Berliner Philharmonikern nach Westberlin müsse. »Ja, aber das geht so nicht!«, meinte der Grenzer. Er müsse von Dessau aus erst nach Westdeutschland zurückreisen und könne danach von dort als Transitreisender nach Westberlin erneut über die Grenze kommen. Aber er müsse doch jetzt zur Probe, appellierte Gawriloff an einen erhofften kleinen Rest von Vernunft in dieser Uniform. Antwort: Geht nicht. »Da haben die mich von der Berliner Grenze zurückgeschickt, ich musste nach Helmstedt an der Westgrenze der DDR, fuhr dort nur kurz rüber und gleich wieder zurück nach Berlin. Das war die reine Schikane. Und damals hab ich gesagt: So, jetzt ist Schluss. Das war mein letztes Konzert in der DDR.«

Intermezzo: Jetzt spricht Ehefrau Renate

In Frankfurt am Main musste Saschko Gawriloff, der in der DDR bereits ein bekannter Musiker, ein junger Star war, noch einmal fast von vorn beginnen. Diesmal auf sich allein gestellt, ohne die Obhut und lenkende Hand des Lehrers Gustav Havemann. Wirklich allein war er aber nicht. Ohne Ehefrau Renate hätte er die bald beginnende Weltkarriere wohl nicht derart intensiv in Angriff nehmen können. Natürlich interessieren sich Musikhistoriker weniger für die »Frau an der Seite« der großen Künstler. Trotzdem erzählen wir hier jetzt nicht von Werken, Tonarten oder Auftritten, sondern »nur« von Lebensumständen. Und von Renate Gawriloffs Sicht auf dieses gemeinsame Leben. Ausdrücklich sei betont, dass der Einfluss der Ehefrau – sogar auf Werke, Spielweisen und Klänge – kaum hoch genug eingeschätzt werden kann. Neben dem seelischen Faktor der Verbundenheit geht es da um ihren Einfluss auf Gawriloffs schlichte physische Spielfähigkeit, indem die Frau dem Künstler, wo immer es ging, den Rücken frei hielt.

Das Abenteuer des Aufbruchs in den Westen hatte die Familie mit ihrem ersten, noch nicht ein Jahr alten Sohn Michael gewagt. Mit dem zweiten Sohn, Matthias, war Renate Gawriloff zur Zeit des Umzugs schwanger, er kam wenige Monate nach der Ankunft in Frankfurt zur Welt. Diese biographische Zäsur bedeutete einen grundlegenden Wechsel vieler Perspektiven, und ihre besondere Sichtweise auf das gemeinsame Leben interessiert nicht zuletzt deshalb, weil wir noch immer keine Antwort auf unsere Frage haben, ob denn dieses über siebzigjährige Zusammenleben eine glückliche Ehe war.

Also Frau Gawriloff, was sagen Sie dazu? »Aber wie will man denn das beschreiben oder gar auf eine Aussage festlegen?«, antwortet sie mit einer nachdenklichen Gegenfrage – und beginnt ihren Bericht:

»Was soll denn das überhaupt sein, eine glückliche Ehe? Was verstehen denn die Leute unter Glück? Man kann gar nicht siebzig Jahre lang eine glückliche Ehe führen. Das geht nicht. Da muss man den hier fragen (sie deutet auf ihren Mann, der schmunzelnd und zuweilen gerührt auf dem Sofa zuhört). Denn wir haben ja eine ganz komische Ehe geführt. Meine Großmutter sagte vor der Heirat noch zu mir, als ich noch ein junges Mädchen war: ›Eins musst du wissen, dieser Mann, der ist mit seiner Geige verheiratet.‹ Ich hab ihn darin von Anfang an unterstützt, und er hat das sehr akzeptiert. Ich habe für ihn gekocht. Da fragten dann andere Frauen: ›Was, du kochst noch?‹ Und ich sage: ›Wieso? Na klar, das ist er gewohnt.‹ Ich hielt ihm den Rücken frei und unsere beiden Söhne von ihm fern, wenn er täglich seine sechs Stunden oder mehr übte. Oder wenn er abends erschöpft nach Hause kam von seinen Diensten im Frankfurter Opernorchester, oder von Konzertreisen.

Ich hab ihn verwöhnt von morgens um sieben bis abends um zehn. Das weiß er. Und ich hab das gern gemacht, das ist mir angeboren. So war ich. Ich weiß, heute denken viele anders in dieser Frage, aber man muss das aus der damaligen Zeit heraus verstehen, nicht mit den Ansprüchen einer späteren Epoche. Und man sollte nicht vergessen, was für schwere Zeiten wir davor durchgemacht hatten: der Krieg, die Bomben, dann die Flüchtlinge. Und es war eben ein großes Glück, dass er diese Begabung hatte. Sonst wäre das mit uns ja hundertmal schiefgegangen. Ich hab mein Leben total zurück genommen. Aber ich war auch glücklich, später auf dem Lande.«

Gern gemacht hat sie es, leicht war es fast nie. Vielleicht deshalb das Zögern bei der Frage, ob die Ehe glücklich war. Vielleicht fallen deshalb ihre Resümees eines langen Zusammenlebens unterschiedlich aus, je nachdem, an welchen Lebensabschnitt sie gerade denkt. Jede ihrer unterschiedlichen Bilanzen stimmt sicher auf ihre Weise, aber erst zusammen liefern sie ein schlüssiges Gesamtbild.

Manchmal sagt Renate Gawriloff, auf die Ehejahre zurückschauend: »Ich habe ein sehr einsames Leben geführt. Saschko war mit seiner Geige unterwegs, zu Konzerten, auf langen Tourneen; und ich saß mit den Kindern zu Hause.« Ein andermal erzählt sie und schwärmt zuweilen, wie sie später, als die beiden Söhne größer oder noch später aus dem Haus waren (beide wurden erfolgreiche Musiker), ihren Mann bei vielen Konzertreisen begleitete und dadurch die Welt kennenlernte: Los Angeles, Venedig, Tokio und viele andere wichtige Stationen des weitgereisten Musikers. Und wieder ganz anders klingt es, wenn sie an Bergisch Gladbach zurückdenkt, wo die Familie in Gawriloffs Kölner Jahren lange Zeit wohnte: »Dort in Herkenrath hatte ich mir ein wunderschönes Haus eingerichtet, hatte einen großen und schönen Garten, das war eigentlich ein kleiner Park. Ich hatte mein Pferd, mit dem ich durch die Gegend reiten konnte. Im Grunde war mein Leben viel bunter als seins. Saschko hat ja immer geübt, er hatte Konzerte, war in den Hotels. Und bei mir war was los, ich war unterwegs, im Leben!« Sagt's, blickt stolz drein, und lacht.

»Kinderheirat« nannte der Musiker später ihre Eheschließung im Juli 1951. Zwei Jahre zuvor hatte er die junge Warnemünderin Renate Diele, damals gerade 17 Jahre jung, kennengelernt und dann fast von der Schulbank weg geheiratet. In der Zwischenzeit bis zur Hochzeit hatte er in Rostocker

Hochzeit: Renate und Saschko Gawriloff 1951 vor der Kirche von Warnemünde.

Philharmonischen Konzerten 1950 und 1951 als Virtuose bewiesen, dass er ja vielleicht eine ganz »gute Partie« sein könnte. Doch nicht nur Renates Großmutter hatte das Mädchen gewarnt vor dem musikalischen Bräutigam, auch die Brautmutter hatte Einwände: Ein Musiker, ob das wohl gut gehen konnte?! Aber sie hatte keine Chance: Der selbstbewusste junge Mann drohte mit einem Anwalt, dann durfte er die inzwischen volljährige Braut zum Altar führen und sie anschließend nach Westberlin mitnehmen.

Renates Vater Walter Diele, seinerzeit ein bekannter Pilot und Flugkapitän für Lufthansa und die Rostocker Heinkel-Werke, war kurz nach dem Krieg gestorben, als die Tochter vierzehn war. Erwachsen wurde sie in der End- und Nachkriegszeit. Einer Zeit, die aus den Fugen war, in der es mangelte an allem Notwendigen: Essen, Trinken,

Lebensgewissheiten. »Wir wussten kaum, wovon wir leben sollten.«

Unter solchen Umständen wagte man nicht, an einen Berufswunsch wie Schauspielerin nur zu denken, ihn gar auszusprechen. Aber genau davon träumte Renate. Schließlich war sie schon als Kind in Warnemünde eine kleine Berühmtheit. Jedes Jahr, vom Babyalter bis zur Heirat, hing ein großformatiges Foto von ihr im Schaufenster eines Warnemünder Fotoladens, Foto Schäfer am Strom. In Schultheateraufführungen des Rostocker Goethegymnasiums durfte sie Hauptrollen spielen, und wenn sie mal in einem Laienensemble in Warnemünde aufgetreten war, redeten die Leute am nächste Tag darüber: »Und? Haben Sie die kleine Diele gesehen?« Eine begeisterte Konzert- und Opernbesucherin im Rostocker Theater war Renate schon als Oberschülerin. Wohl deshalb war ihr besonderes Interesse sofort geweckt, als 1949 der bekannte Geigenprofessor Gustav Havemann aus Berlin und sein Schüler, dieser attraktive junge Geiger, der noch keine 20 war und trotzdem schon in Dresden und bei den Berliner Philharmonikern als Erster Konzertmeister spielte, sich bei ihrer Mutter zum Sommerurlaub einquartierte. Dann nahmen die Dinge ihren Lauf.

Bei der Hochzeit war sie 19, er 21 Jahre alt. Beide hatten kaum Erfahrung, ihr Leben selbstständig zu gestalten. »Ich hatte noch keine Ahnung, was Geld ist und wie man damit umgeht«, berichtet sie. »Ich konnte nicht kochen, gar nichts. Deshalb wurde ich vor dem Umzug nach Berlin noch schnell bei einer Dame ein bisschen angeleitet. Es gab doch vorher für mich kaum Gelegenheit, etwas über all das zu lernen.« Jetzt erfuhr Renate, wie man mit Speckschwarten kleine Gemüsesuppen kocht. Später in Berlin las sie darüber, wie Kartoffeln zu kochen sind. »Die kommen ins Wasser. Das wusste ich vorher nicht.«

Viel hatte sie darüber nicht erfahren als Kind in Warnemünde. »Wie haben wir uns denn damals nach dem Krieg ernährt? Oft hatten wir nicht genug zu essen. Meine Großmutter konnte nicht viel machen. Sie hat zum Beispiel Wasser gekocht, und dann nahm sie eine große Kartoffel oder mal mehrere, wenn wir sie vom Lande geholt hatten, und rieb sie in das Wasser. Das war dann unser Essen, und du warst froh, dass du überhaupt was kriegtest. Wir haben richtig gehungert damals.« Nun aber, als junge Ehefrau, lernte Renate, in Notlagen zu wirtschaften und ihre Familie zu versorgen, die bald um zwei Söhne größer werden sollte. Learning by doing bezeichnet man sowas heute mit der coolen Lockerheit des Wohlstands, damals war es von existenzieller Bedeutung.

*

Als die Familie in Frankfurt am Main eintraf, war man schon etwas erfahrener in lebenspraktischen Dingen, aber die Umstände blieben schwierig. Die Familie kam zunächst in einer Pension unter. Für acht Wochen, die zugesagte Wohnung war noch nicht frei, Möbel und Kleidung waren noch nicht da.

»Wir waren wie DDR-Flüchtlinge«, erzählt Renate Gawriloff, »da befanden sich die Möbel zunächst in einem Speicher. Die kamen erst nach und nach rüber. Wir haben in der Pension erstmal nur auf einer Ecke gewohnt, als erstes kam eine Eckcouch, ohne Kissen, ohne alles. Zugedeckt haben wir uns mit unseren Wintermänteln. Für das Kind wurden zwei Stühle zusammengeschoben, darauf lag der Michael. Mit dem anderen, Matthias, war ich ja noch schwanger. Und nun kam dieser schwer arbeitende Mann, der solistisch tätig werden wollte und jetzt als Konzertmeister bei Solti angefangen hatte – er kam abends um elf nach Hause und war müde. Und morgens um fünf Uhr wurde das Kind wach, dann gab ich ihm Zeige- und Mittelfinger auf seine Zunge. Der Mann lag neben mir und brummelte: Der soll ruhig sein. Und dann hab ich das Kind hochgenommen.«

Kaum leichter wurde es, als sie später in einer Zweieinhalb-Zimmer-Wohnung in einem Neubau unterkamen. Aber doch komfortabler. Der Neubau wurde zusammen mit zwei weiteren neuen Gebäuden provisorisch beheizt durch eine ausrangierte Dampflok, von der aus Rohre zu den Häusern verlegt waren. Finanziell ging es der Familie bald besser, aber die Mittel blieben knapp: »Wir konnten beide nicht mit Geld umgehen«, gesteht Saschko Gawriloff. »Wir hatten eigentlich nie Geld«, bestätigt seine Frau. »Er gab mir zum Beispiel fünf Mark zu Einkaufen für das Essen, dazu sagte er: Aber gib die nicht aus. Da lernst du natürlich unglaublich viel, wie man sparsam wirtschaftet und dass es trotzdem gut wird.«

Dass sie kaum mit Geld umgehen konnten, bewies der Familienvater kurz nach dem Einzug in die Wohnung. Auf seinem Weg zur Probe kam er an einem Autogeschäft vorüber, gleich neben der Frankfurter Börse. Im Schaufenster stand ein beeindruckendes Fahrzeug. Ford Taunus, sehr geräumig, mit einem Buckel im Heckteil, aber von vorne sah er aus wie ein amerikanischer Straßenkreuzer. Dem Musiker gefiel das sehr: »Das Auto ist ja fabelhaft!«

»Ja, da kommen Sie doch herein«, lud ihn der Autohändler ins Geschäft und führte seinem potenziellen Kunden das Fahrzeug vor. »Herrliches Auto, fantastisch«, schwärmte Gawriloff. Und der Autohändler: »Das können Sie sofort haben.« Gawriloff erinnert sich an den Preis von 2200 Mark. Er zögerte, das konnte er sich wohl nicht leisten. Aber das ließe sich doch finanzieren, bot der Händler eilfertig an und rechnete die Monatsraten vor. »Wir können sofort einen Vertrag machen.« Und schon lagen die Formulare auf dem Tisch. »Nein, nein«, widersprach sein Gast. »Ich habe im Moment überhaupt nichts zum Anzahlen bei mir.«

»Kein Problem!« Der Händler gab sich großzügig. »Wieviel Geld haben Sie denn dabei?« Es waren vielleicht zehn Mark. »Sehr schön. Die zahlen Sie jetzt an, dann läuft die Sache.« So kam es, dass Saschko Gawriloff für zehn Mark sein erstes Auto kaufte, danach fröhlich nach Hause kam und alles seiner Frau berichtete. Die war entsetzt: »Wie kannst du sowas machen?! Wir haben doch überhaupt kein Geld!«

Recht hatte sie. Nun mussten die Raten bezahlt werden, Saschko würde hart arbeiten müssen. Aber na ja, dafür waren sie schließlich in den Westen gezogen. Und was das Auto betraf: Es leistete, im Sinne der musikalischen Karriere wie für die Familie, gute Dienste.

Die neue Wohnung in Frankfurt war eine Verbesserung, aber nach der Geburt des zweiten Sohnes Matthias blieb es eng. Zweieinhalb Zimmer mit Küche, Bad und Balkon, eine schöne Wohnung, damit konnte die seit November 1953 vierköpfige Familie schon etwas komfortabler leben. Und der Geiger musste sich dann eben einfach, um arbeiten zu können, etwas einfallen lassen. »Ich hab zum Teil im Badezimmer geübt, da hatte ich die meiste Ruhe«, erzählt er. »Es sei denn, jemand ging oben auf Toilette. Über uns wohnte der Frankfurter Zoodirektor, Dr. Dr. Priemel, der wollte ja seine Ruhe haben. Ich spielte also unten das Bartók-Konzert, und wenn er oben ins Bad kam, passierte es schon mal, dass während der Übezeit von oben geklopft wurde: ›Ich bitte mir Ruhe aus!‹«

Das Ehepaar Renate und Saschko Gawriloff 2021 in Warnemünde.

Später bilanziert Gawriloff, dass diese Jahre zwischen 1953 und 1958 ziemlich hart waren. Im Nachhinein, da alles gut überstanden ist, bleibt aber die positive Bilanz, dass man da eine ganze Menge anderer Dinge gelernt hat: »Wie überlebe ich? Ja. Das lernte man da.«

Renate und Saschko Gawriloff lernten es gemeinsam. Auch künftig stand im Durchschnitt jedes dritte oder vierte Jahr ein Umzug an. Und was solche wesentlichen Lebensentscheidungen betraf, scheinen sie sich gut ergänzt zu haben. Für sie stand fest, dass seine künstlerische Karriere im Mittelpunkt stand. »Deshalb sagte er, wo es langgeht«, sagt sie. Er betont andererseits, dass in grundsätzlichen Fragen ihre Stimme den Ausschlag gab: etwa bei der Entscheidung gegen die DDR und für die Bundesrepublik 1953, oder später, als er zwischen zwei Professuren wählen konnte und sich gegen München und für Berlin entschied.

Vielleicht bestand das Glückliche dieser Ehe einfach darin, dass die beiden immer zusammengehalten haben, in schweren wie in guten Zeiten? »Natürlich«, sagt Gawriloff, und seine Frau bestätigt: »Ja. Ich musste nie überlegen, dass ich mich von diesem Mann trennen könnte. Und er hat nie gesagt, er wolle sich von mir trennen. Da hättest du aber einen schönen Schaden erlitten!« Saschko, auf dem Sofa sitzend, lacht gerührt und zeigt zum Aufnahmegerät: »Läuft das Ding noch?« Natürlich läuft es. Sollen wir das denn weglassen? »Nö. Das kannst du verarbeiten.«

1953–1966. Kühne Sprünge oder: Im Westen viel Neues

Von vorn beginnen in Frankfurt am Main

Um aus Ostberlin weg zu kommen, hatte Saschko Gawriloff zunächst eine Konzertagentur beauftragt, für ihn eine Stelle als Konzertmeister in Westdeutschland zu finden. Ohne Erfolg, im Westen sei im Moment alles dicht, hieß es. Höchstens in Bielefeld gebe es eine Stelle. Egal, dachte er, erst mal Fuß fassen, dann sieht man weiter. Er schrieb dorthin und erhielt eine freundliche Absage: Man fühle sich sehr geehrt, dass er kommen wolle, glaube aber, Bielefeld wäre sicher nicht das Richtige für ihn. »Ich war enttäuscht und dachte, Mensch, wir kommen da gar nicht rüber«, erinnert er sich. Wahrscheinlich war diese Absage sein Glück. Wenig später erfuhr er, dass Georg Solti, der 1952 Generalmusikdirektor in Frankfurt am Main geworden war, dringend einen neuen Konzertmeister suchte.

1953 kam der Geiger, wie zuvor in Berlin und Dresden, erneut in eine vom Krieg stark zerstörte Stadt. Frankfurt war eine traditionelle Handelsmetropole Deutschlands und nun der wichtigste Finanzplatz der Bundesrepublik, Geburtsstadt Goethes, Bankenzentrum. Bei den Bombenangriffen des Zweiten Weltkriegs, besonders im März 1944, waren die mittelalterliche Altstadt und die Neustadt komplett zerstört worden, mehr als die Hälfte der vormals 177.000 Wohnungen, sämtliche Kulturdenkmäler sowie fast alle öffentlichen Gebäude, Schulen, Kirchen und Krankenhäuser waren betroffen. Der Wiederaufbau lief schon auf Hochtouren, würde aber noch lange dauern. Wie in anderen zerstörten Städten waltete in den Fünfzigerjahren ein Geist des Aufbruchs, eine pragmatische

Bereitschaft zu Improvisationen aller Art. Und Lebenslust blühte wieder. Ein paar Äppelwein-Kneipen gab es, in denen man, als Musiker nach der Aufführung oder einfach mal mit Gemahlin oder Freunden, ganz nett zechen konnte. »Zwei, drei Äppelwein dazu Schweinsrippchen mit Sauerkraut – das war fabelhaft«, erinnert sich Saschko Gawriloff genießerisch.

Das große Opernhaus war zerstört, die Frankfurter Oper spielte im Schauspielhaus. Das städtische Orchester, als dessen Erster Konzertmeister er nun wirken wollte, hieß Opern- und Museumsorchester, weil seit 1808 die Frankfurter Museumsgesellschaft Konzerte veranstaltete. Unmittelbar neben dem Schauspielhaus gab es eine Baracke, in der ein Christlicher Verein Junger Männer sein Domizil hatte. Dort absolvierte Gawriloff, nun 23-jährig, sein Probespiel. Mit dem schon gewohnten Ergebnis: Er wurde engagiert. Interessante Leute waren da beim Probespiel, erinnert er sich, knapp zwanzig Bewerber. Darunter aus Ungarn und der Schweiz, wo Georg Solti, der gebürtige Ungar, der 1938 zunächst nach England emigriert war, bis zum Ende des Zweiten Weltkriegs gelebt hatte.

Nach dem Vorspiel kam Solti zu Gawriloff und sagte: »Gut, junger Mann, wir würden uns freuen, wenn Sie die Stelle annehmen. Sie erhalten 25.000 Mark im Jahr.« – »Das war für mich damals wahnsinnig viel Geld«, erinnert er sich. »Ich sagte: ›Das ist toll, aber ich muss das noch mit meiner Frau besprechen.‹ Was natürlich im Saal ein Riesengelächter auslöste«, setzt Gawriloff seine Erzählung fröhlich fort. »Die dachten wohl: Was ist denn das für ein Jungchen?« Neben dem ansprechenden Gehalt – nach Abzügen blieben der Familie immerhin ein Anfangsgehalt von 1400 Mark monatlich – stellte die Stadt eine Wohnung für die freundliche Monatsmiete von 127 Mark zur Verfügung. Das neue Leben im Westen konnte beginnen.

Solti brauchte den talentierten Geiger. »Der Rosenkavalier« von Richard Strauss stand auf dem Plan, dafür waren besondere solistische Fähigkeiten des ersten Konzertmeisters unverzichtbar. Und Gawriloff lernte die Härten der Arbeit in einem Opernorchester kennen. Zum ersten Mal überhaupt spielte er jetzt Opern. »Meistersinger: fünf Stunden«, sagt er lakonisch. Und dann die Geschichte mit der Strauss-Oper (viereinhalb Stunden). »Das lief ungefähr folgendermaßen: ›Na, Kollegen, was haben wir denn morgen Abend?‹ – ›Rosenkavalier.‹ – ›Und ist da was Besonderes zu beachten?‹ – ›Ach nööö‹«, berichtet er von einem Pausenplausch im Orchestergraben. »Aber dann fing das an, und plötzlich dreht sich Solti zu mir um … alles allein, eine ganze Seite Solo. Das war anstrengend. Ich musste es vom Blatt runterspielen, hatte mich ja nicht vorbereitet. Solti wollte natürlich sehen: Wie macht der das? Und die Kollegen, die freuten sich: Den haben wir schön reingelegt. Doch ich hatte Glück, ich war ja immer auf der Glücksseite. Alles klappte gut.«

Aber war nicht trotzdem hin und wieder gründlichere Vorbereitung nötig? »Kaum. Ich hatte selten ein Problem, denn nach der Erfahrung mit dem ›Rosenkavalier‹ schaute ich mir das künftig genauer an vorher und war nicht mehr zu überraschen. Aha …!, dachte ich dann etwa, und: Naja, das kriegen wir hin, eine halbe Seite allein, das geht schon. Es ging immer gut, ich konnte sehr gut vom Blatt spielen. Das hatte ich in Dresden und beim Berliner Rundfunk gelernt.«

Das Orchester spielte überwiegend Opern, dazu ein Sinfoniekonzert im Monat. Bei einigen trat Gawriloff als Solist auf: Violinkonzerte von Mozart, Mendelssohn, auch Alban Berg spielte er später dort. »Einmal machten wir die ›Missa Solemnis‹, das war so fantastisch, dass die ›FAZ‹ schwärmte, ein Engel schwebe vom Himmel herab. Es ist ja auch ein unglaubliches Solo, nicht?!« Neben Konzerten mit Solti spielte er mit gastierenden Orchestern in Frankfurt als Solist, etwa mit den Dresdner Philharmonikern unter Bongartz die Konzerte von Alexander Glasunow oder Tschaikowski.

*

Rasch fand der neue Geiger unter Musikerkollegen in der Gegend um Frankfurt Anerkennung, bald suchten Kollegen Kontakt zu ihm, um kammermusikalische Projekte in Angriff zu nehmen. Sehr direkt und persönlich wurde das eingefädelt, zuweilen ungewöhnlich. Er erinnert sich, wie seine Frau Renate einmal beim Blick aus dem Küchenfenster im dritten Stock ganz unruhig wurde. »Guck dir mal diese beiden Typen da unten an. Die schauen immer zu uns hoch.« Unten, auf der gegenüberliegenden Straßenseite, standen zwei Männer, einer größer, der andere kleiner, schauten längere Zeit herauf und besprachen irgendwas. Das Ehepaar begann, sich Sorgen zu machen: Waren das Leute aus dem Osten? Gar die Stasi? Wollten die Saschko ergreifen und zurückholen? Immerhin waren sie doch aus der DDR geflohen. Ein paar Minuten später löste sich alles auf, es klingelte an der Wohnungstür. Die Besucher stellten sich als der Kölner Pianist Karl Delseit und der Frankfurter Cellist Robert Nettekoven vor. Ob er, der neue Konzertmeister, nicht Lust habe, gemeinsam mit ihnen Klaviertrios zu spielen.

Delseit, schon vor dem Krieg ein bekannter Pianist, habe viele Verbindungen in Köln gehabt, erzählt Gawriloff, zumal seine Frau Konzertagentin war. Daraus ergab sich manches interessante Projekt. Sogar gleich mal eins in Wien. Von Frankfurt nach Wien, das wurde damals zur abenteuerlichen Fahrt im neuen Auto des jungen Geigers, »in diesem buckligen Ford«. Alle drei in diesem Auto, das Cello hinten drin.

Autobahnen gab es noch nicht viele, spätestens ab Salzburg – oder sogar schon ab München? – nur noch Landstraße. »Ich war der einzige, der einen Führerschein hatte, und war ziemlich ängstlich wegen der langen Fahrt. Das Ding hatte irgendwas mit dem Vergaser und blieb zwischendurch mal stehen. Deshalb fuhr ich meistens nur um die 60 Stundenkilometer. Wir kamen dann sechs Uhr dreißig im Hotel an, acht Uhr dreißig sollte das Konzert beginnen.« Aber alles klappte gut. Beethovens großes Es-Dur-Trio und Brahms' C-Dur standen auf dem Plan, und er erinnerte sich noch viel später, dass es ein sehr gutes Konzert war. »Die Leute waren begeistert, die Kritiken fantastisch, drei Musiker – Ein Herz und eine Seele, das war der Tenor. Und ich hatte vorher noch gedacht: Na Mensch, wenn wir da mal heil wieder raus kommen.«

In dieser Besetzung wollten sie nun mehr machen. Um die 20 Konzerte spielten sie pro Saison, darunter Beethovens Tripelkonzert mit dem Züricher Kammerorchester, auch in Baden-Baden. »Wir hatten uns den Namen ›Trio International‹ gegeben. Das mag heute ein bisschen lächerlich klingen, aber damals in den Fünfzigerjahren war das was Besonderes.« Nachdem er früher in der DDR beim Berliner Rundfunk vertraglich Kammermusikaufnahmen gespielt hatte, wurde das »Trio International« jetzt sein erstes eigenes Kammermusikprojekt im Westen. Viele weitere sollten folgen.

Ebenfalls in Frankfurt lernte Gawriloff den Pianisten Otto A. Graef (1901–1975) kennen. Mit ihm als Klavierbegleiter spielte er bald pro Saison regelmäßig Konzertabende in der Umgebung von Frankfurt. »Das war natürlich als Schulung unverzichtbar«, meint der Geiger rückblickend. Musikalische Bühnenerfahrung zu sammeln war eine gute Sache, und sein Aktionsradius weitete sich allmählich aus.

»Trio International« hieß Saschko Gawriloffs erstes eigenes Kammermusikprojekt in Westdeutschland, hier mit dem Cellisten Robert Nettekoven (r.) und dem Pianisten Hiroshi Kajiwara (sitzend).

Soloträume: Kein Pass, wenig Geld, viel Risiko

Einige Zeit lief das ganz gut, aber die Solistenlaufbahn, die Saschko Gawriloff anstreben wollte, war es noch nicht. Im Jahr 1955 jedoch schien eine echte Solo-Karriere in greifbare Nähe gerückt. Eine Mailänder Agentur stellte ihm eine Tournee durch Italien zusammen. Man plante sie mit großen Erwartungen – und musste bei ihrem Scheitern begreifen, dass noch manches andere über das Metier gelernt werden musste. Vor allem darüber, was für ganz praktische Voraussetzung der junge Musiker noch nicht erfüllte, aber unbedingt erfüllen musste.

»Es waren, glaub ich, sechzehn oder achtzehn Konzerte geplant, angefangen in Mailand über Genua und Rom bis nach Sizilien, und dann wieder gen Norden.« Eine Rundreise sollte es werden; da Flüge zu jener Zeit noch sehr teuer waren, hatte er ein günstiges Rundfahrt-Ticket für die Bahn erworben.

Und Visa wurden gebraucht. Sogar zwei, denn wegen der geplanten Zugreise war vor dem Italien-Visum noch eines für die Schweiz erforderlich. Der Künstler wandte sich an die Schweizer Botschaft. Als er dort erläutert hatte, er wolle eine Konzert-Tournee durch Italien unternehmen, hieß es, der Herr Botschafter würde ihn gern persönlich kennenlernen. »Der Botschafter war ein sehr netter Mann«, erzählt der Musiker. »Der hatte früher Geige gespielt. Plötzlich fragte er mich unvermittelt: ›Sagen Sie mal, wie viel Kilo haben Sie denn mit der rechten Hand gestemmt?‹ Ich war verdutzt und fragte mich, was er denn bloß meinen könnte.«

Er erfuhr, dass der Geigenlehrer des Botschafters seinem Schüler ein Gewicht mit einer Schnur an den rechten Arm gehängt hatte, mit dem der dann den Bogen zu bewegen hatte. Er habe immer ein bis anderthalb Kilo Gewicht am

Arm hängen gehabt und dann gespielt. »Was denn?!«, fragte ihn sein Gast entgeistert. »Das ist ja fürchterlich.« Aber der Botschafter habe darauf bestanden: »Doch doch, das war eine tolle Sache!« Der sei völlig überzeugt gewesen von dieser Art zu üben, staunte Gawriloff. »Wahrscheinlich hat er davon einen ganz besonders kräftigen Strich gekriegt.«

Nun erklärte der junge Virtuose dem Botschafter, dass diese Zeiten sicher ein für alle Mal vorbei seien und heute niemand mehr auf so schwer-wiegende Art üben muss. Dann erhielt er sein Visum für die Schweiz – und dazu einen Rat: Er wisse doch, dass er staatenlos sei, weshalb es mit dem Italien-Visum schwierig werden könnte. Am besten, er würde einen Tag vor der Einreise nach Italien im Südschweizer Städtchen Chiasso aussteigen und sich dort im italienischen Generalkonsulat das Visum erteilen lassen.

Ob das ein guter Rat war, ist fraglich. Der nun Fünfundzwanzigjährige war sorglos genug, ihn zu befolgen, ohne sich vorher weiter um die Frage der Staatszugehörigkeit zu kümmern. Er begann seine Konzertreise im Nachtzug nach Chiasso und meldete sich morgens dort im Konsulat. »Ich hab denen gesagt, dass ich ein italienisches Reisevisum benötige. Da sagte der Beamte: ›Als Tourist können Sie vierzehn Tage bleiben.‹ – Ich war, nun ja, entrüstet: ›Nein, nicht als Tourist. Ich fahre als Musiker und habe da Konzerte.‹ – ›Aber nein‹, sagte der Beamte. ›Dafür erhalten Sie kein Visum. Wenn Sie als Staatenloser nach Italien einreisen um zu arbeiten, dann benötigen Sie eine Arbeitsgenehmigung.‹ Ich hab sofort von dort aus meine Kontaktperson in Mailand angerufen, Frau Finzi. Sie hat dann herumtelefoniert wegen eines Arbeitsvisums. Aber das ging nicht so schnell. Die geplanten Konzerte fielen aus, und ich fuhr unverrichteter Dinge und ohne einen Pfennig Honorar zurück nach Frankfurt.«

Staatenlosigkeit, das war bis dahin kein Problem für Gawriloff. Er war zwar in Leipzig geboren worden, demnach im Prinzip Deutscher, aber als er 1941, elf Jahre alt, mit seinen Eltern aus Bulgarien nach Deutschland zurückkehrte, war er als Minderjähriger im Pass des bulgarischen Vaters vermerkt. Daher galt er nach dem Krieg als Staatenloser mit dem entsprechenden Eintrag in seinem Ausweis. Er war weder DDR-Bürger noch Bulgare, offenbar deshalb hatten sich damals beide Seiten um ihn bemüht und ihn gefördert. Und beim Umzug nach Frankfurt am Main war er nicht automatisch Bundesbürger geworden.

Das musste nun schnellstens geklärt werden: Er ließ sich einbürgern, Ende 1955. Solti half, rief den Frankfurter Kulturdezernenten an, Karl vom Rath. Der wollte das Problem schnell lösen und lud Gawriloff sofort ins Rathaus. »Zuerst hatte ich 500 Mark zu bezahlen. Dann musste ich auf das Grundgesetz der Bundesrepublik schwören, die Gesetze einzuhalten, niemandem zu schaden, sondern dem Wohle zu dienen und so weiter.« Erst jetzt war der Musiker mit dem bulgarischen Namen, obwohl er in Deutschland geboren war, eine deutsche Mutter hatte und früher mal Siegfried genannt worden war, durch Aufnahme-Gebühr und Gesetzes-Schwur ein staatlich vereidigter Deutscher geworden, irgendwie viel amtlicher »deutsch« als die meisten seiner Landsleute. »Und ich bekam endlich den benötigten Pass, auch meine Frau und die beiden Söhne wurden Bundesbürger.«

*

Nun, mit einem richtigen Pass, fühlte er sich gewappnet, den lange gehegten Wunsch zu realisieren. 1957 verließ der Geiger das Frankfurter Orchester, mit dem Ziel, künftig ausschließlich solistisch tätig zu werden. Ein äußerst kühner Entschluss, wie sich bald zeigen sollte. Solti hatte ihn davor gewarnt: »Bist du verrückt?! Das kannst du nicht machen.«

Nein, verrückt war er nicht, aber fest entschlossen und voller Zuversicht, dass ihm schon alles gelingen werde. Wie gesagt: Immer auf der Seite des Glücks. Sogar Soltis Frau rief zu Hause bei Familie Gawriloff an und versuchte, ihn über dessen Frau umzustimmen. »Das kann er nicht machen!«, redete sie Renate ins Gewissen. »Ihr seid doch eine Familie, müsst zwei Kinder ernähren! Wovon wollt ihr denn leben?! Der verdient doch dann nichts!« Worauf der Musiker im Brustton der Überzeugung eines selbstgewissen 27-Jährigen erwiderte: »Oh, wartet mal ab! Ich werde viele Konzerte haben.«

Immerhin hatte er die Zeit im Frankfurter Orchester gut genutzt. Ein erster Solistenflyer, wohl 1958 entstanden und seine bisherigen solistischen Auftritte hervorhebend, präsentiert den Musiker in Konzertkritiken aus Ost- und Westdeutschland als »großen Virtuosen«, »bulgarisches Geigergenie, das den Schlüssel zu den internationalen Konzertsälen in seinen virtuosen Musikerhänden hat«. Oder schlicht als »Geiger von Weltklasse«. Derselbe Flyer enthält eine Repertoire-Liste, für welche Violinkonzerte dieser Solist verpflichtet werden konnte: J. S. Bach E-Dur, Viotti a-Moll op. 22, Mozart D-Dur, Beethoven D-Dur, Brahms D-Dur, Mendelssohn-Bartholdy e-Moll, Dvořák a-Moll, Tschaikowski D-Dur, Paganini D-Dur, Bartók, Heinz Röttger E-Dur, Rakow e-Moll.

Ein Blick auf die Konzertkritiken jener Zeit legt nahe, dass Gawriloff sich durchaus zu Recht optimistisch und entschlossen fühlte. Die »Kölnische Rundschau« hatte im März 1958 über ein Konzert des jungen Solisten befunden: »Paganini

Grafik für einen Solistenflyer ca. 1958.

selbst hätte seine Capricci kaum virtuoser und blutvoller spielen können als dieses Geigergenie, das den Schlüssel zu den internationalen Konzertsälen in seinen virtuosen Musikerhänden hat.« Und als er im Oktober und November 1958 mit dem Pianisten Erich Appel, einem ehemaligen Mitschüler aus dem Musischen Gymnasium Leipzig, unterwegs war, begeisterten die beiden Musiker in Frankfurt und Nürnberg mit Violinsonaten von Maurice Ravel, Ludwig van Beethoven (c-Moll, op. 30) und Béla Bartók das Publikum und die Kritiker. Von »allen Hexenkünsten neuer Virtuosität« ist da die Rede, die beide Künstler »scheinbar unbeschwert meisterten«. Und dem Geiger wird bescheinigt, dass er »eine Neigung zu virtuosem Vortrag« habe, »jedoch auch den Ansprüchen des Ausdrucks und der Form nichts schuldig« geblieben sei.

Doch zu diesem Zeitpunkt sind Gawriloffs existenzielle Probleme schon wieder gelöst: Er hat als Dozent eine Violinklasse an der Musikakademie Nürnberg übernommen. Nicht besonders gut bezahlt, sagt er, aber ein sicheres Einkommen. Der Versuch, sofort Solist zu werden, hatte sich als viel schwieriger erwiesen als erwartet, das wirtschaftliche Risiko war sehr hoch, letztlich zu hoch. Noch. Zwar waren die Konzerte mit dem Pianisten Otto A. Graef bis 1957 eine gute Vorbereitung gewesen, aber die eher bescheidenen Abendgagen konnten für den Unterhalt der Familie nicht reichen.

Die Versuche, sofort größere unabhängige Solopfade zu beschreiten, endeten im finanziellen Desaster. »Ich musste ja damals viele meiner Konzerte selbst finanzieren. Inzwischen ist sowas kaum noch üblich: Heute finden die jungen Leute, die solistisch etwas sagen wollen, viele Institutionen, von denen sie gefördert werden.« Damals dagegen musste man selbst unternehmerisch aktiv werden. Gawriloff hatte deshalb eine Konzertdirektion (Kempff, München) beauftragt, 1957/58 für ihn Konzerte zu arrangieren, mit denen er sich einem breiteren Publikum bekanntmachen wollte:

In München, Wien, Frankfurt, Hamburg, Paris trat er auf. »Aber das alles kostete sehr viel Geld«, erzählt er. »Ich hab es trotzdem gemacht, mich in Schulden gestürzt. Auch, um Presse zu bekommen.«

Ein Konzert kostete ihn etwa 3000 Mark. »Die musste ich vorher auf den Tisch legen.« Davon wurden Plakate und Eintrittskarten gedruckt, die Saalmiete, der Klavierstimmer bezahlt. Reisekosten und Übernachtung mussten finanziert werden. »Das war ein teures Unternehmen, was sich natürlich in unserer Haushaltskasse bemerkbar machte.« Auf der Einnahmenseite war das Ganze dann sehr ernüchternd: Abgerechnet wurde mit der Agentur, und nach Abzug aller Kosten blieb für den Künstler nichts übrig. »Nein, wirklich gar nichts! Ich zahlte immer drauf. Für jedes Konzert musste ich 1800 bis 2000 Mark zuzahlen. Das hat sich dann summiert, wenn man bedenkt, dass ich beim Orchester monatlich damals 1500 Mark verdient hatte.«

Er hatte seinen Schritt trotz deutlicher Warnungen vor den bekannten wirtschaftlichen Risiken gewagt. Weil es üblich gewesen und der einzig mögliche Weg gewesen sei, sich solistisch durchzusetzen. Der später berühmte Tenor Fritz Wunderlich, damals im Engagement an der Frankfurter Oper, habe seine Liederabende ebenfalls selbst finanziert, um Fuß zu fassen. Später nennt Gawriloff das Jahr zwischen dem Abschied vom Frankfurter Orchester und der Dozentenstelle in Nürnberg seine »Saure-Gurken-Zeit«. »In dieser Phase war ich froh über jedes Konzert mit Pianist, um 150 Mark, manchmal 200, ganz selten 300 Mark einzunehmen. Wir lebten von der Hand in den Mund. Wenn es ein Konzert gab, spielte ich, ansonsten hatten wir Probleme.« Ein paar Einnahmen hatte er noch von privatem Geigenunterricht, aber oft sei es brenzlich gewesen. Und wenn die

Sommerpause begann, damals gab es noch nicht die vielen Sommer-Musikfestivals wie heute, dann sah es leer aus in der Haushaltskasse.

»Zu unserem großen Glück half uns eine Familie aus Frankfurt«, berichtet Gawriloff. »Der Mann war Unternehmer, ein Glas-Fabrikant Hahn, die Frau eine Bulgarin. Eine ihrer beiden Töchter erhielt bei mir privat Geigenunterricht. Die Eltern waren Millionäre, und sehr nette Leute. Wenn ich mal nicht richtig die Kurve kriegte, konnte ich bei ihnen anrufen, und sie unterstützten uns. Und dann kam ja immer mal wieder ein Konzert.«

Als diese Saure-Gurken-Zeit überstanden war, verzichteten seine Wohltäter sogar auf die Rückzahlung der Schulden. »Aber bitte, mach nicht noch einmal so eine Dummheit«, empfahlen sie ihm freundschaftlich. Aus späterer Sicht darf man vielleicht dennoch einschätzen, dass der Musiker damals zwar Überlebens-Glück benötigte, dass sich aber das eingegangene Risiko auch gelohnt hat: als erster kleiner Durchbruch und als Vorbereitung seiner späteren Erfolge.

Notlandung und Neustart in Nürnberg

In Nürnberg gibt es erst seit 2008 eine Hochschule für Musik. Sie wurde als Zusammenschluss des Meistersinger-Konservatoriums der Stadt mit einer Doppelhochschule Nürnberg-Augsburg gegründet. Letztere wiederum entstand in einem langen Prozess vieler Veränderungen, in dem die Region, ebenso wie anderswo in Deutschland, nach dem Krieg neben dem Wiederaufbau und geistigen Neubeginn nach einer angemessenen Struktur für exzellente musikalische Ausbildung suchte.

Ende der Fünfzigerjahre, als Saschko Gawriloff in Nürnberg begann, nannte sich das damalige Konservatorium, eine der Vorgängereinrichtungen der heutigen Hochschule, noch Musikakademie und bot dem Geiger eine »Studienprofessur« an, vergleichbar mit einer Stelle als Gymnasiallehrer. Der Pianist Otto A. Graef, mit dem Gawriloff damals viel konzertierend unterwegs war, hatte dort seit 1949 einen Lehrauftrag, später eine Professur. Er, selbst ein angesehener Musiker, hatte seinen Duo-Partner aufs Wärmste empfohlen.

»Nürnberg? Mein Gott, hab ich gedacht. Aber trotzdem: bevor wir verhungern.« Die Familie brach auf in die mittelfränkische Stadt im bayerischen Norden. »Und diese Jahre dort, von 1958 bis 1961, wurden eine der schönsten Phasen, die ich erlebt habe.« 1958 bezog die Familie ihr neues Domizil, »eine sehr schöne Mietwohnung«. Nur das Heizen war etwas umständlich, zwei- bis dreimal, an besonders kalten Tagen noch öfter, musste ein Kanister Öl aus dem Keller in den dritten Stock geschleppt werden, um den Ofen zu heizen. Und wenn man hinten aus dem Fenster schaute, blickte man direkt in eine Ruine hinein: ein Bombentreffer aus dem Zweiten Weltkrieg. Aber jener existenzielle Druck des riskanten Solistenlebens, verstärkt noch um die ebenfalls drückende familiäre Verantwortung, war nun weg. Darüber hinaus wurde diese Phase der Konsolidierung und Neuorientierung eine anregende Zeit.

Gawriloff beschreibt das damalige Nürnberg, die zweitgrößte Stadt Bayerns mit heute über 500.000 Einwohnern, als gemütlichen Ort: mit bayerischem Bier, Bratwürschtl und Sauerkraut – Und mit einem regen Kultur- und Musikleben. »Es gab dort eine sehr gute Oper. Dazu noch ein zweites Sinfonieorchester, die Nürnberger Sinfoniker. Man spielte sehr gute Kammerkonzerte. Jedenfalls war da was los in Nürnberg.«

Unter all den Anregungen gab es eine, die Gawriloffs musikalische Interessen in neue Richtungen lenken sollte. »Ich lernte in Nürnberg einen jungen Mann kennen, Werner Heider. Ein junger Komponist, der hat mich ein bisschen in die Neue Musik geschubst.« Zunächst einmal dadurch, dass Heider für den Geiger ein paar Stücke komponierte, die dieser dann aufführte. »Er hatte, würde man heute vielleicht sagen, eine Hyperaktivität, was das Komponieren angeht.« Später dann, 1967, hat er Heiders Violinkonzert in Mannheim uraufgeführt. Ein sehr lebendiges Stück sei das, technisch schwierig zu realisieren, aber gut, meint er. »Da war ich in Nürnberg, womit ich dort gar nicht gerechnet hatte, ins Fahrwasser der Neuen Musik geraten.«

Für den angestellten Geigenlehrer gab es viel zu tun: »Ich hatte dort 21 Studenten, darunter manche weniger begabte.« Neben seinen umfangreichen Lehrverpflichtungen fand der Musiker Anschluss an die Musikszene, spielte wieder viel als Solist und war mit den Nürnberger Sinfonikern im ganzen fränkischen Ober- und Unterland unterwegs. »Die zusätzlichen Konzerte machten sich finanziell deutlich bemerkbar und boten mir die Chance, vieles auf dem Podium auszuprobieren. Das war sehr viel wert.«

Durchbruch in Genua: Paganini-Preis 1959

Die Nürnberger Jahre sollten wieder eine Zeit des Aufbruchs werden. Die zurückgewonnene finanzielle Sicherheit und das kulturelle Klima ermutigten den Musiker, seine solistischen Ziele erneut in den Blick zu nehmen. Diesmal unterstützte ihn ein anderer Geiger mit seinem außerordentlichen Ruhm, postum: Niccolò Paganini. Gawriloff bewarb sich für das Jahr 1959 um die Teilnahme am internationalen Wettbewerb »Premio Paganini«, auch »Paganini Concore« genannt, und wurde eingeladen. Werke des berühmtesten aller Geiger hatte er schon oft gespielt und fühlte sich daher ganz gut vorbereitet. Allein das geforderte Paganini-Konzert hatte er um die 20 Mal gespielt, in seinen Konzerten mit dem Pianisten Otto A. Graef. »Das war für mich die beste Übung.«

Dieser Wettbewerb damals habe ein »Riesenprogramm« gefordert, sagt er. »Später – ich war ja dann ein paar Mal dort in der Jury – später wurde es einfacher.« Aber damals fand er es sehr hart: Zwölf Stücke waren zu spielen, darunter fünf Paganini-Capricen, das Paganini-Konzert Nr. 1, ein weiteres Stück von Paganini, eine Bachsonate, eine klassische Sonate, ein anderes Konzert mit Klavier (»In dem Fall machte ich, glaube ich, das Brahms-Konzert«).

Der Wettbewerb im Herbst, der bis 2002 jährlich (danach im Zwei-Jahres-Rhythmus) in Genua ausgetragen wurde, zog sich eine ganze Woche lang im Teatro Carlo Felice hin: Vorrunde, Halbfinale, dann das Finale mit Orchester. Im Lauf der Woche schied ein anderer deutscher Geiger aus – Johannes Brüning landete auf Platz sechs. Gawriloff erreichte das Finale und errang den zweiten Preis.

Eigentlich hätte er sogar gewinnen können, musste aber den Sieg des US-Amerikaners Stuart Canin akzeptieren. Es war die eigene Unaufmerksamkeit, die Gawriloff den Sieg kostete: Er hatte die Bedingungen fürs Finale nicht genau genug beachtet. »Als letztes Stück war das Paganini-Konzert gefordert, nur der erste Satz, mit der Sauret-Kadenz. Ich hatte das Konzert ja oft gespielt, nun dachte ich mir: Nur der erste Satz, das ist ja wunderbar. Allerdings, ich spielte ihn mit der Wilhelmj-Kadenz, die ich immer verwendet hatte. Die Sauret-Kadenz hatte ich nicht vorbereitet.«

Saschko Gawriloff wurde 1959 erster deutscher Preisträger beim internationalen Paganini-Wettbewerb in Genua, hier neben der Geige Paganinis.

Die falsche Kadenz – »nur« der zweite Preis. Sein Final-Rivale Stuart Canin hatte die geforderte Kadenz drauf und gewann. Dennoch war es eine großartige Leistung für den 29-jährigen Geiger aus Nürnberg, der 1959 als erster Deutscher überhaupt in der Geschichte des Paganini-Wettbewerbs einen Preis erspielen konnte. Die ostdeutsche Tageszeitung »Neues Deutschland«, das Zentralorgan der SED, meldete am 14. Oktober 1959 sogar ganz im Ernst und völlig an der Tatsache vorbei, dass der Preisträger seit ein paar Jahren Bundesbürger war: »DDR-Geiger errang 2. Preis«. Erst Jahrzehnte später erreichte jemand aus Deutschland beim Internationalen Paganini-Wettbewerb mehr: 1993 gewann Isabelle Faust in Genua den ersten Preis.

Das durch den zweiten Rang etwas reduzierte Preisgeld war immer noch üppig genug, Gawriloff kaufte sich sogleich ein neues Auto, einen Renault Dauphin. »Ein schickes Ding«, schwelgt der Autoliebhaber noch Jahre später in Erinnerungen. »Weiß, mit roten Sitzen, toll. Ich kam mir da vor wie der Allergrößte.«

*

Der neue Ruhm eines Paganini-Preisträgers verschaffte seiner musikalischer Laufbahn starken Auftrieb. Gleich 1960 beglückwünschte ihn seine Stadt Nürnberg mit der Verleihung ihres Kulturpreises. Und aus Italien flatterte umgehend ein tolles Angebot herein. Aus Mailand. Dort hatte er nun plötzlich zwei Agenturen: neben der Konzertagentur Finzi den umtriebigen Professor Luigi La Pegna.

Gawriloff hatte La Pegna ebenfalls durch die Vermittlung des Pianisten Otto A. Graef kennengelernt, der häufig mit italienischen Musikern gespielt hatte. Nach dem Paganini-Preis schickte La Pegna eines Tages ein »dickes Paket mit Verträgen. Für ganz Italien, sechzehn oder achtzehn Konzerte. Erste Station: Venedig.« In den nächsten Jahren organisierte der rührige Manager mehrere solcher Konzertreisen durch Italien, jeweils in der Zeit September / Oktober. Fünf, sechs Jahre ging das. »Wir tourten jedes Jahr durch Italien, manchmal drei Wochen, meist zehn bis fünfzehn Konzerte, von Mailand bis runter nach Sizilien und wieder hinauf. Das war eine schöne Zeit, ich habe gut verdient, die Presse war hervorragend. Es waren wichtige Orte, Genua, Rom, Mailand oder Turin. Das alles half mir dann wieder zu Hause, ich konnte in Deutschland mehr machen. Die Karriere kam ein bisschen in Schwung.«

Bald sollte der neue Paganini-Schwung noch weiter ausgreifen. Aus der Stadt Frankfurt, die der Musiker gerade erst verlassen hatte, meldeten sich die Deutschen Bachsolisten mit einem Angebot. Helmut Winschermann, der frühere

Solo-Oboist des Hessischen Rundfunksinfonieorchesters und spätere Professor für Oboe an der Musikakademie Detmold, gründete das Ensemble 1960. Gawriloff stieg sofort ein und ging, wohl seit 1961, mehrmals mit den Bachsolisten auf Tourneen, darunter ausgedehnte Reisen nach Asien. »Das dauerte jeweils über einen Monat, fast dreißig Konzerte«, berichtet er. Das erste Konzert war zum Beispiel in Rom, weiter ging es nach Ägypten, Libyen, Israel. Dann folgten Pakistan, Indien, Korea, Japan. »In diesem Orchester waren sehr gute Musiker, eine hervorragende Truppe. Es waren sehr gute Konzerte. Und dort konnte ich natürlich all meine Bach-Konzerte und anderen Bach-Stücke spielen.«

Zu den wichtigen Leuten für die Gründung der Deutschen Bachsolisten gehörte, was die Finanzierung betraf, der Unternehmer Hans Zumsteg. Er hatte 1947 in Ulm eine der führenden deutschen Holzgroßhandlungen mitgegründet[37]. Als Kulturmäzen unterstützte er die Bachtage in Ulm und gehörte 1961 – neben Bankern wie Hermann Joseph Abs, damals Vorstandssprecher der Deutschen Bank, und Künstlern wie Winschermann – zu den Initiatoren und Gründungsmitgliedern der Reihe Frankfurter Bachkonzerte, in deren hochkarätigen Programmen die Bachsolisten sozusagen als Hausorchester auftraten.

Bei deren Asien-Tourneen reiste Zumsteg offenbar gern mit, erinnert sich Gawriloff. Und muss lachen, weil ihm hierzu eine Anekdote einfällt. Zumsteg, der Sponsor und Musikliebhaber, konnte selbst ein wenig Geige spielen. Auf einer der Reisen überkam ihn der dringende Wunsch, im Orchester mitzuwirken. Zumal in jenem Konzert mit Bachkantaten die international bekannte Sopranistin Ursula Buckel auftreten sollte. Allerdings wurden auf den Tourneen nicht selten Aufnahmen für Hörfunk oder Fernsehen gemacht, auch in diesem Fall. Da sich der Sponsor nicht von seiner Spiel-Lust abbringen lassen wollte, setzten ihn die Musikerkollegen an ein Pult ganz hinten, um ihn zu verstecken, und instruierten ihn: Er möge bitte auf gar keinen Fall wirklich spielen, sondern mit seiner Geige nur so tun. Er war einverstanden, das Konzert verlief reibungslos.

Doch als die Musiker am nächsten Tag im Hotel die Aufnahme im Fernsehen sahen, erschraken sie doch, wie deutlich zu erkennen war, dass da einer der Geiger nicht auf den Seiten strich, sondern in sicherem Abstand über ihnen entlangwedelte. Zu ändern war das nun nicht mehr, die Beteiligten beruhigten sich schnell: War ja nur ein oder zwei Mal, dass die Kamera durchs hintere Pult geschwenkt war, die ganze Aufmerksamkeit lag natürlich, tröstete man sich, bei den Sängern und Stimmführern. Für Winschermann jedoch, der als Orchesterleiter die Verantwortung trug, blieb es entsetzlich, erzählt Gawriloff. »Er dirigierte es ja nicht, das hab ich vom Pult aus geleitet, nur immer dann, wenn ich mal als Solist spielte, dann hat er ein bisschen dirigiert.«

Dass solche Weltreisen den Horizont ungemein erweitern, sahen wir schon. Jedes Mal boten sie die Möglichkeit, Ungewöhnliches über andere Mentalitäten und Kulturen zu erfahren. Bei einer Reise der Bachsolisten ereignete sich am Flughafen von Kairo folgende makabere Anekdote. »Auf den Tourneen begleitete uns eine junge Frau vom Goethe-Institut, die unterwegs alles organisierte. Sie war schlank, hochgewachsen, sehr attraktiv. Wegen ihr wurde Winschermann im Flughafen von ein paar Ägyptern angesprochen. Einer bat, er wolle die blonde Frau kaufen, er würde ihm für sie ein paar Kamele geben.« Die Herren Musiker lachten darüber sehr ausgelassen, die 1960er Jahre waren eben doch ein völlig anderes Zeitalter, auch hinsichtlich des Niveaus interkultureller Begegnungen, was manches seltsame Auftreten Deutscher im Ausland einschloss.

Musikalisch waren die Erfolge der Bachsolisten wichtig, in Deutschland wie auf internationalem Parkett. Diesen Musikern gelang es zeitgenössischen Berichten zufolge schon damals, Barockmusik ohne die zuvor jahrzehntelang im deutschen Klassikbetrieb üblichen romantischen Färbungen aufzuführen, dafür mit einer ihren Ursprüngen gemäßeren unpathetischen Frische. Damals ging es noch nicht um jenes heute viel schärfer akzentuierte Spezialistentum, das Alte Musik zuweilen als eine fast außergewöhnlich besondere Musizierweise erscheinen lässt, zumindest wenn man die Marketingstrategien einiger Projekte zu wörtlich nimmt.

*

Neue Musik, Barockmusik, klassisch-romantische Sinfoniekonzerte: In der Zeit nach dem Paganini-Preis festigte Gawriloff seinen Stand als ein in vielen musikalischen Welten versierter Musiker. Zudem sammelte er Erfahrungen als Geigenlehrer. Kein Wunder, dass er bald Lust zu neuen Aufbrüchen spürte. Den praktischen Anstoß dazu gab überraschenderweise einer seiner Schüler in Nürnberg. Dieser Schüler, der selbst als Geiger bei den Ersten Violinen im Opernorchester saß und nebenbei etwas Unterricht im Konservatorium nahm, erzählte seinem Lehrer, dass Hans Schmidt-Isserstedt für sein NDR-Sinfonieorchester in Hamburg einen Konzertmeister suche. »Warum gehen Sie denn nicht dorthin?« – »Warum nicht?«, entgegnete Gawriloff. »Weil ich kein großes Interesse daran habe. Ich möchte nicht mehr ins Orchester.«

Dagegen war Ehefrau Renate angesichts dieser Gelegenheit geradezu elektrisiert: »Hamburg? Na, da gehen wir aber hin!« Und wies alle Einsprüche ihres Mannes zurück: »In Hamburg sind doch unsere Freunde aus dem Osten.« Viele, darunter die Hotelbesitzer Hübner aus Warnemünde, aus deren Familie einst Renates Patenonkel stammte, hatten sich nach der Flucht aus der DDR dort niedergelassen. »Und«, erzählt Saschko Gawriloff weiter, »sie hat dann so lange gebohrt, bis ich nachgab: Na gut, Hamburg ist ja wirklich nicht schlecht.«

Seine Begründung für die anfängliche Ablehnung, er wolle überhaupt nicht mehr in einem Orchester sein, stimmte ohnehin nicht ganz. Schließlich hatte er nicht vergessen, wie schnell ihn eine ausschließliche Entscheidung fürs Solistenleben in Schwierigkeiten bringen konnte. Man kann aber sagen: Er war nun, gestärkt durch den Paganini-Preis und die Folgen, viel wählerischer, was die Bedingungen für eine Stelle betraf. Kurz vor der Entscheidung für Hamburg hatte er sich, ebenfalls 1961, sogar nochmals auf eine Anfrage der Berliner Philharmoniker eingelassen. Deren Intendant Wolfgang Stresemann, übrigens der Sohn des Reichskanzlers Gustav Stresemann aus der Weimarer Republik, hatte ihn in einem Brief zur neuerlichen Zusammenarbeit eingeladen: Ob er denn nicht Lust habe, wieder mit den Philharmonikern zu spielen. Stresemann organisierte dann, dass Gawriloff als Solist mit den Philharmonikern das Tschaikowski-Konzert aufführte, mit einem amerikanischen Gastdirigenten. Danach erhielt er erneut Post aus Berlin: Herbert von Karajan würde sich freuen, wenn Gawriloff als Gastkonzertmeister käme. Diesem Vorschlag folgte er, spielte zwei oder drei Mal als Gast in Berlin. Darunter mit Karajan den »Zarathustra« von Strauss: »Mit diesem Riesen-Geigensolo, das ist ja fast wie ein Violinkonzert«, sagt er. »Es wurde ein tolles Konzert, und danach meinte der Orchestervorstand, sie würden sich freuen, wenn ich käme.«

Aber er lehnte dieses Angebot ab. Letztlich war es eine Frage der Stellung: Er wäre dort, wie die Gespräche ergaben, einer unter vier Ersten Konzertmeistern geworden, aber für Chefdirigent Karajan gab es nur einen der Vier, den Geiger Michel Schwalbé, den er als bevorzugten Haupt-Konzertmeister besetzte. »Der war ein hervorragender Geiger«, schätzt Gawriloff ein, »aber wenn Karajan dirigierte, verlangte der, dass alle anderen Konzertmeister mit am Pult sitzen, die anderen quasi unter Schwalbé. Und so wollte ich das nicht.«

Im Nachhinein betrachtet, war es vielleicht sogar ein Glücksumstand, dass es mit den Berliner Philharmonikern nichts wurde. »Ich fuhr nach Hamburg, bekam die Stelle. Finanziell war die überhaupt nicht zu vergleichen mit Berlin, ein Rundfunkorchester eben, wo ich damals mit über dreitausend Mark monatlich begann. Und es folgte mit dem Hamburger Orchester bald die große Amerika-Tournee.«

Bei der Besetzung der freien Konzertmeisterstelle in Berlin konnte er dann trotzdem behilflich sein. Unter den Bewerbern in Hamburg war nämlich der junge Geiger Thomas Brandis. Er hatte in Hamburg studiert, dort bereits als Konzertmeister im Hamburger Barockorchester und bei den Hamburger Symphonikern gewirkt. Die von ihm begehrte Stelle im NDR-Sinfonieorchester gewann Gawriloff. Der tröstete Brandis nach der Entscheidung mit einem Tip: »Mensch, Thomas, in Berlin bei den Philharmonikern ist eine Stelle frei. Fahr doch dorthin!« Brandis fuhr – und wurde Konzertmeister in Berlin.

Konzertmeister beim NDR 1961–1966

Hans Schmidt-Isserstedt wurde schon 1945 von der britischen Besatzungsmacht beauftragt, das Hamburger Rundfunk-Musikleben neu zu organisieren. Noch im selben Jahr gründete er jenes Sinfonieorchester, das er bis 1971 leiten und zum führenden deutschen Rundfunkorchester machen sollte. Zunächst wirkte es als NWDR Sinfonieorchester; nachdem 1956 der Nordwestdeutsche Rundfunk in den Norddeutschen und den Westdeutschen Rundfunk geteilt worden war, bestand es als NDR-Sinfonieorchester weiter, während das neun Jahre zuvor gegründete Kölner Rundfunk-Sinfonie-Orchester, noch bis 1990 unter seinem alten Namen, als WDR-Sinfonieorchester fungierte.

Anfang 1963 unternahmen die Hamburger als erstes deutsches Rundfunkorchester überhaupt eine USA-Tournee. Für die Konzertreise durch 24 Städte wurden die Musiker von der amerikanischen Presse gefeiert, unter anderem als »eines der jüngsten Sinfonieorchester der Welt und zugleich eines der besten: das NDR-Sinfonieorchester, ein Jüngling von 18 Lenzen«, wie der Boston Globe schwärmte. Als Saschko Gawriloff anderthalb Jahre zuvor, 1961, in Hamburg begonnen hatte, war das Orchester demnach noch nicht mal volljährig, aber dennoch bereits ein Spitzenensemble.

*

Erste Kontakte nach Hamburg hatte der Geiger schon viel früher gehabt, noch als Konzertmeister in Frankfurt. Dort lernte er David Josefowitz kennen, durch den er in Hamburg einige Plattenaufnahmen einspielen konnte. Josefowitz (1918–2015), promovierter Chemiker und versierter Geiger, produzierte klassische Schallplatten und vertrieb sie weltweit. Er hatte mit seinem ebenso musikbegeisterten Bruder Samuel Mulik Josefowitz (1921–2015), einem Ingenieur und Pianisten, 1946 seine eigene Plattenfirma, die »Concert Hall Society, Inc.« gegründet[38] (und diese dann 1956 zusammen mit weiteren Schallplattenklubs verkauft). Ihr Vertrieb war gesichert durch ein auf Mitgliedschaft beruhendes Abonnement-System und erreichte zur Zeit des Firmen-Verkaufs 600.000 Mitglieder weltweit.

Nach Frankfurt war Josefowitz gekommen, um eine Aufnahme für seine Plattenfirma zu überwachen. Dort fiel ihm der junge Konzertmeister auf, und in einer Pause sprach er ihn an: »Sie spielen sehr schön. Ich will jetzt eine Produktion mit Vivaldi machen: ›L'estro armonico‹. Hätten Sie nicht Lust, dabei zu sein? Ich würde sie gern mal genauer hören.« Natürlich hatte er Lust auf eine Produktion mit Vivaldis Zyklus aus zwölf kleinen Violinkonzerten. Er traf sich mit Josefowitz in einem Probenraum. »Dort hab ich ihm Tschaikowski vorgespielt, Brahms, Mendelssohn und was weiß ich.« Ganz nahe sei Josefowitz an ihn herangekommen, mit dem Ohr direkt am Steg der Geige lauschend, um Geräusche zu hören. »Dann meinte er, es gefalle ihm gut, es klinge wie bei dem bekannten Geiger Henryk Szeryng. Danach nahm ich vieles mit ihm auf, Vivaldi, ›L'estro armonico‹ und ›Vier Jahreszeiten‹, einiges von Bach.«

Aufgenommen wurde alles beim Hamburger Sinfonieorchester. Gawriloff lacht: »Josefowitz hat da sogar selber dirigiert. Er hatte ja vom Dirigieren keine Ahnung, aber das hat uns wenig gestört. Nur er selbst hat ein bisschen gestört, deshalb hätte man die erste Aufnahme normalerweise nicht verwenden können.« Josefowitz hatte, vielleicht in seiner Aufregung, auf dem Holzpodium mit dem Bein den Rhythmus gestampft. Beim Abhören der Aufnahme wurden die störenden Geräusche deutlich. Die Tontechniker versuchten, das Klopfen wegzudämpfen, aber eigentlich konnte man es nicht veröffentlichen. Die Platte sei trotzdem erschienen: »Eine schöne Aufnahme, aber eben mit Klopfgeräusch.«

*

Diese Aufnahmen mit Josefowitz hatten lange vor Gawriloffs erstem hoffnungsvollen und dann gescheiterten Start in die Solistenlaufbahn stattgefunden. Als er nun, 1961, mit 31 Jahren beim NDR-Sinfonieorchester in Hamburg als Konzertmeister antrat, war er erneut voller Zuversicht. Dieses Orchester würde ihm neue Möglichkeiten und Musikerbekanntschaften bieten, zudem den Zugang zur Hamburger Musikszene eröffnen. Ein gebührenfinanziertes Rundfunkorchester bot – jedenfalls damals – viele Gelegenheiten zu experimentieren. Die Verbindung von Sender und Konzerttätigkeit ermöglichte das ausgeprägte Suchen und Initiieren von Werken der Neuen Musik, die für den Konzertsaal und für besondere Radiosendungen aufgeführt wurden. Statt einer begrenzten Zahl von Konzertdramaturgen konnte ein Rundfunkorchester mit ganzen Musikabteilungen des Senders zusammenarbeiten.

Trotzdem blieb man, was die Moderne betrifft, in Hamburg erheblich vorsichtiger als beispielsweise in Köln. Gawriloff erfuhr das gleich zu Beginn, als Schmitt-Isserstedt mit ihm besprechen wollte, mit welchem Stück sich der neue Konzertmeister dem Hamburger Publikum erstmals als Solist präsentieren könnte. Einen Rat dafür hatte er kurz zuvor von Herbert Hübner erhalten. Hübner, der zwischen 1951 und 1969 als künstlerischer Leiter die NDR-Sendung »das neue werk« verantwortete, hatte den jungen Geiger gefragt: »Na, was werden Sie denn zu Ihrem Einstand spielen?« – »Ach«, antwortete der, »ich hab ja genug Repertoire.« – »Ja, aber«, gab Hübner zurück, »da müssen Sie doch was Zeitgenössisches machen. Hören Sie, das Schönberg-Konzert wäre eine tolle Sache. Machen Sie doch das!« Gawriloff war sofort einverstanden. Geradezu hellhörig wurde er, als der Name Schönberg fiel. Das klang wie eine tolle Chance. Wann bekam man schon mal die Gelegenheit, dieses Werk aufzuführen? »Ja, gut. Das mache ich. Warum nicht?«

Die Fortsetzung dieser Episode war jedoch ernüchternd. Als er nun auf Schmidt-Isserstedts entsprechende Frage, wie beschlossen, das Schönberg-Konzert vorschlug, machte der erst mal eine längere, bedeutungsvolle Pause. Um dann sehr freundlich zu erwidern: »Sag mal, du bist doch nicht verrückt. Willst du denn unter Ausschluss der Öffentlichkeit spielen? Nein, nein. Da machen wir was Richtiges.« Jedes Mal, wenn Gawriloff später diese Anekdote erzählt, muss er am Ende lachen: »Na, und dann hab ich eben Tschaikowski gespielt. Den Mitschnitt hab ich immer noch irgendwo.«

Die Tageszeitung »Die Welt« spendete diesem ersten Hamburger Solo-Auftritt in der Großen Musikhalle (Laeisz-Halle) mit Tschaikowskis Konzert uneingeschränktes Lob: »Nur ein Geiger von Rang darf es wagen [...] Gawriloff ist der Mann, es (dieses Violinkonzert – d.A.) zu meistern. Seine Griffbrettsprints absolviert er souverän, Sprünge, Akkorde – alles ›sitzt‹. Rechts die gleiche Sicherheit: von der Spitze bis zum Frosch ist der Bogen genau unter Kontrolle, tut, was verlangt wird. Der Klang: intensiv, voll Wärme und Ausstrahlung. Musikalität: Gawriloff gibt dem Stück, was es verlangt – den Schuss elementaren Musikantentums des Fiedlers, die Prise Pfeffer, die den Effekt verbürgt. Eine ohne Einschränkung überzeugende Leistung.«

Doch eine große Lücke blieb danach. Für immer. Tschaikowskis Konzert hat er in seinem Leben einige hundert Mal gespielt, aber eine Gelegenheit für das Schönberg-Konzert ergab sich nie wieder. Jedenfalls nicht öffentlich. Er hat an dem Werk oft gearbeitet, und als er später in Köln als Gastkonzertmeister des WDR-Orchesters wirkte, schien in den 1970er Jahren eine Aufführung in greifbarer Nähe. Einer Anfrage seines Agenten (Paulsen), ob er im folgenden Jahr Schönberg in Düsseldorf machen könnte, sagte der Solist sofort freudig zu. Eine schöne Aufgabe, dachte er damals und studierte das Werk nochmals intensiv. Doch ein paar Monate später kam ein weiterer Anruf der Agentur: der Programmpunkt Arnold Schönberg war gestrichen – wegen eines Dirigentenwechsels.

*

Was den Lebensalltag betrifft, brachte der Wechsel nach Hamburg zunächst wieder Entbehrungen mit sich: eine Fernbeziehung. Die Familie wohnte noch in Nürnberg, der Geiger nahm für die Zeit, bis eine Wohnung gefunden war, Quartier in der Pension Hübner. Wichtig war das deshalb, weil die Brüder Hübner, ebenso wie Gawriloffs Frau Renate, aus Warnemünde stammten. Man kannte sich gut, in ihrer Schulzeit waren Renate und die Hübner-Brüder viel zusammen gewesen, nun half man sich. Praktisch war das für den Geiger deshalb, weil diese Pension Hübner am Mittelweg gleich um die Ecke beim NDR lag.

Besonders hilfreich wurde es nochmal ein Dreivierteljahr später, als die Familie in ihrer neuen Hamburger Wohnung wieder vereint war. Nun holten sie Renates Mutter aus Warnemünde nach Hamburg, um ihr ein angenehmeres Leben zu ermöglichen. Und Richard Hübner befreite Gawriloff bald darauf von gewissen Anstrengungen und dissonanten Verstimmungen, die ein Zusammenleben mit der Schwiegermutter mit sich bringen konnte. Hübner entschärfte die Lage, indem er ihr einen Job in seiner Pension gab: als Hausdame mit eigener Wohnung.

Es ging sehr gut los 1961/62 in Hamburg. Das Tschaikowski-Konzert konnte er als gelungenen solistischen Start in Hamburg verbuchen: »ein Bombenerfolg«. Für die solistischen Ambitionen fanden sich weitere Gelegenheiten. Außer Tschaikowski nahm er das Violinkonzert von Rakow auf, Bach-Konzerte, das Dvořák-Konzert. Und bald nahm Schmidt-Isserstedt seinen Konzertmeister als Solisten mit, wenn er selbst als Gast anderswo dirigierte. So kam Gawriloff nach Amsterdam zum Royal Concertgebouw Orchester. Zudem spielte er Neue Musik: Bruno Maderna, Boris Blacher. Und die Arbeitsweise zahlreicher berühmter Gastdirigenten erlebte er hier aus nächster Nähe.

*

Besonders folgenreich sollte für den Konzertmeister des NDR-Sinfonieorchester die Bekanntschaft mit dem Londoner Musikmanager und Agenten Howard Hartog (1913–1990) werden. »Mit ihm war Schmidt-Isserstedt sehr befreundet«, erklärt Gawriloff diese Bekanntschaft. Aber wir müssen da wieder weiter ausholen: Hartog, ein Major der britischen Besatzungsmacht, hatte 1945 gemeinsam mit dem Intelligence Officer Major Jack Bornoff, der als »Music Controller« des Alliiertensenders Radio Hamburg eingesetzt war, die Gründung des neuen Hamburger Rundfunkorchesters nach dem Vorbild des BBC Symphony Orchestra angeregt und organisiert.

Als Bornoff nach seiner Demobilisierung im Januar 1946 nach London zurückkehrte, wurde Hartog dessen Nachfolger und wirkte bis zur Übergabe des Senders an die Deutschen 1948 in dieser Funktion. 1947 brachte Hartog zusammen mit dem für Köln zuständigen »Music Controller«

Captain Ken W. Bartlett die Gründung des Kölner Rundfunkorchesters auf den Weg. Nach seiner Heimkehr 1948 blieben Hartogs Kontakte nach Deutschland sehr aktiv. In den Fünfzigerjahren war er in London ein bekannter Publizist und Konzertmanager, ab 1961 leitete er die Londoner Konzertagentur Ingpen & Williams, eine der einflussreichsten Künstleragenturen der zweiten Hälfte des 20. Jahrhunderts[39]. Hartogs Agentur betreute herausragende Musiker wie Luciano Pavarotti, Georg Solti, Pierre Boulez, Alfred Brendel, Barbara Hendricks oder Orchester wie das Chicago Symphony Orchestra und später das West-Eastern Divan.

Gawriloff jedenfalls war außerordentlich froh, dass er, wie er sagt, »mit Howard Hartog jemanden gefunden hatte, der in England etwas für mich tun konnte. Und das machte er.« Hartog organisierte ihm später »jedes Jahr acht bis zehn Konzerte in England, über mehrere Jahre hinweg. Ich spielte mit dem BBC-Orchester, mit dem Liverpool Philharmonic Orchestra, dazu in Manchester und Glasgow.« Später vermittelte ihn Hartog sogar in den Iran, wo der Schah jährlich ein großes Festival veranstalten wollte. »Aber das fiel dann aus. Plötzlich hieß es, den Schah von Persien gibt es nicht mehr«, erzählt der Musiker. Sonst aber seien es sehr gute Konzerte gewesen, die Hartog vermittelte. Und mit dessen Ehefrau, der bekannten britischen Pianistin Margaret Kitchin, sei er häufig und gern gemeinsam aufgetreten.

*

Zum herausragenden Erlebnis im NDR-Sinfonieorchester wurde eine Begegnung mit Igor Strawinsky. Er kam 1965 nach Hamburg, für eine Fernsehaufnahme. »Ich erschien wie immer zum Dienst, und plötzlich, ich wusste von nichts: Ganz großer Bahnhof. Strawinsky!« Gawriloff hatte Dienst vorn, neben ihm sein Konzertmeister-Kollege Bernhard Hamann – »Wir wechselten uns da immer ab.« Man probte, in reiner Streichorchesterbesetzung, das Ballett »Apollon musagète«. Unter Leitung des Komponisten sollte beim NDR eine maßgebliche Tonaufnahme des Werkes entstehen, die dann zugleich die musikalische Grundlage einer NDR-Filmproduktion mit dem New York City Ballett bildete. »Wir probierten ein bisschen herum, dann kam Strawinsky und wurde zum Dirigieren aufs Podium gehievt. Mit seinen 83 Jahren wirkte er schon sehr gebrechlich, aber du merktest natürlich die Persönlichkeit, du merktest das Klangempfinden und seine Erfahrung.«

An einer Stelle stockte Strawinsky immer wieder: Irgendwas gefiel ihm nicht. Er wandte sich direkt an den Konzertmeister: »Nein, nein, das ist nicht richtig! Ich weiß nicht, was Sie da spielen!« Beide wechselten ins Russische, berichtet Gawriloff, die Ähnlichkeit zwischen Russisch und Bulgarisch sei ja groß, und er hatte damals in Zeiten der russischen Besatzung viel Übung im sprachlichen Umgang mit Russen gehabt. Auf Russisch sagte der Geiger: »Maestro, ich verstehe nicht, was Sie meinen. Ich spiele das genauso, wie es hier steht.« – »Aber nein, das ist unmöglich«, erwiderte Strawinsky und bemühte sich, ja: quälte sich von seinem Pult herunter, um in Gawriloffs Noten zu schauen. »Ach! Sehen Sie!«, rief er dann überrascht und irgendwie amüsiert aus: »Seit über dreißig Jahren steht das da falsch drin!« Der Fehler stand nicht in der Partitur, nur in der Geigenstimme und war schnell korrigiert. Dann wurde die Komposition eingespielt: Eine sehr schöne Aufnahme. Und eine unvergessene Erfahrung mit dem legendären Komponisten.

*

Ebenfalls in seiner Hamburger Zeit lernte er Pierre Boulez kennen. Der damals schon einige Jahre berühmte französische Komponist und Dirigent lebte seit Anfang der 1960er Jahre in Baden-Baden und kam als Gastdirigent häufig nach Hamburg. »Dort bei der Arbeit in Hamburg traf ich ihn. Wir haben uns da angefreundet, er kam zu uns nach Hause, wir haben zusammen gegessen.« Auch diese Freundschaft, die über viele Jahre halten sollte, hatte musikalische Folgen. »Als das Orchester nach Edinburgh zum Festival reiste, haben wir dort mit ihm eine ganz komische Mischung aufgeführt: Vivaldis ›Jahreszeiten‹ und Strawinskys ›Geschichte vom Soldaten‹. Ein andermal kam das Violinkonzert von Alban Berg hinzu, das haben wir vielleicht 20, 30 Mal zusammen gespielt.« Noch später konnte er, ebenfalls mit Boulez und mit Daniel Barenboim, in London für CBS das

Saschko Gawriloff auf einem Solistenflyer um 1963.

Kammerkonzert von Alban Berg einspielen. »Boulez mochte dieses Stück sehr gern.«

Hamburg wurde ein entscheidender Wendepunkt in Gawriloffs Werdegang. Hier konnte er seine Laufbahn konsolidieren, nachdem er beim ersten Versuch mit dem Ziel, als Solist im Musikbetrieb zu bestehen, in Frankfurt am Main gescheitert war. Hatte er danach in Nürnberg Rettung und neue Chancen gefunden – und mit dem Paganini-Preis seine Qualitäten für eine internationale Karriere bekannt gemacht –, wurde Hamburg der Ort, an dem er die Kraft und den Schwung für den neuen Start gewann. Er war jetzt ein erfahrener, weithin anerkannter und gefragter Geiger, war gut vernetzt in der Szene. Folglich ergaben sich seit 1966 mit dem Wechsel nach Köln neue Möglichkeiten, die Gawriloff zu seinen musikhistorisch wichtigsten Projekten führen sollten.

1966–1996. Wege zum Weltruhm

Kleiner Zeitsprung: am Sonntag, den 25. Mai 1969, beginnt um 19.15 Uhr in der Londoner Royal Festival Hall ein außergewöhnliches Konzert. Unter der Leitung des Komponisten und Dirigenten Pierre Boulez führt das London Symphony Orchestra Werke von Arnold Schönberg, Alban Berg und Anton Webern auf. Boulez dirigiert in London zwischen 15. Mai und 1. Juni insgesamt fünf Konzerte, eine »historische Serie« und die erste dieser Art in London, wie es im Programmheft heißt. Darin präsentiert er – wieder laut Programmheft – jenes »Trio von Visionären«, deren Musik einen »Wendepunkt in der Geschichte der Komposition« markierte. Natürlich ist das nicht die erste Begegnung des britischen Publikums mit der »Zweiten Wiener Schule«, eher zeigt die Einordnung der drei Komponisten in eine historische Serie, dass die Neue Musik selbst bereits eine längere Geschichte hatte. Dennoch ist die Serie – mit ihrer Konzentration auf repräsentative Stücke und in dieser personellen Zusammensetzung – selbst ein historisches Ereignis, dessen Schirmherrschaft Queen Elizabeth II. übernommen hatte.

Historisch wichtig ist das ebenfalls für Saschko Gawriloff, der als Solist gemeinsam mit Alfred Brendel in Alban Bergs Kammerkonzert für Geige, Klavier und dreizehn Blasinstrumente[40] auftritt. Für ein internationales Publikum wird er jetzt zum Repräsentanten Neuer Musik in Kontinentaleuropa. Zwar ist Neue Musik damals längst nichts Neues mehr für ihn. Nun aber steht er auf der Weltbühne als ihr Protagonist. Das Londoner Programmheft vermerkt in der Aufzählung der bisherigen Karrierestationen des nun 39-Jährigen, dass er Leiter der Violinklasse bei den Internationalen

Ferienkursen für Neue Musik in Darmstadt ist, jener Institution, die seit 1947 als Ort der musikalischen Avantgarde und ihrer theoretischen Reflexion international bekannt ist. Dort ist Gawriloff seit 1968 regelmäßig als ausführender Musiker und bald als Kursleiter Violine sowie als Juror aktiv.

Aus seiner 1969 in London herausgehobenen neuen Prominenz folgte, dass der Geiger fortan häufig in den Kontexten Neuer Musik stand, manchmal gar als einer ihrer Spezialisten angesehen wurde. Letzteres, wie jede Art von musikalischem Spezialistentum, lehnte er immer entschieden ab; doch er war häufig dort anzutreffen, wo Neues erklang. Offenbar verfügt er über besondere Qualitäten, mit denen Aufbrüche ins Neuland überhaupt erst möglich werden, wie wir im Zusammenhang mit dem Trio »Présence« von Bernd Alois Zimmermann und anderen Werken noch erfahren werden.

Detmold, Essen, Köln, Berlin

In den drei Jahren unseres kleinen Zeitsprungs hatte sich vieles verändert. Genau geplant haben konnte Gawriloff seinen neuen Aufbruch nicht. Manches ergab sich einfach, indem sich neue Gelegenheiten eröffneten, und beherzt ergriff der Musiker davon jene, die ihm am besten zu seinen Zielen zu passen schienen.

Vor allem lässt sich dieses Musikerleben nun nicht länger chronologisch erzählen. Denn die Projekte, Musikerfreundschaften, -partnerschaften und -netzwerke sind kaum noch an bestimmte Orte oder Zeitpunkte gebunden, sondern entwickeln sich, reifen über längere Zeiträume und große Entfernungen. Irgendwo hatte man zwar den festen Wohnsitz, doch für die Projekte – neben Gastspielen die Probenarbeit und der Ideenaustausch – reiste man im In- und Ausland herum. Wir skizzieren deshalb zunächst kurz die chronologischen Veränderungen des Lebensrahmens, um dann einzelne Projekt-Linien zu verfolgen.

Die neue Phase begann (obgleich sie genau genommen allmählich herangereift war) um die Mitte der 1960er Jahre. Wieder einmal stand das Mendelssohn-Konzert am Anfang, das Gawriloff neben dem von Tschaikowski wohl am häufigsten aufgeführt hat. Diesmal war der Geiger ins Fürstliche Residenzschloss nach Detmold eingeladen worden. Unmittelbar nach dem Auftritt wurde er gefragt, ob er sich vorstellen könne, hier an der Musikakademie Detmold zu unterrichten. Vorstellen konnte er sich das durchaus, aber… »Ich habe dann ganz frech gesagt: Ja, das hat aber nur Sinn, wenn ich eine Professur bekomme. Ich war ja immerhin schon über 30.« Natürlich würde er eine Professur erhalten, versprach man, mit Hauptfachklasse, aber das werde eine Weile dauern.

Die Hauptfachklasse hatte er dann doch schnell. Eine Zeit lang machte er beides, das NDR-Orchester und Detmold: »Es war der Wahnsinn. Ich unterrichtete 18 Stunden innerhalb von zwei Tagen. Das hieß: Hinfahren, unterrichten, übernachten, wieder unterrichten, dann zurück nach Hamburg. Mit dem Auto, jedes Mal gut drei Stunden Fahrt. Es war eine Knochenmühle.«

Professorentitel und Hauptfachklasse hatte Gawriloff, aber eine C4-Professur, die Verbeamtung, sei arbeitsrechtlich nicht möglich, da er beim NDR angestellt war, erfuhr er in Detmold. Deswegen und vor allem wegen der Doppelbelastung, beschloss er bald, in Hamburg zu kündigen. Das Pendeln zwischen Hamburg und Detmold würde danach bleiben, denn die Familie wohnte weiter in der Hansestadt. Soeben hatten sie geplant, dort ein Haus in Ahrensburg zu kaufen, man hatte schon eins ins Auge gefasst. Selbst an dessen Preis erinnert sich der Musiker noch viele Jahre später: 180.000 Mark.

Dann aber, im Herbst 1964, kam jener Anruf aus Köln, der alles änderte. Christoph von Dohnányi übernahm 1964 das WDR Sinfonieorchester in Köln als Chefdirigent und wollte nun einen Ersten Konzertmeister mit virtuosen Qualitäten. »Wir kannten uns noch aus meiner Frankfurter Zeit«, erzählt Gawriloff. »Damals war er Repetitor und Assistent von Solti an der Frankfurter Oper.« Nun bat ihn Dohnányi, zu ihm ins Kölner Orchester zu kommen. Gawriloff zögerte, weil er sich nicht mehr fest an ein Orchester binden wollte. Außerdem hoffte er ja auf die Ordentliche Professur, was eine gleichzeitige Festanstellung in einem Orchester unmöglich machen würde. Schließlich fand sich eine Lösung, und der Musiker wechselte quasi ins Kölner Musikleben.

Viele Jahre später hat er die Erinnerung an diese 1964 getroffene Entscheidung für Köln öffentlich erzählt (Gawriloff 1992):

> »Mit Dohnanyi konnte ich mich darüber verständigen, dass ich Gast-Konzertmeister wurde. Immer dann wurde ich gebraucht, wenn eine bezaubernde junge Dame musikalisch porträtiert werden sollte. So charakterisierte ich mit den Sechzehntel-Triolen der Solo-Violine die Märchenerzählerin Scheherazade in Nikolai Rimski-Korsakows gleichnamiger sinfonischer Suite aus ›Tausendundeiner Nacht‹. Oder ich stellte in virtuosen Kadenzen ›Des Helden Gefährtin‹ mit all ihren Kapricen in der Richard-Strauss-Tondichtung ›Ein Heldenleben‹ vor. Kurz und gut: Wenn sich ein Komponist ein hübsches Violinsolo in einem sinfonischen Werk

ausgedacht hatte, kam ich vorne ans erste Pult der ersten Violine.

Besondere Genugtuung bereitete es mir, dass ich in Köln Konzerte zeitgenössischer Komponisten zur Uraufführung bringen durfte. Dazu zählen Bruno Maderna, der aus Ostdeutschland stammende Tilo Medek und schließlich György Ligeti.«

Aber der Reihe nach. Zunächst einmal ergab sich wenig später die Möglichkeit einer Professur an der Folkwangschule in Essen. Wieder war ein Gastspiel der Anlass. Gawriloff nahm das dem Konzert folgende Angebot an und wurde 1969 berufen. Nun verlegte die Familie ihren Wohnsitz nach Bergisch Gladbach, wo sie fast dreißig Jahre lebte. Nach den häufigen Ortswechseln ihres bisherigen Lebens wurde sie zum ersten Mal langfristig sesshaft.

Zwischen Essen und Köln zu pendeln war vergleichsweise bequem; die Professur an der Folkwang Hochschule und die Tätigkeit beim WDR Sinfonieorchester Köln erwiesen sich als eine ideale Kombination aus Musikpraxis und Lehrtätigkeit. Vor allem ließ sie genügend kreative Freiräume für eigene solistische und kammermusikalische Projekte. Hinzu kam eine weitere attraktive Aussicht: Eine Professur an der Kölner Musikhochschule, einer der bedeutendsten Musikausbildungsstätten Deutschlands, rückte in greifbare Nähe. »Der damalige Direktor und spätere Rektor der Hochschule, Franz Müller-Heuser, hatte mir gesagt: ›Wenn Max Rostal hier weggeht, dann kommst du zu uns.‹ Auch Johannes Rau, damals Kultusminister in Nordrhein-Westfalen, wollte mich dorthin haben.«

1982 wurde er auf jenen Lehrstuhl berufen, den Max Rostal (1905–1991), ein Schüler Carl Fleschs, dann dessen Assistent in Berlin und Emigrant während der NS-Zeit, von 1957 bis 1982 in Köln innegehabt hatte. Unmittelbar zuvor hatte

Gawriloff, nach seiner zehnjährigen Lehrtätigkeit in Essen, noch drei Jahre (1979–1982) als Professor und Vizepräsident der Hochschule der Künste in Westberlin gewirkt. Auf seine »Berlin-Eskapade«, wie er die Zeit danach nennt, schaute er später, schon an der Kölner Hochschule, etwas lästerlich zurück (Gawriloff 1992): »Bitte – ich schätze gute Designer mehr als mittelmäßige Geiger, aber wenn beide unter ein und demselben Dach studieren, dann kommt mir das wie ein Woolworth-Laden vor. So kehrte ich nach vier Jahren reumütig in den Schoß von Mutter Colonia zurück.«

Bis 1996 unterrichtete Professor Gawriloff an der Kölner Hochschule. Einige Jahre nach seiner Emeritierung, als er altersbedingt die Konzerttätigkeit allmählich einschränken musste, übernahm er 2010 nochmal eine Gastprofessur an der Berliner Musikhochschule »Hanns Eisler«.

Köln: »Musikmafia«

Köln erwies sich als Glücksfall. »Ich hatte jetzt einen großen Vorteil: Das Konzertleben hatte ja, sieht man mal von Metropolen wie Berlin, Hamburg oder München ab, ein sehr wichtiges Zentrum im Ruhrgebiet, im Rheinland und in Westfalen. In jeder größeren Stadt dort gab es ein Sinfonieorchester. Ich habe oft in einer Saison 25 Mal im Rheinland und in Westfalen mit irgendeinem Orchester gespielt. Von Köln aus war das überhaupt kein Problem. Nach der Pause, wenn ich fertig war, bin ich nach Hause gefahren.« Noch viele Jahre später schwärmt der Musiker von diesen idealen Bedingungen. »Man war da sehr flexibel: Warte mal bitte, ich fahr nur schnell nach Duisburg, spiele dort das Brahms-Konzert und komme dann gleich wieder.« Von Köln aus kam man schnell überall hin, in die Umgebung und ins Ausland, nach Paris, Brüssel oder Amsterdam.

»Und in Köln, da gab es die Musikmafia.« Gawriloff mag seinen Scherz: Offiziell hieß Szene nicht so, er selbst habe sie für sich so bezeichnet. Man kann sich das vielleicht so vorstellen: Ein paar Musiker sitzen im Restaurant, besonderer Tisch, sie genießen ihren Wein und haben viel zu besprechen, verfügen über stabile Netzwerke von Musikerkollegen, mit denen sie ihre musikalischen Projekte realisieren. In diesem Fall aber nicht irgendwelche Musiker. Die Brüder Kontarsky (Aloys und Alfons) gehörten dazu, zwei hervorragende Pianisten. Oder der Cellist Siegfried Palm, den Gawriloff noch aus dem NDR-Orchester kannte und den er nun in Köln als Ersten Solocellisten beim WDR wieder traf: Ein Mann mit auffälligen Organisationstalenten, der offenbar manches Projekt ins Rollen brachte und später Direktor der Kölner Hochschule (1972–1976) und Generalintendant der Deutschen Oper Berlin (1976–1981) wurde. »Ein Hansdampf in allen Gassen«, beschreibt ihn Gawriloff. »Der arrangierte und spielte, organisierte und – naja – er intrigierte auch sehr fleißig.«

Aber hinter solchen Musikanten-Verbindungen steckte mehr: »Köln war berühmt als Zentrum für Neue Musik. Dort war Stockhausen an der Hochschule, der Komponist Mauricio Kagel. Ligeti lebte damals noch in Köln. Wolfgang Rihm war einige Zeit dort. Viele der Komponisten, die nach dem Krieg bekannt wurden, lebten in Köln.« Pierre Boulez war eng mit der Stadt verbunden: Obgleich er sich als herausragender und kompromissloser Dirigent auch mit den vorherrschenden romantischen Traditionen der Musik befasste, war er einer der einflussreichsten Komponisten der

Neuen Musik. In Köln brachte er wichtige seiner Kompositionen zur Uraufführung.

Otto Tomek hat diesen besonderen Charakter der Musikstadt später in einer detailreichen Chronik über die Neue Musik in Köln 1945–1971 sehr lebendig beschrieben: »Köln wird neben Darmstadt und Donaueschingen zum Zentrum dieser musikalischen Entwicklungen. Insbesondere die Gründung des ersten Studios für Elektronische Musik festigt für lange Zeit die führende Rolle des WDR in der Neuen Musik. Viele Zeugnisse dokumentieren die starke Anziehungskraft des Elektronischen Studios auf Komponisten im In- und Ausland. [...] In den Erinnerungen der ehemaligen Teilnehmer wird diese Spanne zum goldenen Zeitalter der Neuen Musik.« (Ohnesorg 1994, S. 254) Eine Anekdote mag den Kontrast dieses musikalischen Klimas in Köln zum sonst dominierend konservativen Musizierverständnis in Deutschland illustrieren: Als der WDR in Köln 1960 das 34. Weltmusikfestival der Internationalen Gesellschaft für Neue Musik (IGNM) gemeinsam mit gastierenden Orchestern der ARD-Anstalten NDR Hamburg und SWF Baden-Baden ausrichtet, wurde der damals noch weniger bekannte Komponist György Ligeti mit seinen »Apparitions« für Orchester vorgestellt. Die Anerkennung für Werk und Komponist war groß. Aber nicht beim aufführenden NDR-Sinfonieorchester. »Trotz aller Bemühungen des Dirigenten Ernest Bour«, schreibt Tomek, »nimmt es eine verbissene Oppositionshaltung ein und weigert sich sogar, nach der Uraufführung den Dank des Komponisten entgegenzunehmen.« (Ohnesorg 1994, S. 262)

In diesem von Innovationen und neuen musikalischen Wegen geprägten Kölner Klima wird der Geiger Gawriloff selbst zum Protagonisten der Neuen Musik, weshalb wir zunächst einige Hintergründe dieser besonderen Atmosphäre skizzieren wollen.

Exkurs: »Neue Musik« mit Wildkaninchen

> »Nichts erträgt die Musik schlechter als Einschränkungen, Beschränkungen. Solche Dinge mögen für eine Weile ihren Sinn haben, einer Notwendigkeit gleich, sie können als Korrektur verstanden werden, als Widerruf, und der neuen Musik, die da entstehen soll, heilsam und nützlich sein. Aber das Bedürfnis nach frischer Luft, neuen Öffnungen, neuen Flügen, neuen Exkursionen ins Neue und ins Niemandsland, das ist der Musik so eingewöhnt, dass es niemand aufhalten kann oder beschränken. Es ist wie bei einer Naturgewalt [...]«

Dies schreibt der Komponist Hans Werner Henze gegen Ende des 20. Jahrhunderts unter der Überschrift »Die Befreiung der Musik« im gleichnamigen Buch über die Musik des 20. Jahrhunderts (Ohnesorg 1994, S. 10).

Sein Plädoyer für die Unbegrenzbarkeit musikalischer Freiheit könnte man als Lob der Neuen Musik ansehen; aber es ist mehrdeutig. Hier blickt einer nicht nur als Protagonist der Erneuerung zurück, sondern zugleich und vielleicht noch mehr als ein »Abtrünniger« mit schmerzlichen Insider-Erfahrungen auf deren innere Widersprüche und heftige Richtungskämpfe, in denen Innovation zu neuen dogmatischen Verengungen führte, von denen er selbst sich früh emanzipieren musste und konnte. Henze hatte diese inneren Richtungskämpfe unter den Vertretern neuer Musik schon 1957 in einem Eklat erlebt: Während der Uraufführung seiner Nachtstücke und Arien in Donaueschingen verließen führende Avantgarde-Vertreter wie Boulez, Nono und Stockhausen demonstrativ das Konzert.

»Neue Musik«, was das sein sollte, hatten ihre damals führenden Repräsentanten in recht strenger Weise definiert. Das Ganze war sogar mit einer Art »historischer Mission« aufgepeppt und mit einem regelrechten Wohlklang-Verbot versehen worden. Den historischen Kontext für diese Ideologisierung der Musik bildeten die Aktivitäten des weltweit wirkenden Congress for Cultural Freedom im Kalten Krieg (»Eine Art NATO der Kultur«, BBC-Zitat bei Saunders 1999, S. 322), der den interessanten politischen und finanziellen Hintergrund für die heftigen Debatten der 1950er bis 1970er Jahre um Neue Musik und moderne Kunst bildete. Eine ausführliche Darstellung würde unseren Rahmen einer Lebensgeschichte des Geigers sprengen, weshalb es bei diesem kurzem Hinweis bleiben muss.

Wichtig ist der Zwiespalt innerhalb der Neuen Musik für uns deshalb, weil Gawriloffs Welterfolge mit Ligeti in einer Zeit gelingen, in der dieser Komponist ebenfalls dem engen Zirkel einer dogmatischen Avantgarde den Rücken gekehrt und originelle eigene Wege eingeschlagen hatte. Als Instrumentalist hatte Gawriloff diese Widersprüchlichkeit oft direkt auf dem Podium zu erleben, manchmal zu ertragen. In beiderlei Richtung: mal als Unverständnis oder Unmut des Publikums gegenüber neuen Klängen, nicht selten aber im umgekehrten Sinn wie beim geschilderten Beispiel Henzes: als strikt dogmatische Ablehnung von Wohlklang durch die Avantgardisten. Noch 1976 erzeugte Gawriloffs Uraufführung einer Sonate für Violine solo des damals 22-jährigen Komponisten Hans-Jürgen von Bose beim Darmstädter Ferienkurs für Neue Musik einen bemerkenswerten Skandal, an dem Hermann Danuser später in seinem Band »Die Musik des

20. Jahrhunderts« wichtige geschichtliche Veränderungen auswertete: »Hatten sich einst, am Ursprung der Neuen Musik in der Atonalität der Wiener Schule um 1910, die Skandale daran entzündet, dass die ›Emanzipation der Dissonanz‹ die auf Tonalität gerichtete Publikumserwartung enttäuschte, so ist nunmehr innerhalb der festgefügten Teilkultur Neue Musik umgekehrt die ›Emanzipation der Konsonanz‹ zum Skandalon geworden. Als gälte es, ein Sakrileg gegen den hermetischen Geist der Avantgarde zu verhindern [...], begann ein Teil des Publikums im Lauf der Darbietung so lautstark zu protestieren, dass Saschko Gawriloff zum vorzeitigen Abbruch seines Vortrags gezwungen wurde.« (Danuser 1984, S. 403.)

In einer großen Turnhalle in Darmstadt hatte diese Aufführung von Boses Violinstück stattgefunden, erinnert sich Gawriloff: »Da saßen die Darmstädter Musik-Revoluzzer beisammen und begutachteten alles. Als ich begann, das Stück zu spielen, da haben die schon gepfiffen und ›aah‹ und ›nö‹ und andere Nörgeleien gerufen. Dann stand plötzlich Wolfgang Rihm auf, später ein sehr anerkannter Komponist, damals ein junger Mann, stand gewichtig da, ein Riesenkerl, und rief: ›Haltet endlich mal eure Schnauzen hier, das ist eine wunderbare Musik, die gefällt mir!‹ Die das auch fanden, klatschten dann, andere rumorten weiter. Es war eine richtig aufgewühlte Zeit.«

Der interessante Vorgang gilt Danuser als Beispiel für einen Paradigmenwechsel, der sich freilich bis in die Gegenwart hinein weiterhin zu vollziehen scheint: Die Rückkehr des Wohlklangs in neue Kompositionsweisen wurde bald mit dem diffus schillernden Modewort »postmodern« charakterisiert. Aber noch 1976 führte sie zum Aufstand der Modernisten, die ursprünglich mit dem Programm einer »Neuen Musik« angetreten waren und, theoretisch stark dominiert durch Theodor W. Adorno, nach betont antipopulistischen, aber relevanten neuen Klängen, Gestaltungsweisen und Strukturen geforscht hatten. Trotz vieler Erfolge in meist speziellem Rahmen war diese Neue Musik der Avantgardisten zu jener Zeit noch keineswegs allgemein akzeptiert im Musikbetrieb – und schon wurde ihr Anliegen durch andere Komponisten aufgeweicht, aufgegeben, sogar polemisch bekämpft oder »verraten«.

Sicher kann man einwenden, dass Hans Werner Henzes Eklat schon 20 Jahre früher eigentlich gegen eine solche Paradigmen-Datierung spricht: Dass vielmehr immer wieder mal, und seit den Siebzigern dann eben häufiger, jemand sich gegen die mit durchaus autoritärem Gestus eingeforderten Normen einer »Neuen Musik« wandte. Jedenfalls berufen sich seit langem im großen Konfliktfeld zwischen »Avantgarde« und »Tradition« viele Komponisten auf einen »Dritten Weg«.

Gäbe es einen solchen wirklich, auf ihm müsste mittlerweile ein gewaltiges Gewimmel herrschen. Der »Dritte Weg« kann eigentlich nur ein weiteres luftiges Theorie-Phantom sein, um sich als Künstler unproduktive Debatten vom Hals zu halten und Freiräume zu bewahren. Was sicher vielmehr gesucht wird, ist ein jeweils *eigener* Weg, für den dann ein entsprechend eigener Theorie-Überbau hinzu philosophiert wird. In welchem Verhältnis aber die real existierende Musik zur gesellschaftlichen Realität und zum Kunstprozess in ihr steht, wird erst die weitere Geschichte erweisen. Gewiss sind das für viele Akteure die gewichtigen Gründe, deretwegen beispielsweise der Komponist Claus-Steffen Mahnkopf, nicht ohne Ironie, von »einem ›vierten‹ Weg« sprach, den er für sich habe suchen müssen. (Mahnkopf 2007, S. 297)

*

Ausführlich kann und muss dieser Deutungsstreit im begrifflichen Minenfeld von »Moderne«, »Avantgarde«, »Postmoderne« und »Zweiter Moderne« hier nicht diskutiert werden, zumal er bis in die Gegenwart als ewig ungelöschtes Feuerchen noch immer flackert. Gawriloff ist ja kein Komponist, wenngleich er, wie sich im Falle Ligetis zeigen wird, durchaus zum partnerschaftlichen Mitschöpfer eines bedeutenden neuen Werkes wurde. Grundsätzlich wirken sich für den Instrumentalisten auf dem Podium die entsprechenden Debatten nur als – zum Teil allerdings heftig durchschlagende – Hintergrundbedingungen seiner Arbeit aus. An das oft polemische, zuweilen komische, manchmal gar kuriose Klima in den engeren Zirkeln der Neuen Musik hat er viele Erinnerungen. Die forciert betonte (und finanzierte) Freiheit der Kunst brachte offenbar als ihre Kehrseite manche Albernheit hervor, die dann weniger auf Kunstfortschritt oder gesellschaftliche Relevanz gerichtet war. Kunstfreiheit ist zwar ein großartiger Wert, aber die Akteure, die sich ihrer wirklich erfreuen dürfen, sind »auch nur« Menschen – mit ihren Schwächen.

»Was in Darmstadt passierte, da dachte ich schon manchmal: Oh Gott!«, erzählte Gawriloff einmal im launigen Gespräch, bei dem er lebhaft über Avantgarde-Größen wie Pierre Boulez, Karlheinz Stockhausen oder Mauricio Kagel »mit ihrem gewaltigen dominierenden Ego« lästerte – Lästern ist ja bekanntlich nur eine sehr spezielle Art der Informationsverarbeitung. Im selben Gespräch, und das berührt dann doch die Qualität mancher dort aufgeführter Werke, sprach Gawriloff über »eine ganze Menge von Würstchen«, von Mitläufern und Nachahmern eines Trends, die einfach zur Avantgarde gehören wollten, weil das gerade Mode war und sich lohnte: ein neues Epigonentum der Neuen Musik.

Namen nannte er nicht. »Aber es waren so viele, dass fast alle wieder weggefegt sind wie nach einem großen Sturm.«

Er erinnert sich an einen Bassisten aus Italien, der selbst komponierte und sich in Darmstadt präsentierte: »Was haben die für Blödsinn gemacht! Da wurde ein Kontrabass auf den Boden hingelegt und dann wurde irgendwas draufgeschmissen, er selbst lag drunter.« Bei einem anderen Stück habe oben unter der Decke ein junges Mädchen völlig nackt gehangen und habe, während unten musiziert wurde, oben irgendwelche Übungen geturnt. »Naja, manche Leute haben gedacht, durch ein Sprungbrett wie Darmstadt ihre Karriere zu befördern. Die haben alles Mögliche ausprobiert, es musste provozieren und schockieren. Und dann taten sie so, als wären sie genial, mehr war das oft nicht.«

Dass sich die ausführenden Musiker selbst von diesem allgemeinen Klima des ausufernden Übermuts packen ließen, gesteht Gawriloff mit folgender Anekdote. Sie führten in Darmstadt ein Werk von Lukas Foss auf. Der Schlagzeuger Christoph Caskel, erzählt Gawriloff, hatte in der Aufführung mit irgendeinem Schmirgelpapier auf einer Scheibe herumzuschmirgeln und zerriss rhythmisch Papier; Lukas Foss dirigierte dazu sehr agil. Und die Musiker sollten während des Spiels zwischendurch noch Texte sprechen. Vor dem Konzert, wahrscheinlich während einer üppigen Tafelrunde in ihrem Lieblingsrestaurant in der Nähe von Darmstadt, hatten sie sich verabredet, einfach die Speisekarte der dortigen Wirtin Frau Pretzsch zu rezitieren. Gawriloff berichtet: »Und dann höre ich Caskel plötzlich sagen ›Schweinebraten mit Klößen‹. Und Palm ruft am Cello inbrünstig aus: ›Hmmm! Wildschweinbraten! Wunderbar!‹ Das Publikum guckte natürlich verwundert. ›Wildkaninchen im Topf‹, schmetterte Alois Kontarsky vom Flügel her in die Runde.

Stets freundlich und gelassen, auch in den musikalischen Richtungskämpfen Anfang der 1970er Jahre.

Und das ging weiter bis zum Schluss. Der Komponist war schockiert. Was machen die denn da? Am Ende war er beleidigt. Es war ja eine unerhörte Rüpelhaftigkeit von uns, die heute nicht mehr vorkommen könnte. Jüngere Leute, die heute Neue Musik spielen, gehen da viel ernster und disziplinierter heran.«

*

Diese Beispiele sollen hier nicht dazu dienen, im immer noch verbreiteten Ungeist billiger Ignoranz neue Kunst zu schmähen. Eher sollen sie die doppelte Spannung zeigen, in der ein Musiker wie Gawriloff stand. Denn unter den (musikalischen) Erneuerern waren eben nicht nur Debatten musikalisch professioneller Art auszutragen, sie hatten daneben um Maßstäbe zu ringen, wie die vielzitierte und demonstrativ behauptete Freiheit der Kunst gesellschaftlich produktiv werden konnte. Oder inwiefern sie in leichtfertiger Spielerei bis zur Nichtigkeit verschwendet wird. Und vielleicht noch, unter welchen Bedingungen sogar Unsinn auf der Suche nach Sinn produktiv wirken kann. Nicht alles, was anders ist als das Bisherige, ist bekanntlich neu in einem qualitativen Sinn; und Erneuerer sind keineswegs Heilige, sondern brauchen Kritik und Gegenwind, um ihre Richtung nicht zu verlieren.

Auf der anderen Seite aber blieb Gawriloffs grundlegende Erfahrung mit Neuer Musik jene, dass sie selbst in ernsthaften Kompositionen auf Schwierigkeiten traf. Er erzählte von der Aufführung eines Bläserquintetts in Nürnberg, dessen Klänge vor allem Gelächter verursacht hatten. »Aber nein, nicht nur das Publikum lachte, sogar die Musiker selbst haben sich totgelacht! Später wurde so etwas strenger gehandhabt, Musiker konnten dann dafür disziplinarisch bestraft werden. Aber damals war das die Stimmung.«

In diesem doppelten Spannungsfeld, in dem Neue Musik sich einerseits gegen Widerstände eines konservativen Musikbetriebes durchsetzen und andererseits die eigene Erneuerungsqualität und -ethik behaupten und immer wieder neu finden musste, hatte der Geiger das Glück, in Köln nicht nur unter den Musikerkollegen, sondern auch von herausragenden Komponisten als sehr guter, für Neues offener und für ihre Kompositionen nützlicher Geiger angesehen und verpflichtet zu werden. Vor allem waren das Pierre Boulez, Bernd Alois Zimmermann und bald György Ligeti.

Kammermusik

»Das Klaviertrio ist eine selten gepflegte Gattung der Kammermusik und wird vielleicht nur noch vom Streichtrio unterboten.« Zumindest behauptet das ein mit dem Kürzel »ixi« getarnter Kritiker der »Rhein-Neckar-Zeitung« anlässlich seiner Besprechung eines Konzerts mit dem »Robert Schumann Trio« bei den Schwetzinger Festspielen Ende Mai 1986. Im Trio mit dem Cellisten Johannes Goritzki und dem Pianisten Karl Engel hatte Saschko Gawriloff dort Werke von Beethoven (»Geistertrio«), Mozart (Es-Dur-Trio), Hans Werner Henze (»Kammersonate«) und als Zugabe Mendelssohn (d-Moll) aufgeführt. Von seinem harten Verriss nahm der äußerst gestrenge Kritikus den Mann an der Violine ausdrücklich aus. Die beiden Kritisierten vermuteten anschließend hinter dem Kürzel »ixi« einen irgendwie interessierten Insider. Immerhin musste der anerkennen, dass Gawriloff ein »kraftvoll und ausdrucksstark spielender Geiger« sei und dass seine »weitgeschwungenen Kantilenen, die sorgfältig phrasiert und mit leichtem, im Ausdruck sehr beweglichen Ton vorgetragen wurden«, bei Mozart bestimmend und bei Beethoven »die treibende Kraft« gewesen seien.

Der Vollständigkeit halber sei erwähnt, dass zum selben Konzert eine Woche zuvor eine rundum anerkennende Kurzkritik erschienen war, die den »kultivierten kammermusikalischen Feinschliff« des Projektes insgesamt gewürdigt hatte. Aber uns geht es hier um etwas anderes. Gawriloff galt schon lange vor dieser Zeit, neben all seinen Verpflichtungen als Solist, bei Orchestern oder an Hochschulen und in Meisterkursen, als versierter und viel beschäftigter Kammermusiker, dem selbst ein offenbar völlig missgelaunter Rezensent nur mit großem Respekt begegnen konnte. Begonnen hatte diese Laufbahn des Virtuosen bereits in den Fünfzigerjahren. Für 1957 belegt ein Programmzettel einen Auftritt als Violinist mit Otmar Reich am Klavier im Ambrosianeum von Milano mit Stücken von Tartini, Bach, Dvořák und Paganini. Ein Jahr später ist er mit dem gleichaltrigen Nürnberger Pianisten Erich Appel und einem Sonatenabend in Nürnberg, Frankfurt am Main, dann in Hamburg, München und Wien unterwegs, was einen Frankfurter Kritiker von »Hexenkünsten neuer Virtuosität« schwärmen ließ.

In den Sechzigerjahren kommen diverse Trios hinzu – mit einem breiten Repertoire: Mozart, Schubert, Karl Höller, Beethoven, Brahms. Später dann Maurice Ravel, Wolfgang Rihm, Messiaen, Skrjabin, Fauré, Henze. Unter ihnen zwei zeitgenössische Komponisten, deren Werke den Weg des Virtuosen in besonderer Weise prägen sollten: Bernd Alois Zimmermann und György Ligeti.

*

Was Zimmermann betrifft, darf man sich die Ausgangssituation vielleicht so vorstellen, wie weiter oben im Zusammenhang mit dem Bild von der »Musikmafia« ausgemalt: Drei, vier Musiker sitzen vergnügt bei dem einen oder anderen Schöppchen Wein zusammen und beraten tatendurstig neue Projekte. Jedenfalls kam eines Tages, in den 1960er Jahren, der Cellist Siegfried Palm, der mit seinen erstaunlich vielen Kontakten in der Szene oft weiter im Voraus Bescheid wusste, was derzeit zu tun wäre, und unterbreitete folgenden Vorschlag: »Wir sollten ›Présence‹ spielen.« Die anderen in der Runde, darunter Gawriloff und der Pianist Aloys Kontarsky, schauten ihn verwundert an. Schließlich war doch das Stück des Komponisten Bernd Alois Zimmermann, sein einziges größeres Kammermusikwerk, bereits 1961 im Auftrag des Hessischen Rundfunks entstanden und im selben Jahr bei den Darmstädter Ferienkursen für Neue Musik uraufgeführt worden. Nun ihre Reaktion: »Wieso denn? Das gab's doch schon!« Palm aber bestand darauf: Die Uraufführung damals sei überhaupt nicht gut gewesen, man müsse das nochmal machen, aber diesmal besser.

Offenbar war die Uraufführung von »Présence« für die Musiker des Priegnitz Trios, die üblicherweise die Tradition zwischen Haydn, Beethoven und Brahms pflegten, wegen seiner Kühnheiten zur glatten Überforderung geworden. Die sehr spezielle Partitur zu lesen – und dann noch umzusetzen – war äußerst schwierig. Zusätzlich erschwerend kam hinzu, dass die Musiker sich für die Uraufführung damals die Partitur offenbar zunächst in ein traditionelles Notenbild umgeschrieben hatten, was die Orientierung beim Spielen noch komplizierter gemacht haben dürfte. Jedenfalls soll die Aufführung sehr viel länger gedauert haben als die von

Zimmermann vorgesehenen knapp 29 Minuten. Und der Komponist war damals sehr unglücklich.

Deshalb folgten Gawriloff und Kontarsky jetzt Palms Vorschlag. Gawriloff erzählt:

> »Wir haben dann in Köln viel mit Zimmermann zusammen geprobt. Es war eine sehr interessante Arbeit. Was wir da alles ausprobiert haben! Die Notation: Das war nicht die übliche Partitur, wie man das kennt. Sondern er hatte zum Beispiel Vierteltöne, Schwingungen ausprobiert. Neben den ›normalen‹ Noten hatte er Noten mit eckigen Rhombus-Köpfen. Wenn die leer waren, sollten sie einen Viertelton höher gespielt werden, und waren sie ausgefüllt, dann einen Viertelton tiefer. Wahnsinnig schwer, das zu machen. Dies alles einzustudieren, war viel Arbeit. Aber wir haben es dann gut hinbekommen.«

Bernd Alois Zimmermann (1918–1970), den etwa Heinz Holliger als den bedeutendsten deutschen Komponisten seit Robert Schumann ansah, wurde in den Debatten des deutschen Musiklebens im 20. Jahrhunderts eher als Außenseiter wahrgenommen und bewertet. Vielleicht gerade deshalb konnte er die zeitgenössische Musik durch seinen besonderen Umgang mit der Zeit und den Zeiten auf eigenständige Weise prägen. Zwar hatte er, wie alle dominierenden Vertreter der Neuen Musik, deren Entwicklung über freie Atonalität und Dodekaphonie (Zwölftonmusik) bis hin zur seriellen Musik mitvollzogen. Aber im Unterschied zu ihnen wandte er sich nicht radikal von der Tradition ab, sondern er schichtete Material aus unterschiedlichen Epochen gleichsam übereinander, weshalb sein persönlicher Stil als pluralistische Klangkomposition charakterisiert wurde – teils mit sachlich beschreibender, teils mit distanzierend-kritischer Absicht. Die Gleichzeitigkeit aller verfügbaren Zeiten:

vielleicht ist das ein Grund, weshalb Zimmermanns Werke mittlerweile als zeitlose Klassiker der Moderne gelten.

Sein Stück »Présence« beschrieb der Komponist selbst als Absurdität der ständigen Versuche, auf einer stets splitternden Eisschicht Fuß zu fassen:

> »›Présence‹, das ist die dünne Eisschicht, auf der der Fuß eben nur so lange verweilen kann, bis sie einbricht; aber während der Fuß noch für den Bruchteil einer Sekunde auszuruhen vermeint, bricht sie schon, die dünne Decke, und zurück bleibt die Gewissheit des Packeises; voraus der Blick in die Zukunft mit der Gewissheit der immer wieder neu begonnenen Gegenwart des Splitterns der Eisschicht und die Absurdität, die in dem ständig unternommenen Versuch liegt, Fuß zu fassen. So erscheint ›Présence‹ als jene Gegenwart, die Vergangenheit und Zukunft miteinander verbindet.«

Selbst wer das Stück nie gehört hat, wird angesichts dieser programmatischen Beschreibung des Komponisten verstehen, wie schlimm es für ihn und sein Werk gewesen sein muss, wenn dieses wegen unbewältigter Schwierigkeiten bei der Uraufführung 1961 um 50 Prozent oder sogar noch mehr verlangsamt worden war. Es kann nur, um in Zimmermanns Bild von der Eisschicht zu bleiben, ein völliger Einbruch gewesen sein.

Ganz anders dann der neue Versuch mit Saschko Gawriloff, Siegfried Palm und Aloys Kontarsky. Im Mai 1968 führten sie »Présence« bei den Schwetzinger Festspielen als »concert performance« auf. Da das Stück von vornherein für Musiker und Tänzer geschrieben war, gestalteten sie 1970 die Erstaufführung als Ballett mit dem Choreographen John Cranko im Rahmen eines Ballettabends der Bayerischen Staatsoper. Schon die Komposition ordnet nicht nur den

Instrumenten bestimmte literarische Figuren als Charaktere zu, sondern diese werden darüber hinaus auch getanzt: Don Quichote von Cervantes (Violine und der Tänzer Heinz Bosl), Ubu Roi von Alfred Jarry (Klavier und der Tänzer Ferenc Barbay) und Molly Bloom von James Joyce (Violoncello und die Tänzerin Konstanze Vernon), hier in der Reihenfolge ihrer Sätze genannt. Auch an Ballett-Aufführungen in Stuttgart erinnert sich Gawriloff.

1971 veröffentlichte die Deutsche Grammophon in ihrer Avantgarde-Serie das Trio zusammen mit einem Werk von Dieter Schnebel; inzwischen präsentiert die Plattenfirma die Aufnahme als Klassiker des 20. Jahrhunderts. Später führte Gawriloff »Présence« wiederholt auf, etwa bei einem Musikfestival in Sydney mit Palm am Cello und Bruno Canino am Flügel. Noch im Juli 2000 spielte er das Werk bei der Expo Hannover mit dem Cellisten Martin Ostertag und Fanny Solter am Flügel. Und im Dezember desselben Jahres bildete es in der Düsseldorfer Tonhalle den Höhepunkt einer Hommage für Zimmermann: neben Gawriloff nun auf der Bühne Friedrich Gauwerky (Violoncello) und die Pianistin Kristi Becker.

Dem Komponisten hatte die Wiederbelebung, vielleicht müsste man besser sagen: die wirkliche Geburt seiner »Presénce« offenbar gefallen. In den Unterlagen des Geigers befindet sich ein dankbarer Brief des Kölner Kompositionsprofessors, vermutlich vom Oktober 1968. Darin bittet er das Trio um eine Aufführung des Stückes zur Einweihung seines neu gebauten Hauses und legt ihm gleichzeitig sein Violinkonzert ans Herz. Denn »die Freude für mich, wenn Sie's spielen würden, wäre erklärtermaßen außerordentlich.« Dieses Violinkonzert habe er dann ebenfalls viel gespielt, bestätigt er. »Vor allem in England, komischerweise.« Und immer wieder interpretierte er Zimmermanns Solosonate für Violine, in Deutschland wie international.

Der Komponistenfreund: György Ligeti

Der »sehr begabte György Ligeti«, so nannte Theodor W. Adorno 1968, einige Monate vor seinem Tod, in einem »Spiegel«-Interview den Komponisten. Das scheint nicht ungewöhnlich, doch in einer Aufzählung mehrerer namhafter Komponisten des 20. Jahrhunderts fällt die Betonung doch auf: »Musiker wie Stockhausen, wie Kagel, wie der sehr begabte György Ligeti«, hob der Philosoph, Musiktheoretiker und Komponist Adorno, damals eine einflussreiche Autorität in Debatten über Neue Musik, den Komponisten György Ligeti (1923–2006) in einer schon prominenten Reihe besonders heraus.

Dass diese Wertschätzung auf Gegenseitigkeit beruhte, hat Ligeti im Rückblick häufig deutlich gemacht (Dibelius, S. 268): »Wenn ich heute scheinbar ein Adorno-Gegner bin – ich bin es nicht, denn ich habe ihn immer sehr verehrt, zum Teil auch belächelt, aber das haben wir alle –, dann hängt das damit zusammen, dass sich die ganze soziologisch-ästhetische Situation im Laufe der siebziger, achtziger Jahre verändert hat [...] Auch Adorno hätte sich, wenn er nicht so früh gestorben wäre, in seinen Anschauungen im Laufe der siebziger Jahre verändert.« Tiefergehendes und Grundsätzliches über die Ambivalenz dieses Verhältnisses zwischen Ligeti und Adorno ist in Wolfgang Burdes Ligeti-Monografie zu erfahren (Burde 1993, S. 139 ff.).

Ligetis Bedeutung – nicht nur für den Solisten Gawriloff, sondern für die jüngere Musikgeschichte – kann man

Saschko Gawriloff 1990 bei der Arbeit mit dem Komponisten György Ligeti.

kaum hoch genug bewerten. Denn im breiten Feld der erwähnten »dritten«, »vierten« oder sonstigen Wege zu neuen beziehungsweise eigenen musikalischen Ausdrucksformen im Spannungsfeld zwischen Neuerertum und Tradition beschritt er, stets ernsthaft, gar grüblerisch suchend und doch gleichzeitig spielfreudig pendelnd, seinen besonderen, geradezu exemplarischen Pfad. Und als dem Komponisten im Juni 1993 der Siemens-Musikpreis verliehen wurde, titelte die »Süddeutsche Zeitung«, die Haltung des Musikers und den Geschichtsprozess voller Anerkennung verknüpfend: »Unbeirrbar im Aberwitz«. Dieser, zuweilen als inoffizieller Nobelpreis für Musik bezeichneten Ehrung folgte nach elf Jahren und verschiedenen weiteren Würdigungen jener andere Weltmusikpreis, der ebenso als eine Art inoffizieller Nobelpreis gilt: der schwedische Polar Music Prize. Den japanischen Praemium Imperiale, der ebenfalls mit Nobelpreis-Ambitionen auftritt, hatte er bereits 1991 erhalten.

Ligetis Konzert für Violine und Orchester fiel genau in diese Zeit der größten weltweiten Anerkennung für den Komponisten. Geschrieben hatte er es direkt für Saschko Gawriloff und in freundschaftlicher Zusammenarbeit mit ihm. Noch heute spricht man von der Maßstäbe setzenden

Uraufführung mit dem Geiger – genauer gesagt: Es gab 1990 und 1992 sogar zwei Uraufführungen, zunächst dreisätzig, dann fünfsätzig, dieses vom Komponisten nach der ersten Premiere in grundsätzlich neuen Fassungen weiterentwickelten Werkes. Berühmt wurde Gawriloffs Platten-Einspielung für die Deutsche Grammophon mit dem Ensemble InterContemporain unter Leitung von Pierre Boulez. Eine weitere Einspielung entstand mit Gawriloffs wohl wichtigstem Schüler, dem Geiger Frank Peter Zimmermann für Teldec, innerhalb eines umfassenden Ligeti-Projekts. Und noch in der Gegenwart begeisterten Geigerinnen mit dem Werk: Patricia Kopachinskaja nannte es »vielleicht das spannendste Violinkonzert seit Beethoven« und »das Konzert, das ich am liebsten spiele«. Auch Isabelle Faust trat in jüngerer Zeit damit auf.

*

Begonnen hatte alles viel früher, wieder mit einem Trio. György Ligeti hob diesen Zusammenhang selbst hervor, in einem Gespräch mit seiner engsten Mitarbeiterin Louise Duchesneau:

> »1982 schrieb ich ein Horntrio, an dessen Uraufführung Saschko Gawriloff als Geiger beteiligt war. Nach vielen guten Aufführungen dieses Stückes fragte mich Saschko, ob ich bereit wäre, ein Solokonzert für ihn zu schreiben, und ich sagte natürlich ja. Beim Komponieren des Horntrios hatte ich gezielt nach einer Alternative zum temperierten System gesucht, und die Lösung, die ich damals fand, ging unmittelbar aus der Besetzung hervor: Das Klavier ist temperiert, die Geige in reinen Quinten gestimmt, und die Bläserstimme in den ersten drei Sätzen schrieb ich für Naturhorn. Aus der Hörerfahrung der Kombination dieser drei

Ebenen entwickelte ich dann meine Vorstellungen für das Violinkonzert. Ohne das Horntrio gäbe es also eigentlich kein Violinkonzert.«

Ähnlich erinnert sich der Geiger, aber natürlich mit konkreteren musikpraktischen Erlebnissen. Kennengelernt hatte er Ligeti schon in Darmstadt und Köln. Man traf sich im Zusammenhang mit einer Aufführung von Ligetis Orchesterstück »Lontano«. Bald kam das Horntrio, dabei entstand eine Freundschaft, »weil er«, wie Gawriloff berichtet, »abends oft bei unseren Proben saß; manchmal korrigierte er noch etwas«.

Zu der Zeit war Ligeti Kompositionsprofessor in Hamburg (seit 1973), nachdem er Ende der 60er Jahre und nach Adornos Tod genervt den Avantgarde-Hochburgen Köln und Darmstadt den Rücken gekehrt hatte, um Abstand zu den dort brodelnden Richtungs- und Rangkämpfen unter den in ihren eigenen Dogmen gefesselten Neutönern zu gewinnen. In umgekehrter Richtung dagegen hatte der Geiger längst Hamburg verlassen – in Richtung Köln. Aber dann meldete sich bei ihm der bekannte Pianist Eckart Besch, Klavierprofessor in Hamburg und als Solist sowie Kammermusiker auf vielen Bühnen aktiv. Er lud ihn ein, den Violinpart für ein zu erwartendes Trio von Ligeti mit ihm und dem Hornisten Hermann Baumann zu übernehmen.

Das Horntrio, erinnert sich Gawriloff, war ein Auftragswerk des Hamburger Großindustriellen Kurt A. Körber, die Uraufführung fand am 7. August 1982 in Hamburg-Bergedorf statt. Und dass sie kurz vor dem 150. Geburtstag des gebürtigen Hamburgers Johannes Brahms stattfand und das beauftragte Werk schon im Titel auf eine besonders besetzte und klingende Komposition des Jubilars verweist, darf als eine weitsichtige Art der Förderung Neuer Musik verstanden werden. Nichts daran war zufällig, was auch auf die Entscheidung für diesen Geiger zutraf. Schließlich hatte man ja bei Zimmermanns »Présence« erleben müssen, wie schlimm etwas schiefgehen könnte und welche Qualitäten gerade dieser Musiker mitbrachte. Mit dem Komponisten Ligeti und dessen Suche nach neuen Klangwelten waren die Auftraggeber ein durchaus vergleichbares Risiko eingegangen. Deshalb: Gawriloff.

Ligetis Horntrio war dann zwar dem Komponisten Johannes Brahms gewidmet, es enthält aber keinerlei Zitat oder Stilkopie. Allerdings mag es auf den ersten Blick »durch und durch traditionell« (Schlüsselwerke, S. 484) erscheinen, doch von Anfang an fallen ebenso die »vielen ›falschen‹ Noten« auf. Die Ambivalenz des Werkes zwischen Modernismus und einer speziellen Traditionsverarbeitung beschreibt das Handbuch »Schlüsselwerke der Musik«: »Ligetis ›neoklassizistische‹ Provokation polarisierte: Die einen freute die Abkehr von der Avantgarde, die anderen hörten Sarkasmus und Doppelbödigkeit, die einen eine wiedergewonnene Spielfreude, die anderen eine Rolle rückwärts.« (S.484) Für die Musiker jedenfalls eine spannende Herausforderung, und vor allem ein ständiger musikantischer Seiltanz, um präzise die Balance zwischen beiden Polen zu halten.

Geprobt wurde in der Hamburger Wohnung von Eckart Besch, des maßgeblichen Impulsgebers für das Horntrio. Er hatte György Ligeti um diese neue Komposition gebeten. Und als künstlerischer Leiter der Bergedorfer Schlosskonzerte verfügte Besch zugleich über ausgezeichnete Kontakte zur Körber-Stiftung, die diese Konzerte jährlich organisierte, sodass die Finanzierung des Kompositionsauftrages bestens abgesichert war.

Die Uraufführung 1982 in Hamburg-Bergedorf, nach einer krankheitsbedingt vierjährigen Kompositionspause Ligetis (zuletzt war 1978 dessen Oper »Le Grand Macabre« herausgekommen), wurde ein Erfolg. Zunächst spielten die drei Musiker das Horntrio von Brahms, dann eine Brahms-Violinsonate, was dem Hornisten eine Entspannungspause für die Lippen verschaffte, und als abschließenden Höhepunkt das neue Werk. Unter den Gästen in der ersten Reihe neben anderer Prominenz der damalige Bundeskanzler Helmut Schmidt, der nicht nur hier in seinem Wahlkreis als leidenschaftlicher Hobby-Pianist bekannt war und nun während des Konzerts angeregt mit seiner Ehefrau Loki Schmidt über das aufgeführte Werk kommunizierte, wie sich Gawriloff schmunzelnd erinnert.

Zur ganzen Geschichte des Stückes gehört, dass sich der Komponist selbst anlässlich der Uraufführung als »konservativ« bezeichnete, was später zuweilen zu vordergründig und kontextfrei kolportiert wurde. Schon aufmerksame Zeitgenossen hatten die selbstironische Ambivalenz seiner Aussage im Konzertsaal gespürt. Der Kritiker der »Neuen Züricher Zeitung« vom 8. Dezember 1987 etwa hörte bei einer Aufführung in Winterthur deutlich: »Der Unterschied zwischen bloß nachgemachter Romantik und solcher Ausdruckskunst ist groß.« Vor dem Hintergrund des eigenen Ablösungsprozesses von den Köln/Darmstädter Avantgardisten und angesichts der Vorliebe Ligetis für Vieldeutigkeit und Komplexität ist seine Selbsteinschätzung, »konservativ« zu sein, eher als weitere gewitzte Provokation in Richtung der verbissen diskutierenden Musik-Ideologen zu verstehen.

Dass beim Horntrio tatsächlich »das Pendel in Richtung Traditionsgebundenheit und Konservatismus am meisten ausgeschlagen« hatte, begründete Ligeti später mit seiner damaligen »Trotzhaltung innerhalb der großen Aufspaltung: einerseits das Weiterwirken der Avantgarde mit Ferneyhough und Lachenmann, andererseits Arvo Pärt und Steve Reich und die anderen Minimalisten«. (Dibelius, S. 263) Was weiter oben als »Rolle rückwärts« charakterisiert wurde, darf man in der Entwicklung des Komponisten eher als befreienden Luftsprung nach oben ansehen, um angesichts einengender Hindernisse auf dem holprigen Terrain musikideologischer Debatten eine neue Übersicht und andere, freier begehbare Wege nach vorn zu finden.

Ein Beleg für wirklichen Konservatismus ist großer Publikumserfolg allein nicht. Den aber hatte das neue Stück. Die Originalbesetzung war nach der Uraufführung um die 70 Mal mit dem Horntrio in ganz Europa unterwegs. Später spielte es Gawriloff mit anderen Partnern, darunter Bruno Canino, Volker Banfield und Pierre-Laurent Aimard am Klavier – und sehr häufig mit der Hornistin Marie-Luise Neunecker. Die führte es dann ihrerseits noch mit anderen Partnern auf, nahm es erneut für eine Schallplatte auf und sorgte mit alldem für seine weitere Verbreitung.

Für Gawriloff bedeutete Ligetis Horntrio größere Anerkennung in den USA, denn die Aufnahme in der Uraufführungsbesetzung für Sony wurde 1986 durch eine Grammy-Nominierung für die beste Kammermusik-Einspielung weithin bekannt.

Die erste persönliche Berührung zwischen dem Ligeti-Trio und den USA allerdings – und da werden wir jetzt sehr anekdotisch – wurde für den Geiger zum ganz und gar unmusikalischen Abenteuer. Am Auftrittsort Louisville (US-Bundesstaat Kentucky) nämlich stellte sich heraus, dass auf der Flugreise sein Koffer beim Umsteigen in New York abhandengekommen sein musste. Mit dem Frack, und mit den Noten! Einen neuen Frack genau anzupassen – dafür war nun die Zeit zu kurz, es wurde ein schwarzer Anzug aus einem Bekleidungsgeschäft besorgt. Und um die fehlenden Noten zu ersetzen, besorgte der Verlagsvertreter eine neue Partitur. Für Gawriloff nicht ganz einfach, denn er hatte bisher seine Violinpartie herausgeschnitten und zusammengeklebt, um häufiges Umblättern zu vermeiden. Dafür war nun keine Zeit, diesmal musste sehr viel umgeblättert werden – aber der Auftritt des Trios war gerettet.

Erst mehrere Wochen später erreichte ihn zu Hause eine Benachrichtigung aus New York, der fehlgeleitete Koffer sei gefunden, einige Tage später wurde das verschollene Reisemöbel selbst angeliefert. Beim Öffnen stieß seine Frau einen Schrei des Entsetzens aus. Völlig durchnässt sei alles gewesen, der Frack und sämtliche Wäschestücke waren verschimmelt und stanken.

Den internationalen Erfolg des Werkes konnte das Malheur selbstverständlich nicht aufhalten. Im Gravemeyer Award Concert 1986 der University Of Louisville führte Gawriloff das Horntrio mit Volker Banfield am Flügel und dem Hornisten Robin Graham wie geplant auf, im Rahmen eines ausschließlich dem Komponisten Ligeti gewidmeten Konzertes. Dort erklangen außerdem dessen »Atmosphères« für großes Orchester, »Ten Pieces for Wind Quintet« (1968) und als damals neueste Komposition die »Etüden für Piano« (1985). Vielleicht 150 Mal, oder noch öfter, habe er das Horntrio insgesamt gespielt, schätzt Gawriloff. Und es öffnete ihm gleichzeitig die Tür zu einem noch weiter reichenden Erfolg.

»Music from another planet«: Ligetis Konzert

Im August 1990 unternahm das noch junge Rheingau Musik Festival in seinem dritten Jahrgang einen damals experimentellen Schritt ins Neuland. Erstmals präsentierte man Neue Musik – mit einer Ligeti-Werkschau. Das Ligeti-Trio »beschloss die Veranstaltung mit einer fulminanten Wiedergabe des Horntrios«, berichtete die »F.A.Z:« (15.08.1990); zuvor war in drei Konzerten Kammermusik aus allen Schaffensperioden des Komponisten erklungen. Doch die Hauptfigur selbst fehlte bei der umfangreichen Hommage: Der gewürdigte György Ligeti hatte kurzfristig abgesagt. Zur Begründung hieß es, dass dem Komponisten »der Auftrag für ein Violinkonzert zeitliche Probleme bereitete« (Wiesbadener Kurier, 13.08.1990).

Was da seine Schatten beziehungsweise sein Leuchten vorauswarf und wohl die Erwartungen der Musikwelt wiederbelebt hat, war natürlich jenes Konzert, das wenig später um die ganze Welt gehen sollte. Wiederbelebt deshalb, weil nach Presseberichten (Schmidt 1987) schon drei Jahre zuvor eine Uraufführung dieses Violinkonzerts für den Herbst 1989 angekündigt worden war (und dann möglicherweise durch das alles andere übertönende Thema des deutschen Vereinigungsprozesses jener Monate etwas aus dem Fokus der Aufmerksamkeit geraten war).

Angeregt und in Auftrag gegeben hatte Gawriloff das Werk schon 1984. Die Zusammenarbeit mit dem Komponisten beim Horntrio hatte die gegenseitigen Sympathien vertieft, der enorme Erfolg des Trios ließ auf neue Früchte dieser Beziehung hoffen. Der Geiger fühlte sich ermutigt, dachte daran, wie viele neue Violinkonzerte er schon gespielt hatte, darunter Uraufführungen – und dass ein Konzert von Ligeti eine tolle Sache werden könnte. Bei einem geselligen Zusammensein sprach er den Komponisten direkt darauf an. Später berichtete er, damals gespürt zu haben, Ligeti sei »heiß« gewesen auf einen neuen Auftrag, und er habe ihm gesagt: »Eigentlich könnten Sie ja nun ein Violinkonzert schreiben.« (Damals waren sie noch per »Sie«.) Doch anders, als Ligetis weiter oben zitierter Satz (»und ich sagte natürlich ja«) vermuten lässt, sagte der erstmal nein: »Das geht nicht. Ein Violinkonzert? Nein.« Gawriloff war enttäuscht, blieb aber zurückhaltend: »War ja nur ein Vorschlag von mir.«

Eine Woche später aber rief Ligeti ihn an: »Ich hab mir das überlegt. Es wäre ja doch eine sehr gute Idee, dieses Projekt reizt mich. Aber es wird einige Jahre dauern.« Offenbar hatte der Komponist bereits erste Ideen, und der Solist Grund zur Vorfreude. »Aber«, hatte ihm Ligeti noch gesagt, »das wird ziemlich teuer.« Teuer, das hieß in diesem Fall 30.000 Mark. Interessanterweise bringt Gawriloff später bei seinen Erzählungen über die Entstehung des Violinkonzerts seine Ehefrau als Mitentscheiderin ins Spiel. Schließlich mussten solche Investitionen aus der Familienkasse besprochen werden. Und viele Jahre zuvor hatte man erlebt, welch schwierige Folgen solche Investitionen im unglücklichsten Fall haben konnten. Doch diesmal war seine Frau ganz sicher und zuversichtlich: »Das ist gar kein Problem. Dieses Risiko, das gehen wir ein.«

Hilfe kam dann noch von anderer Seite. Gawriloff sprach mit Wolfgang Becker-Carsten, dem damaligen Chef der Abteilung Neue Musik beim Westdeutschen Rundfunk. Der sei begeistert gewesen von der Aussicht auf ein Meisterwerk, berichtet Gawriloff. Er sicherte die Unterstützung des Senders zu, der im November 1984 zum zweiten Auftraggeber wurde. Der Geiger trug nun nur noch die Hälfte der Kosten, und ein Risiko schien es wegen der Qualitäten des Komponisten ohnehin nicht zu geben.

Dass Ligeti die Bitte um ein Violinkonzert zunächst abgelehnt hatte, war fast zu erwarten gewesen. Als gelernter Pianist, Organist, Cellist und Schlagzeuger hatte der Komponist kein besonders enges Verhältnis zum Instrument Geige. Deshalb hatte er einige Jahre zuvor Gideon Kremers Bitte um ein Violinkonzert abgelehnt, obwohl er den Geiger sehr schätzte. »Dass er Saschko Gawriloffs Bitte um ein Konzert später gerne erfüllte, lag vornehmlich an der Musikerfreundschaft, die seit ihrer Zusammenarbeit an Ligetis Horn-Trio zwischen ihnen entstanden war«, resümiert Wolfgang Burde. »Und in diesen Arbeitsphasen hatte er auch Gawriloffs ungewöhnliches instrumentales Niveau und das seiner liebenswerten Persönlichkeit schätzen gelernt.«

Und wer weiß? Vielleicht war Letzteres, diese Freundlichkeit des Geigers, sogar eine notwendige Bedingung für die Vollendung des Werkes. Die Arbeit daran gestaltete sich nämlich nicht nur spannend, sondern überaus aufregend. Kurz vor der inzwischen auf den Herbst 1990 datierten Uraufführung bekam der Solist die erwähnten Terminprobleme des Komponisten selbst zu spüren. Ligeti sei es damals, Mitte 1990, gesundheitlich schlecht gegangen, erzählte er. »Geeinigt hatten wir uns, dann und dann schickt er den ersten Satz, dann den nächsten und so weiter. Aber nichts passierte. Endlich kam dann doch eine Partitur, stückchenweise. Die musste ich dann während meines Urlaubs auf Sylt studieren.«

Der Weg zur Uraufführung in Köln am 3. November 1990 wurde für alle Beteiligten zur großen Herausforderung. »Auch ich war damals unheimlich belastet«, berichtet der Geiger. »Ich hatte Ligeti um mich herum, der ziemlich in den Seilen hing. Er hatte heftiges Herzrasen, musste Pillen nehmen. Daneben die Proben mit dem Rundfunk-Orchester. Dann hieß es plötzlich wieder: Nochmal alles anders … Irgendwann kriegte ich Nasenbluten, ließ mich verarzten und wurde sogar von meinem Internisten ermahnt, dass sowas ganz böse hätte ausgehen können. Eine Probe musste ich sogar mal mit Nasentampons spielen.«

Erst wenige Tage vor der Uraufführung habe er seine (vorerst) letzten Noten erhalten, schreibt der Geiger 1993 in einem dem 70. Geburtstag Ligetis gewidmeten Sonderheft der »Neuen Zeitschrift für Musik«. Und: »Noch schlimmer erging es Gary Bertini und seinen WDR-Musikern, denn die letzten Orchester-Stimmen trafen erst zwei Tage vor der Aufführung ein. Die Einstudierung des heiklen Werkes zählte gewiss zu den Glanzleistungen Bertinis und des damals von ihm geleiteten Kölner Rundfunk-Sinfonieorchesters.« (S.18)

Diese Uraufführung Nr. 1 bot jedoch nur drei Sätze eines eigentlich auf fünf Sätze angelegten Konzerts. Wenngleich Fragment, hinterließ es beim Publikum einen tiefen Eindruck. Doch richtig zufrieden war offenbar niemand. Der Komponist Mauricio Kagel sagte anschließend zu dem Geiger: »Das Stück ist gut, allerdings weniger für den Solisten.« Gawriloff hatte das ähnlich empfunden und erörterte das Problem später folgendermaßen:

> »Ich teilte diese Meinung und empfand das Konzert-Fragment als ein geniales, zwischen Sinfonie und Rhapsodie angesiedeltes Orchesterwerk mit obligater Solo-Violine, die wegen der dichten Instrumentation große Mühe hatte, dem dynamischen Struktur-Prinzip mit der Skala vom vierfachen *piano* bis zum fünffachen *forte* gerecht zu werden. Ein wenig fühlte ich mich gegenüber meinem Komponisten-Freund Ligeti wie weiland der Kollege Ignaz Schuppanzigh,

dem dessen Komponisten-Freund Ludwig van Beethoven mitgeteilt hatte, er kümmere sich bei der Eingebung durch den Genius nicht um ›eine elende Geige‹. Doch wie Schuppanzigh sich für die musikalisch revolutionären Beethoven-Streichquartette engagiert hatte, so engagierte ich mich für das hochwertige, wenn auch nicht in allen Teilen geigerisch dankbare Konzert-Fragment – beim ›Festival d'Automne‹ in Paris, in Helsinki, Kopenhagen, Wien, London, Lissabon, Warschau, Budapest, aber auch außerhalb der Welt-Metropolen wie in Wiesbaden, in Chemnitz (dreimal in einem Abonnements-Konzert), in niederländischen wie in portugiesischen Mittelstädten.« (NZM, S. 18)

Als Auftraggeber wollte er natürlich, dass sich der Solist, also für die nächsten vertraglich gesicherten Jahre erstmal exklusiv er selbst, in diesem Konzert gut präsentieren konnte. Darüber hinaus aber fühlte er sich grundsätzlich für das Gelingen des Werkes verantwortlich. Immerhin hatte er es initiiert und dann erlebt, wie ernsthaft und krisenreich der Komponist in dieser Arbeit mit seinen eigenen Ansprüchen gerungen hatte. Sie waren gute Freunde geworden in der langen gemeinsamen Arbeit.

Auch Ligeti selbst, ein sehr selbstkritischer Komponist, war mit dem Resultat unzufrieden. »Nein, so geht das noch nicht«, hatte er zu Gawriloff gleich nach der Uraufführung gesagt. »Eigentlich hatte ich mir das anders vorgestellt. Als ein großes Werk.« Was dem Geiger wiederum sehr entgegenkam. »Darauf sagte ich ihm ganz frech: Gut, György, es gibt doch diese fünfsätzige Tondichtung für Violine und Orchester von Edouard Lalo, ›Symphonie espagnole‹, ein phänomenales Stück, das ich schon als junger Mann in Berlin gespielt habe. Und eine solche Symphonie espagnole wünsche ich mir von dir.« – »Nein! Das geht überhaupt nicht, sowas mache ich nicht«, hatte Ligeti ihm schroff erwidert. »Wegen dieses Vorschlags war er ziemlich pikiert, verständlicherweise«, sagt Gawriloff später. »Aber dann schrieb er die fünf Sätze, und jetzt hat das alles eine ganz andere Dimension.«

Und natürlich: Ein irgendwie abgewandelter Nachkomme einer Symphonie espagnole war es überhaupt nicht geworden, sondern ein originäres Meisterwerk, bei dem der Komponist in jeder Note trotz des komplizierten, nicht selten quälenden Zwiespalts zwischen Selbstanspruch und Selbstzweifeln sein eigenes künstlerisches Gewissen behaupten und großartig manifestieren konnte. Eine umfangreiche Beschreibung vieler Facetten des komplexen Schaffensprozesses zu diesem Konzert hat Ligeti 1992 in einem Interview mit Louise Duchesneau gegeben, es wurde zuerst im Programmheft zur Aufführung des Werkes bei der Münchner Biennale im April 1994 abgedruckt. Eine profunde Einordnung des Violinkonzerts in Ligetis musikalische Entwicklung bei seiner Suche nach einer neuen Harmonik mit anderen Stimmungen und Intonationssystemen jenseits eines eurozentristischen musikalischen Denkens findet sich bei Burde 1993 (S. 203–216), ebenfalls bei Dibelius (S. 246–252).

Interessant ist, dass Ligeti, der experimentierende Sucher, in allen Schaffensperioden Werke in einem solchen etappenweisen Prozess mit grundsätzlichen Umarbeitungen reifen ließ. Das betrifft das Klavierkonzert (1985–88) ebenso wie die Oper »Le Grand Macabre« (1974–77, 1996) und zahlreiche weitere Stücke. Insofern waren die Umstände der Arbeit am Violinkonzert nicht allzu überraschend, eher eine beinahe schon erwartbare Arbeitsweise eines *work in progress* mit dem anstrengenden, aber wohl intensivierenden Nebeneffekt, dass die Konzentration und Anteilnahme aller Beteiligten auf die Spitze getrieben wurde.

Während nun Ligetis dreisätzige Version um 1990/91 weithin Beachtung fand, bereits am 28./29. November, gut drei Wochen nach der Kölner Uraufführung, mit dem Orchestre de Paris unter Kent Nagano und etwas später an anderen Orten mit dem Dirigenten Ingo Metzmacher, begann der Komponist mit einer Revision seines Werkes. Diesmal in enger Zusammenarbeit mit dem Solisten. Ligeti verwarf den ersten Satz und gestaltete ein völlig neues Präludium. Der Geiger unterbreitete für mehrere Sätze Änderungsvorschläge aus Sicht der Violine. »Meine Anregungen wurden von Ligeti akzeptiert.« Darunter im fünften Satz die Kadenz, die Gawriloff aus dem musikalischen Material des alten, jetzt verworfenen ersten Satzes konzipierte und weiterentwickelte. Seine Kadenz ist seither in der Druckfassung bei Schott publiziert, natürlich mit dem Hinweis des Komponisten, dass jeder Solist seine eigene Kadenz spielen kann.

Die zweite Uraufführung 1992 in Köln war wieder von großer Aufgeregtheit umgeben. Oder, wie Gawriloff im folgenden Jahr gutgelaunt schrieb:

> »In den Wochen vor der Uraufführung der überarbeiteten Fassung kreischten und quietschten die Nervensägen. György Ligeti ›strickte noch mit heißer Nadel‹ am Schluss seiner Partitur. Anfang Oktober erhielt ich die letzten Noten, die ich mit ›hängender Zunge‹ einstudieren musste. Dennoch meine ich, dass der von Peter Eötvös und dem Ensemble Modern am 8. Oktober im Großen Sendesaal des WDR-Funkhauses bestrittene Abend zu den musikalischen Sternstunden gezählt werden kann. Denn dort gelangte mit Ligetis vollständigem Violinkonzert ein Meisterwerk der Musikgeschichte zur Aufführung – ein Meisterwerk, dessen fünf Sätze so unterschiedlich in Faktur und Gehalt sind wie kaum eine zweite Komposition der Musik der Gegenwart.«

Unmittelbar nach der zweiten Uraufführung spielte der Solist das ihm gewidmete Werk in Stuttgart, in der Alten Oper Frankfurt am Main, der Berliner Philharmonie, im Leipziger Gewandhaus und in Dresden. »Überall spürte ich, dass dieses Konzert vom Publikum angenommen wurde. [...] Besonders freue ich mich darüber, dass Pierre Boulez (als Komponist sicherlich der absolute Gegensatz zu Ligeti) mit dem Ensemble InterContemporain György Ligetis neues Violinkonzert – neben dem Cello- und dem Klavierkonzert – für die Schallplatte einstudieren will«, berichtete er 1993.

Freuen konnte sich der Geiger damals außerdem darüber, dass rund 30 weitere Aufführungen in den USA, in Frankreich, Italien, Österreich und den Niederlanden vorgesehen waren. Und es sollten noch mehr werden in den folgenden

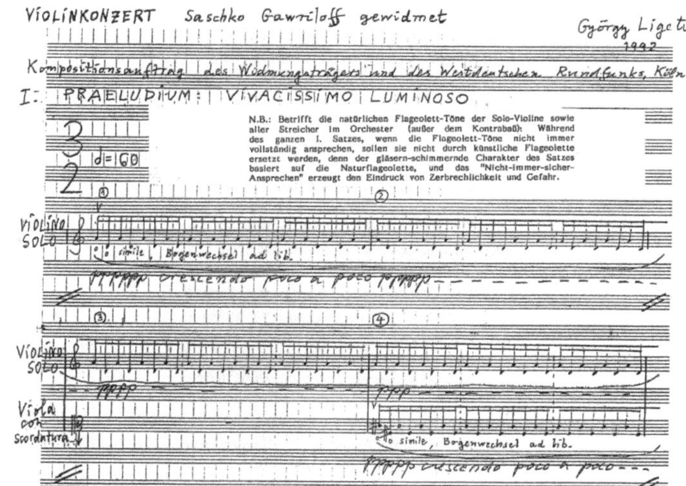

Anfang der Partitur zum Violinkonzert von György Ligeti, das der Komponist 1992 dem Geiger Saschko Gawriloff gewidmet hat.

Jahren. Über 100 Mal, schätzt er, habe er das Konzert gespielt, auf großen Bühnen aller Kontinente, in denen es Konzertsäle gibt.

Schon zwischen den beiden Uraufführungen des Violinkonzertes schrieb Klaus Rainer Schöll dem Solisten am 14.11.1991 im Namen des Musikverlages Schott, verbunden mit neuen Projektideen, einen Brief voller Dankbarkeit: »Endlich möchte ich Ihnen auch sagen, wie ganz oben Sie bei uns angesiedelt sind als Künstler (das natürlich sowieso!), aber eben auch in Ihrer Liebenswürdigkeit, einmaligen Bescheidenheit und Geduld bei allen extremen Umständen im Zusammenhang mit dem Violinkonzert von Ligeti!«

Die USA-Premiere dieses Konzerts spielte Gawriloff an drei Tagen zwischen dem 18. und 21. Februar 1993 mit den Los Angeles Philharmonikern in deren Grand Hall unter Leitung von Esa-Pekka Salonen, in einem Konzert mit einem weiteren Werk von Ligeti (»Clocks and Clouds« für Frauenchor und Orchester) sowie eingerahmt durch zwei Kompositionen von Claude Debussy (die Kantate »La Damoiselle élue« und die drei »Nocturnes«).

Zum Jahresende gab es die britische Premiere des Violinkonzerts beim Huddersfield Contemporary Music Festival, wo Ligeti vom 17. – 28. November teilnahm und als frisch gekürter Siemens-Musikpreisträger zum 70. Geburtstag geehrt wurde. Er präsentierte dort seine Konzerte für Cello, Klavier und Violine. Rätselhaft hintergründig (»the most enigmatic«) fand Michael Dervin in der »Irish Times« vom 14. Dezember 1993 die letzteren beiden Konzerte. Das Violinkonzert aber hob er hervor wegen des besonderen Respekts für dessen virtuose Behandlung des Soloinstruments und schien entzückt von Gawriloffs atemberaubender (»quite breathtaking«) Kadenz. Noch enthusiastischer hatte kurz zuvor Adrian Smith die England-Premiere Ende November mit der English Northern Philharmonia unter Elgar Howard beschrieben. Der Solist habe die furchteinflößenden Anforderungen der Komposition auf überragende Weise erfüllt, insbesondere in einer Kadenz, in der er gleichsam den krönenden Gipfelpunkt aller Kadenzen anklingen hörte: »Gawriloff met its (des Stückes – d.A.) fearsome demands in superlative fashion, notably in what is a cadenza to end all cadenzas.«

1994 war Gawriloff überdies erneut in deutschen Städten mit dem Konzert zu erleben, darunter im April in München. Im Wiener Konzerthaus-Festival »Hörgänge« erklang das Werk mit dem Ensemble InterContemporain, das unter Leitung von Boulez im selben Jahr die Aufnahme für die Deutsche Grammophon spielte. Der Dirigent Markus Stenz brachte das Werk mit der »London Sinfonietta« erneut aufs Podium der britischen Hauptstadt, in einem Konzert »European Masters« am 9. Dezember 1994, das zudem für den Rundfunk aufgezeichnet wurde.

Am 5. Dezember 2006, ein halbes Jahr nach Ligetis Tod, spielte Gawriloff das Violinkonzert wieder in London, in der Queen Elizabeth Hall mit dem Philharmonia Orchestra unter dem Dirigenten Jonathan Nott. Erneut mit begeistertem Echo, und wieder wird die enge Verbindung zwischen dem Komponisten und dem Solisten hervorgehoben. Für das Online-Portal *musicweb-international.com* schrieb eine faszinierte Kritikerin Anne Ozorio: »Ligeti may no longer be with us, but Gawriloff gives us completely unique and personal insights into his work.« Und, in höchsten Tönen lobend, schreibt sie dem Werk interplanetarische Bedeutung zu: »It takes real virtuosity to make a familiar instrument sound like music from another planet.«

Im Programmheft hatte Paul Griffiths, ein weithin angesehener Kenner und publizistischer Begleiter der Neuen Musik, das Konzert bereits in einen ebenfalls außerhalb aller konventionellen Maßstäbe stehenden räumlichen und geistigen Kontext gestellt: als »folksong for the homeless« (Volkslied für die Heimatlosen). Diese Formulierung von Paul Griffiths gehört zu seiner sehr aufschlussreichen Darstellung der kompositorischen Entwicklung György Ligetis, deren Grundzüge der Autor auch in seinem Aufsatz »Invented Homelands: Ligeti's Orchestras« (Griffiths 2011) vertieft hat. Über Ligetis Werk schreibt er: »The Violon Concerto is the richest of his invented homelands, and may persuade us that feelings of belonging are complex, ambiguous, mutable and probably illusory.« (S. 275)

Meisterschaft verpflichtet: Tokio, Korea, überall

Meisterschaft verpflichtet, heißt es. Über die Verantwortung eines Solisten wird seltener öffentlich diskutiert, das Publikum sieht dessen Aufgabe üblicherweise darin, auf der Bühne großartig zu musizieren. Das hat Saschko Gawriloff einige Jahrzehnte getan, hatte mit Ligetis Werken internationalen Ruhm erlangt, sodass er fortan Weltstar genannt wurde. Doch seine Meisterschaft hatte schon früher im Umgang mit Kompositionen und musikalischen Kollegen sowie als Lehrer mit dem auszubildenden Nachwuchs Früchte getragen. Indem wir zuletzt seine Erfolgslinie mit den Werken Ligetis beschrieben haben, blieben viele andere Projekte ausgeblendet, die aber nicht nebensächlich waren und ebenfalls große Beachtung fanden.

Wann genau Gawriloffs Arbeit international geworden war, lässt sich nicht präzise sagen. Es sei denn, man definiert einfach und ganz logisch für einen Deutschen mit bulgarischen Wurzeln, der als Kind aus Deutschland in Bulgarien aufwuchs und dann bulgarisch sozialisiert nach Deutschland kam, wo er später in der Bundesrepublik eingebürgert wurde: Von Anfang an. Spätestens in der Berliner Nachkriegszeit, mit Auftritten im Osten wie im Westen des damals zunehmend gespaltenen Landes, wurde seine Arbeit zur regelmäßigen Grenzüberschreitung.

Dann begannen, wie beschrieben, die Reisen weiter und länger zu werden. Und seit er 1959 als erster Deutscher beim Internationalen Paganini-Wettbewerb ausgezeichnet worden war, gab es für Gawriloff praktisch keine Grenzen mehr. Schon seit März 1972 kannte ihn sogar das Publikum in Japan und Hongkong. Damals war er in einem »Frühjahrskonzert« mit der Pianistin Toshiko Kawada aufgetreten.

Selbst in musikalischer Hinsicht gab es kaum Grenzen: Die wichtigsten Violinkonzerte der Tradition hatte der Musiker im Repertoire. Ebenso viele neuere Werke, neben dem ausführlich besprochenen Konzert von Ligeti jene von Alban Berg, Béla Bartók, Igor Strawinsky, Wolfgang Fortner, Bernd Alois Zimmermann und Dmitri Schostakowitsch. In Uraufführungen hatte er zahlreiche Werke zum ersten Mal auf die Bühne gebracht, darunter Bruno Madernas »Widmung« für Solovioline (Darmstadt 1971), Werke von Werner Heider, Dieter Kaufmann, Arthur Schnittke. Er spielte unterschiedliche Zeitgenossen wie Hans Werner Henzes Sonate für Violine solo (1977/92) oder die russische Komponistin Sofia Gubaidulina (»Offertorium«).

*

In der Arbeit mit dem Komponisten Robert Schumann (1810–1856) zeigte Saschko Gawriloff bald erneut, wie die

Erfahrung der Grenzüberschreitungen sein gesamtes Wirken bestimmte. Indem er regelmäßig pendelte zwischen Tradition und Moderne, befruchteten sich die beiden musikalischen Welten und Geisteshaltungen immer wieder aufs Neue. Seit 1983 beispielsweise, parallel zum beginnenden Erfolg mit Ligetis Horntrio, ist der Geiger häufig mit seinem »Robert Schumann Trio« unterwegs.

Nun könnte man meinen, Namen seien Schall und Rauch: Hatte man sich früher in den Fünfzigern zeitgeist-konform fürs bessere Marketing mal einfach »Trio International« genannt, wird jetzt sicher wieder ein wohlklingender Name für den Konzertbetrieb gesucht worden sein. Ganz von der Hand zu weisen ist die Vermutung nicht, etwas rätselhaft blieb schon, dass es ausgerechnet der Name Schumanns war. Denn ganz anders als beim »Ligeti-Trio«, das Ligetis Horntrio stets ins Zentrum seines Programms stellte, spielten diesmal die drei Herren – neben Gawriloff der Cellist Johannis Goritzki und zunächst der Pianist Karl Engel, später David Levine am Flügel – alles Mögliche: von Mozart über Franz Schubert sowie Felix Mendelssohn Bartholdy und Beethoven bis hin zu Hans Werner Henze und dem Franzosen Jean Françaix (letzteres sogar ein Auftragswerk dieses Trios). Dagegen Robert Schumann ziemlich selten. Nur dann nämlich, wenn ein Bratschist wie Rainer Moog verfügbar war, konnte 1985 Schumanns Klavierquartett Es-Dur op. 47 erklingen.[41]

Darüber hinaus jedoch nutzte das Professoren-Trio den Namen als ein besonderes künstlerisches Gütesiegel. Sie erklärten sich zu Inspirierten einer stolzen Programmatik musikalischer Ambition, die nebenbei bemerkt György Ligetis Vorliebe für diesen Komponisten geprägt hatte. »Das Robert Schumann Trio macht Kammermusik zum

Ausübungsfeld der Freiheit«, formulierten die Musiker in ihrem Programm-Zettel und betonten, dass sie »aufgrund ihrer vorherigen persönlichen Erfolge frei sein dürfen vom Ehrgeiz des Gewinnenmüssens und damit frei werden zum Dienst am Kunstwerk.« Und sie »verfügen über die gestalterische Sensibilität, um den Namen Schumann über sich spannen zu können«. Das Bekenntnis erinnert daran, dass dieses Frei-Sein »zum Dienst am Kunstwerk« Gawriloffs moralische Einstellung und Streben als Künstler schon immer geprägt hat.

Jetzt aber sollte seine dienende Meisterschaft einmal ganz direkt für ein Werk Robert Schumanns benötigt werden: Eine Violinfassung von dessen beliebtem und viel gespieltem Cello-Konzert war auf die Bühne zu bringen. Etwas heikel war dies durchaus, denn wenn die Violinisten, die über einen riesigen Schatz glänzender Kompositionen für ihre Arbeit verfügen, in die Welt der – nur quantitativ gesehen – etwas weniger üppig ausgerüsteten Cellisten eindringen, dann konnte dies bei letzteren Misstrauen und Sorge hervorrufen.

Doch hier handelte es sich nicht um einen »Einbruch« durch ehrgeizige Nachgeborene. Schumann selbst hatte die Umarbeitung vorgenommen, aber sie war lange verschollen. Erst 1987 fand der Karlsruher Musikwissenschaftler Joachim Draheim den Autographen im Nachlass des Geigers Joseph Joachim in Hamburg, damals für Schumann-Forscher eine Sensation. Vermutlich hatte der Komponist gehofft, die Flaute wegen des ausgebliebenen Erfolges seines um 1850 entstandenen Cellokonzerts a-Moll op. 129 zu überwinden (das zeitgenössische Cellisten vielleicht wegen großer technischer Schwierigkeiten zunächst ablehnten), hatte daher selbst eine eigene Violin-Version angefertigt und sie dem befreundeten Geiger Joseph Joachim angeboten.

Als nun fast 140 Jahre später, Ende 1987 die Uraufführung des Sensationsfundes in Köln mit Saschko Gawriloff als Solist erklang, stieß die Fassung auf allergrößtes Interesse. Und auf gemischte Gefühle. Die Grundstimmung, das lässt sich aus Presseberichten rekonstruieren, bestand in einer unveränderten Bevorzugung des vertrauten Cello-Originals gegenüber der Violinversion; gleichzeitig hielten Experten eine, ganz im gerade herrschenden politischen Zeitgeist formulierte, »friedliche Koexistenz« beider Varianten für möglich. In jedem Fall fand der Solist der Uraufführung große Anerkennung für seine tonliche Geschmeidigkeit.

Was die spieltechnischen Anforderungen betrifft, registrierte man, dass vieles, was für einen Cellisten eine enorme Herausforderung bedeutet, eine Oktave höher für des Geigers kürzere Wege mit der linken Hand »ein Katzensprung« sei. Dadurch könnte der Musik etwas von jener speziellen Spannung fehlen, die aus dem Umstand entsteht, dass jemand bei der virtuosen Bewältigung höchster technischer Anforderungen »alles« geben muss.

Natürlich wurde »der sonore Glanz« der tiefen Cello-Seiten vermisst, aber trotz solcher Einwände konnte ein Kritiker daran sogar etwas Positives finden: dass nun nämlich »Schumanns entschiedene Charakteristik als ›heiter‹ in der Violinfassung deutlicher wird; der nahezu Brahms'sche Humor des Spätwerks verwandelt sich in reine Gesanglichkeit.« Derselbe Kritiker konnte übrigens sogar hören, dass Gawriloffs klangliche Meisterschaft eine Brücke zum Cello-Original schlug, denn er »brachte überdies das Kunststück fertig, die dem Hörer geläufige sonore Art des Cello in seinem Geigenspiel durchscheinen zu lassen«.

Wie mehr oder weniger zutreffend diese Reaktionen im Einzelnen wirklich sein mögen: Vermutlich bedeutet die

Uraufführung dieser für einen Geiger weniger dankbaren Fassung trotz mancher Einwände doch mehr als nur eine Vervollständigung des musikhistorischen Gesamtbildes. Immer mal wieder kam in den folgenden Jahren die Geigen-Version des Werkes bei philharmonischen Konzerten ins Programm. Beispielsweise seit 1988 mehrmals in der Schumann-Stadt Zwickau, 2004 in Halle/Saale, oder in Baden-Baden, in der Carl-Flesch-Akademie, wo der Geiger einige Jahre lang Meisterkurse leitete.

Für Gawriloffs eigenes Leben und das seiner Familie sollte Schumanns Werk sogar nochmal eine besondere Wendung einleiten. Als nämlich um die Mitte der Neunziger Jahre der Rostocker Generalmusikdirektor Michael Zilm bei ihm anrief (»Sagen Sie mal, Sie haben doch diese Violinfassung des Schumann-Konzerts im Repertoire«), war eine Einigung schnell erreicht. Zusätzlich zum Schumann-Konzert nahm man Hindemiths Kammermusik Nr. 4 für Solovioline und größeres Kammerorchester ins Programm, die dem Geiger weitere Möglichkeiten für seine virtuose Präsentation bot.

Anfang März 1996 stand Gawriloff als Solist beim 7. Rostocker Philharmonischen Konzert der Saison mit der Norddeutschen Philharmonie und seinem alten Leipziger Internatsfreund Hans Wallat als Gastdirigent wieder auf der Bühne des Volkstheaters der Hansestadt. Und beim tosenden Applaus konnte er nicht anders als sich zu erinnern an seine frühen Jahre: Wie er schon um 1950 als blutjunger Solist und aufstrebender Star des DDR-Musiklebens auf dieser Bühne gefeiert worden war. Wie er damals in Warnemünde seine Renate gefunden und sie kurz danach dort weggeheiratet hatte.

Jetzt, im März 1996, hatten sich beide für die drei Konzertabende in Warnemünde beim befreundeten Hotelier Hübner einquartiert. Man kannte sich ja von früher, nicht zuletzt aus der gemeinsamen Hamburger Zeit, Renate bereits seit ihrer Kindheit. Und zusätzlich kam etwas wie Heimatgefühl auf, als sie beim Morgenspaziergang am Sonntag durch ein Fenster ein junges Paar beim Renovieren einer Wohnung sahen. Kurz danach hatten sie sich selbst eine Wohnung in Warnemünde besorgt, und im Jahr 2002 bezogen sie im Ostseebad ihr neu erbautes Eigenheim. Der Umzug war jedoch noch kein Wechsel in den Ruhestand, die musikalischen Weltreisen starteten nun eben von Rostock aus.

*

Unter diesen Weltreisen des Geigers gab es jährlich eine längere nach Japan. Begonnen hatte das schon in jener Zeit an der Berliner Hochschule der Künste, wo er 1979 bis 1982 als Geigenprofessor und Vizepräsident gewirkt hatte. Damals gründete sich in Japan das erste Sommer-Musikfestival des Landes (Kusatsu International Summer Music Academy & Festival). Gawriloff war seit der ersten Ausgabe 1980 dabei.

Das Akademie-Festival in der kleinen, aber traditionsreichen Stadt Kusatsu, gelegen in der Mitte Japans, war von Anfang an ein ehrgeiziges und offenbar großzügig finanziertes Projekt. Gawriloff wurde damals mit der persönlichen Einladung nach Japan überrascht: »Eines Tages stand da ein Japaner in meinem Büro in Berlin und stellte sich als Veranstalter des japanischen Kusatsu-Musikfestivals vor.« Vermutlich war es einer der beiden Festival-Gründer: Koji Toyoda, ein bekannter Violinist, der dort von 1980 bis 1989 als Musikdirektor wirkte, oder Kazuyuki Toyama, der zunächst General Manager des Festivals, später dann dessen Musikdirektor wurde. »Hätten Sie nicht Lust, nach Kusatsu zu kommen? Sie könnten in unserem neuen Festival einen Meisterkurs machen und Konzerte spielen«, bot er an. Wolfgang Böttcher, Solocellist der Berliner Philharmoniker und HdK-Professor, würde ebenfalls dort sein, ebenso weitere Kollegen. Die angebotenen Reise- und Spesenvergütungen sowie Honorare waren überaus großzügig, erinnert sich Gawriloff. Er entschied: Ja, natürlich, gern.

Der Geiger wurde als Gast quasi zu einem Mitbegründer dieses Festivals, das er später als »sowas wie Salzburg«, aber in der Nähe von Tokio charakterisiert. Als gefragter Stammgast der ersten Stunde reiste er zwischen 1980 und 2019 jährlich dorthin. Er wurde, vermutet er, wohl deshalb jedes Jahr eingeladen, weil viele seiner ehemaligen Studenten dorthin kamen. »Es war viel Betrieb dort, sehr gute Musiker aus Japan und den USA, aus ganz Europa. Mitglieder der Berliner und der Wiener Philharmoniker leiteten da Kurse.«

Wieder schloss sich, man muss schon sagen: auf märchenhafte Weise, ein Lebenskreis. Denn der Mann, der einst in Sofia als geigender Wunderknabe den Glauben der bulgarische Zarenfamilie an die kulturelle Leistungsfähigkeit ihrer Untertanen bestärkt hatte, half nun, als erfahrener und würdiger Partner, der japanischen Kaiserin bei ihren Bemühungen um eine kulturelle Öffnung Japans in Richtung des Westens. Er musizierte sogar mehrmals im Duo mit Kaiserin Michiko selbst (die mit ihrem Mann, Kaiser Akihito, im Jahre 2019 emeritiert wurde).

Zu erleben war, wie sich dort, im Umgang mit dem Hochadel, im Zeitenwandel Altes und Neues mischten. Das Kaiserpaar besaß eine Sommerresidenz in der Nähe des Städtchens Kusatsu und besuchte jedes Jahr für drei, vier Tage das Festival. »Dann war dort besonders viel los«, berichtete Gawriloff. »Die Stadt wurde richtig aufgemöbelt.« Viel

Mit der japanischen Kaiserin Michiko arbeitet Saschko Gawriloff in Kusatsu an einer Mozartsonate.

Polizei, das Hotel auf Hochglanz gebracht, alles abgesperrt. »Die Kaiserin, eine gute Pianistin, das kann man nicht anders sagen, die machte sich natürlich ein Vergnügen aus alldem. Jedes Jahr fand dort ein besonderer Abend statt. Und für uns alle war es eine große Ehre, wenn sie mit jemandem von den anwesenden Solisten musizierte. Mit mir hat sie ein paar Mal gespielt.« Fasziniert beschreibt der Geiger die Atmosphäre in Kusatsu:

> »Das Schöne war, an jenem Abend, an dem sie da spielte, gab es einen gewaltigen Andrang im Saal. Alle kamen, weil das Kaiserpaar anwesend war. Die saßen natürlich in der ersten Reihe. Und bevor die Kaiserin aufs Podium ging, kniete sie vor ihrem Gemahl nieder und bat um die

> Erlaubnis, spielen zu dürfen. Er gab sich dann sehr gnädig, machte eine freundliche Geste der Zustimmung. Dann stieg sie aufs Podium und begann ihr kleines Konzert. Nach dem Konzert gab's einen Riesenempfang: mit unglaublichem Büfett, lauter Spezialitäten und tolle Sachen. Einen Tag vor und einen Tag nach dem Konzert wurde in der Mensa des Festspielhauses, wo die Teilnehmer zu essen pflegten, ein Tisch gedeckt, ganz vornehm. Dann erschienen die beiden, es gab ein gemeinsames Essen mit dem Kaiserpaar.«

Bei diesem Mensa-Lunch seien viele Musikerkollegen ein wenig steif gewesen, erzählte Gawriloff weiter. Aber er, der von Anfang an dort war und vielleicht deshalb etwas lockerer zu sein wagte, habe meist der Kaiserin gegenüber gesessen und Gelegenheit zu Gesprächen gehabt. Die Konversation befolgte freilich die Gebote der Höflichkeit und die Regeln des Hofes. Es hieß: »Eure Hoheit« beziehungsweise »Your Highness«, man sprach ja Englisch, und dazu die Anrede mit Vornamen: Michiko und Saschko. Schnell hatten die Kaiserin und der Musiker herausgefunden, dass sie am selben Tag Geburtstag haben, sie ist fünf Jahre jünger als er. Der Geiger konnte Ihrer Hoheit fröhlich berichten, dass man an diesem Tag in seiner Familie immer auch auf Euer Gnaden Wohl trinke. Was ihm sogleich eine Geburtstagseinladung nach Japan eingetragen habe. »Naja«, beschließt er das Thema lachend. »Das wäre für mich eine viel zu teure Angelegenheit geworden, ich hab dann auf diese Reise verzichtet.«

Kaiserin Michiko, eine hochgebildete Frau bürgerlicher Herkunft, hatte in Japan lange Zeit als Symbol der Demokratisierung und Modernisierung des Landes gegolten. Ihr regelmäßiges Auftreten, wie ihr öffentliches Musizieren beim Kusatsa Festival, ist sicher trotz aller höfischen Begleitumstände als eine solche Geste der Modernität anzusehen – wie man sie in anderen Ländern der Welt damals seltener zu sehen bekam.

*

Am 15. Dezember 1983 trat Saschko Gawriloff in der japanischen Hauptstadt Tokio mit einer Sonatine für zwei Violinen des in Berlin lebenden südkoreanischen Komponisten Isang Yun oder – wie er in seiner Heimat in der dort üblichen Reihenfolge: erst Nachname, dann Vorname heißt – Yun I-sang auf. Keineswegs unscheinbar, sondern interessant im Klanglichen, ist es aber ein kleines Werk von nur zwölf Minuten. Doch uns führt es zu weiteren bewegenden Geschichten.

Komponiert hatte Yun das Stück für Akiko Tatsumi und Gawriloff: eine japanische Geigerin und ihren deutschen Lehrer. Vermutlich war die Sonatine sogar eine Geste der Dankbarkeit. Denn im Jahr zuvor hatte Gawriloff mit Akiko Tatsumi, die bei ihm an der Berliner HdK als Assistentin wirkte, das erste Violinkonzert Isang Yuns einstudiert. »Ein wahnsinnig schweres Stück«, sagt Gawriloff, »und sogar physisch sehr anstrengend.«

Dessen Uraufführung spielte Akiko Tatsumi, die Jahre später Professorin einer Musikhochschule in Tokio wurde, 1982 mit dem Frankfurter Radio-Sinfonie-Orchester in der Main-Metropole, Ende April die ersten beiden Sätze in der Alten Oper, Ende November dann das komplette dreisätzige Werk im Hessischen Rundfunk. Später nahm Gawriloff, auf Wunsch des Komponisten, das Werk in sein eigenes Repertoire und führte es mehrmals auf. Es war eine Geste der Verbundenheit, denn beide Professoren kannten sich gut von der Berliner Hochschule.

Yun (1917–1995) war bereits 1956, mit Hilfe eines Preisgeldes für den Kulturpreis der Stadt Seoul, nach Westeuropa

Saschko Gawriloff (r.) mit dem Komponisten Isang Yun (M.) nach einer Aufführung von dessen Violinkonzert.

gezogen, hatte zunächst in Paris und seit 1957 in der HdK West-Berlin Komposition studiert und kam nach Stationen in Deutschland und den USA 1970 an die HdK zurück: Nun als Kompositionslehrer, seit 1974 Honorarprofessor, seit 1977 Ordentlicher Professor.

Die Uraufführung der besagten Sonatine war nicht nur, wie es auf den ersten Blick scheinen mag, ein klingendes Zeugnis interessanter ost-westlicher kultureller Wechselwirkungen, sondern darüber hinaus ein politischer Akt. Denn es ist das Werk eines international anerkannten Künstlers, der in seiner Heimat Südkorea verfolgt, gefoltert und mit dem Tod bedroht worden war.

Als Komponist war Isang Yun bereits in den Fünfzigerjahren in der Szene der Neuen Musik Deutschlands bekannt geworden, Anfang der Sechzigerjahre dann international. Wohl weil er kein Hehl machte aus seinen politischen Ansichten über die antidemokratischen Entwicklungen in seiner Heimat, insbesondere unter der Herrschaft des diktatorischen Präsidenten Park Chung-hee, wurde er mit seiner Ehefrau und anderen Koreanern am 17. Juni 1967 durch den koreanischen Geheimdienst aus der Bundesrepublik entführt. Der konkrete Vorwurf gegen ihn lautete Spionage, weil der Komponist 1963 einmal Nordkorea besucht hatte.

Nur dank heftiger internationaler Proteste der Zivilgesellschaft, darunter von 181 prominenten Musikern aus aller Welt, gelang es, Isang Yun nach 21 Monaten Haft 1969 frei zu bekommen. In Deutschland wird diese ganze Geschichte ungern oder oft unvollständig erzählt, offenbar wegen einer unrühmlichen Beteiligung deutscher Behörden an der Entführung, oder zumindest deren heimlicher Duldung. Immerhin hat der Jurist Heinrich Hannover, der damals als Yuns Rechtsanwalt zu dessen Befreiung beitrug, seine Erinnerungen daran ausführlich geschildert, unter der Überschrift: »Die Entführung des Komponisten Isang Yun. Ein vergessenes Geheimdienstverbrechen aus dem Jahre 1967« (H. Hannover 1998, S. 186–211).

Isang Yun, dessen Gesundheit schon vor der Entführung kompliziert war und nun durch Folter und Erpressung nochmals schwer litt, wurde nach seiner Freilassung in seiner Musik noch direkter politisch. 1981 schrieb er sein »Exemplum in memoriam Kwangju« zur Erinnerung an über 2000 Opfer eines Massakers des südkoreanischen Militärs gegen den Gwangju-Aufstand der Demokratiebewegung.

Und seiner Kammersymphonie Nr. 2 gab er den Titel »Den Opfern der Freiheit«.

Noch bis 1992 waren in Südkorea Aufführungen von Werken Isang Yuns verboten. Gawriloff bekam das zu seinem großen Erstaunen selbst zu spüren. Auf einer Konzertreise durch Südkorea um die Mitte der 1980er Jahre erzählte er bei einem Empfang nach seinem Konzert in Seoul den anwesenden staatlichen Vertretern voller Stolz, dass er ja in Deutschland gute Beziehungen zu dem Komponisten Isang Yun habe, dass er dessen Violinkonzert und weitere Kompositionen gespielt habe und sie befreundet seien. »Da kriegten die sehr ernste Gesichter, und ich fragte mich: Was haben die denn nur?«

Was er zu diesem Zeitpunkt nicht wusste: Er hatte dort mit dem Namen Isang Yun ein Tabu berührt. Eine offizielle Rehabilitierung in seiner Heimat Südkorea konnte der weltbekannte Komponist nicht mehr erleben. Erst im Februar 2000 gründete sich »In memorian Isang Yun« in der Hafenstadt Tongyeong an der Südküste des Landes ein seither jährlich veranstaltetes internationales Musikfestival. In dessen Rahmen gab es seit 2007 Yun-Kompositions-Wettbewerbe, zuvor hatten dort schon 2003 Interpreten-Wettbewerbe zu Yuns Musik begonnen, im jährlichen Wechsel für Cello, Geige und Klavier ausgeschrieben. Und der Jury-Vorsitzende beim ersten Violinwettbewerb 2004 wurde Saschko Gawriloff.

Der Klang eines Lebens: Kreise schließen sich

Wir sahen zuletzt, wie Gawriloffs Meisterschaft nicht nur zu internationalen Höhenflügen als Solist geführt hat, sondern auch zur kulturellen Mitwirkung an globalen historischen und politischen Vorgängen wie der Öffnung von vormals geschlossenen Gesellschaften in Japan und Südkorea. Und bedenkt man es genau: Schon in jungen Jahren hatte der Musiker in Deutschland an einer solchen Öffnung einer geschlossenen Gesellschaft mitgewirkt. Denn das deutsche Musikleben war durch das NS-Regime gewaltsam abgeschottet gewesen; nach 1945 hatte es sich beim Aufbruch aus den Verengungen der NS-Zeit zunächst sehr nach rückwärts orientiert, an eine »gute alte Zeit« des Musikalischen angelehnt, im Namen von ewig gültig geglaubten kulturellen Werten.

Gegen diese zweite Verengung eines konservativen Traditionalismus hatte die Neue Musik entschieden anmusiziert, wobei sie ihrerseits zeitweise selbst einen eigenen Elfenbeinturm neben dem alten errichtete. Die antikonservative Gegentendenz der Neuen Musik war umfangreich gefördert worden, doch die Beharrungskraft des Alten erwies sich als außerordentlich stark und stabil.

Gawriloff selbst reflektierte das damals weniger gesellschaftshistorisch, mehr unter dem Gesichtspunkt geistiger und künstlerischer Qualitäten, aber letztlich mit einer ähnlichen Quintessenz: Er sprach von seiner Überzeugung, »dass Tradition zur geistigen Schlamperei werden kann, wenn sie nicht durch die Pflege der Musica Viva ergänzt wird« (Gawriloff 1992).

Nach unserer Betrachtung seiner gesellschaftlichen Wirksamkeit auf allen Kontinenten, seiner ausgedehnten Konzertreisen und der großen Erfolge gehört zu einer Bilanz dieses Musikerlebens noch sein Wirken als Geigenpädagoge. Und wir widmen uns einem Thema, das bisher weitgehend ausgeklammert blieb, obwohl es doch die wichtigsten Werkzeuge des Musikers betrifft: Die Violinen des Geigers.

Wenn von sich schließenden Kreisen dieses musikalischen Jahrhundertlebens die Rede ist, dann mag folgende Anekdote viele der Wirrungen, sowie die Längs- und Querbezüge seines Lebenslaufs auf sonderbare Weise illustrieren. Als Gawriloff im Jahr 1972 erstmals nach vielen Jahren wieder in Bulgarien auftrat, nun als Bundesbürger und berühmter Künstler in der Heimat seiner Kindheit, wurde dies für ihn zum besonderen Erlebnis. Er spielte in Sofia drei Konzerte: Dvořák, Mendelssohn und Tschaikowski. Dass es danach noch einen großen Empfang gab, dafür hatte der Ehemann seiner Cousine gesorgt, ein Tenor in der Oper von Sofia, der inzwischen Chef der staatlichen Konzertagentur geworden war.

»Ich spiele dort mit dem Rundfunksinfonieorchester. Und Jahre später kommt mir hier in Deutschland eine Schallplatte unter die Augen: Ein Konzert mit mir. Aber fast alle Angaben waren verändert: Ich hätte mit dem Rundfunksinfonie-Orchester Belgrad gespielt, stand da. Ich kann mich natürlich genau an dieses Konzert erinnern, aber nicht an ein Orchester aus Belgrad. Mit denen hab ich nie gespielt. Aber so ging das dann hier über den Ladentisch.«

Die Sache könnte banal erscheinen, vermutlich steckt aber mehr dahinter, zumal der Musiker schon andere falsch deklarierte Plattenveröffentlichungen von eigenen Auftritten gefunden hatte, einmal sogar in einem Plattenladen in New York. Um Einnahmen zu erzielen, möglichst Devisen, ohne dafür Gebühren zahlen zu müssen, hatten Verlage und Plattenfirmen in Osteuropa diverse Tricks entwickelt. Hinter der scheinbaren Schlampigkeit der Angaben steckte vielleicht ein kaufmännisch ausgeklügeltes Prinzip.

Aber Gawriloff ging es bei dieser Erinnerung nicht um entgangene Tantiemen. Die Aufnahme von Sofia hatte eine musikalische Besonderheit: »Auf der Schallplatte geschieht folgendes: Bei der Kadenz, die fängt ja bei Tschaikowski mit diesen Akkorden an: bam - bam - bam - bim - da-da-da-da - dam - biii. Und dann geht es los: ba-dim-ba-dim-ba-daa und so weiter. Ich höre mir diese Aufnahme an: Da kamen die vier Takte zwei Mal hintereinander. Nanu, was ist das? wunderte ich mich. Na gut, bei der Kadenz kannst du ja alles machen, was du willst, nicht wahr.«

Bei einem späteren Gespräch fielen dem Geiger die genaueren Umstände der seltsamen Wiederholung wieder ein: »Es lief für mich damals einfach fantastisch bei diesem Tschaikowski-Konzert. Bei der Kadenz war ich dann so frech (oder so frei?), dass ich die Stelle gleich nochmal gespielt habe. Ich war wohl der Meinung, das kann ich noch besser, es war ein unglaubliches Hochgefühl damals. Hinterher sagte ich denen, sie sollen eins rausnehmen, aber das haben die nicht gemacht. Und später beim Anhören dachte ich noch: Merkwürdig. Wieso hab ich das überhaupt wiederholt? Es war doch tadellos. Es war wohl dieses Hochgefühl damals: Mein erster Auftritt in Sofia nach so vielen Jahren.«

Und vielleicht lag es auch noch an einem besonderen Gefühl mit seiner Geige, von der er sich schon verabschiedete, indem er noch einmal glänzend auf ihr spielte.

Der Virtuose als Lehrer

Ein »strenger« Lehrer: Was mag das für einer sein? Kann das ein guter Lehrer sein, in unseren Zeiten? Was für ein Lehrer war Gawriloff? Auf die Frage wird man vermutlich unterschiedliche Antworten erhalten, wenn man unterschiedliche Schüler fragt.

Dass er ein erfolgreicher Lehrer gewesen sein muss, ist schon durch die Fülle seiner Lehrverpflichtungen, von Nürnberg über Detmold, Essen, Berlin und Köln, und ebenso durch die große Zahl seiner Meisterklassen bei internationalen Kursen in Deutschland und in vielen Ländern belegt. Vor allem durch die Zahl seiner erfolgreichen Schüler. »In allen großen deutschen Orchestern sitzen oder saßen Schüler von mir, zum Teil als Konzertmeister. Auch in Japan sind ehemalige Studenten von mir in guten Lehr- und Orchesterpositionen untergekommen. Und hochzufrieden bin ich mit der Entwicklung meines Schülers Frank Peter Zimmermann, der inzwischen zu den großen internationalen Solisten gehört. Es bereitet mir immer wieder großes Vergnügen, ihm zuzuhören«, berichtet Saschko Gawriloff. Zimmermann wandelte, bei aller Eigenständigkeit seines Weges, in mancher Hinsicht auf den Spuren seines Lehrers. Nicht zuletzt in der Arbeit mit Ligetis Violin-Konzert. Dessen zweite Platten-Einspielung hatte Zimmermann als Solist auf Empfehlung Gawriloffs übernommen, weil der durch seine Ersteinspielung an die Deutsche Grammophon gebunden war und für Teldec nicht zur Verfügung stehen konnte.

Er gelte als »strenger« Lehrer, wurde der Professor einmal Ende der Neunzigerjahre in einem Büchlein »Große Geigenpädagogen im Interview« angesprochen. Gawriloff erwiderte: »Ich bin konsequent. Wenn man auf einem

Streichinstrument spielen will, dann muss die Voraussetzung dafür genau gegeben sein.« (Noltensmeier 1998, S. 57 f.) Setzen wir mal die konkreten Voraussetzungen, die er für notwendig hält, als selbstverständlich voraus[42], dann gebührt dem Wörtchen »genau« in seinem Satz besondere Betonung: nicht so sehr nur im Sinne eines geforderten präzisen Spiels, sondern in Bezug auf dessen Vorbedingungen. Es konnte daher durchaus vorkommen, dass ein junger Geiger oder eine junge Geigerin mit Hoffnungen auf eine Karriere bei ihm zur Bewerbung vorspielte, er aber anschließend die weitere Zusammenarbeit ablehnte. Dann nämlich, wenn er meinte (was er aber sicher nicht so harsch sagte), es habe in diesem Fall keinen Zweck.

»Strenge und Konsequenz dienen bei mir dem Wohle der Musik und dem des jungen Instrumentalisten«, betont Gawriloff im selben Interview. Und: »Entscheidend ist nicht das Wohlbefinden des Spielers, sondern das Klangergebnis.« (S. 60) Diese, im Interesse der Musik geübte, Art der »Strenge« konnte der Lehrer mit Freundlichkeit und Wärme einsetzen, was am besten von einem seiner Schüler zu bestätigen ist. Etwa im folgenden Bericht von David Garrett, der damals noch David Christian Bongartz hieß, und in seiner Autobiographie »Wenn ihr wüsstet« (Garrett 2022) seine Entwicklung beschreibt. Als seinen Hauptlehrer bis zu seinem 18. Lebensjahr bezeichnet Garrett seinen Vater, einen erfolgreichen Geigenhändler. Und der Vater brachte seinen Sprössling mit großem Ehrgeiz und mit ebenso großem zeitlichen und finanziellen Aufwand zu den interessantesten für ihn erreichbaren Violinpädagogen. Für die Zeit ab 1987 schreibt Garrett:

> »Von nun an geht es zweimal die Woche zu Saschko Gawriloff [...] Gawriloff unterrichtet an der Kölner Musikhochschule,

> ist selbst ein ausgezeichneter Geiger, Konzertmeister und Solist und von daher prädestiniert, mein Repertoire an Musikstücken zu erweitern. Was ich als Siebenjähriger aber besonders an Gawriloff mag: dass dieser liebenswürdige, warmherzige und überaus kompetente Mann einem kleinen Bengel wie mir sein Haus öffnet. Es geht sogar vergleichsweise gemütlich bei ihm zu. Am frühen Mittag komme ich an, dann arbeiten wir eine Stunde zusammen, und anschließend lässt er mich Mittagsschlaf halten, bevor es weitergeht.«

Und wie verlief dieser Unterricht? Dazu nochmal Garrett:

> »Gawriloff zum Beispiel achtet zwar schon auf den Klang, feilt aber mit mir hauptsächlich an der Beherrschung des Instruments, an meiner Tongebung, meinem Vibrato, meiner Bogenhaltung. Dafür sind die Etüden da, Geigenschulen [...] Etüden spielen ist nichts anderes als Feinmotorik-Tuning. Langweiliges Wiederholen, um Finger und Gehirn in Form zu bringen. Auch bei Gawriloff gibt es diese freudlose Pflichtveranstaltung, aber er weiß, dass der Spaß beim Üben nicht zu kurz kommen darf, deshalb vergisst er nie, mir etwas vorzusetzen, was Vergnügen bereitet: ein kleines Stück von Händel, eine frühe Sonate von Mozart, eine Dvořák-Sonatine. Erst die härtesten Nüsse knacken, dann beschwingt was Schönes spielen, diese Balance ist ideal. So geht ein guter Lehrer vor, und der freundliche Gawriloff ist ein sehr guter Lehrer. Wie alle anderen in meinem Leben übrigens.«

Sein einstiger Professor bestätigt diese durchaus innige Beziehung zwischen Lehrer und Schüler: »David war bei mir privat als Kind, von seinem achten Lebensjahr an etwa drei Jahre lang. Als ich in Köln war, kamen sie (er mit seinem Vater) immer von Aachen zu uns nach Hause. Der Junge war eine einmalige fantastische Begabung, nicht nur, weil er damals schon sehr schnell Geige spielen konnte, sondern vor allem, weil er sehr musikalisch war. Er ist musikalisch, er empfindet das, er hat einen wunderschönen Ton. Und er kann wunderbar Geige spielen.« Garretts heutigen Weg als geigender Popstar und Entertainer betrachtet sein einstiger Lehrer zurückhaltend, mal mehr, mal weniger verständnisvoll: »Ich hab mir das, was er heute macht, mal in der Stadthalle angehört. Das ist eine andere Art, Musik zu machen, eine ganz andere Art zu spielen. Und ob man beides, das tief empfundene musikalische Geigenspiel und diesen klanglichen Rahmen der Popmusik wirklich verbinden kann, da hab ich meine berechtigten Zweifel. Aber was er da tut, das macht er sehr gut. Sehr sympathisch.«

Neben Frank Peter Zimmermann und David Garrett könnte man eine lange Namensliste von Schülerinnen und Schülern Gawriloffs anfügen: die russische Violinistin Natascha Korsakowa etwa, oder die Japanerin Sayaka Shoji, die 1999, als sie bei ihm in Köln studierte, im Alter von 16 Jahren die jüngste Gewinnerin des Paganini-Preises wurde. Oder einen Geiger wie Peter Rosenberg, der langjährige erfolgreiche Erste Konzertmeister in Bamberg, der offenbar mit der Strenge seines Lehrers in Köln mal etwas gehadert hatte. Gawriloff sagt darüber: »Naja, auch zu ihm war ich streng, aber dank meiner Konsequenz hat er dann sogar einen ersten Preis beim Beethovenfestival Bonn bekommen, mit seinem Bruder am Klavier.«

Was besagte »Strenge« grundsätzlich betrifft, ist auch folgendes zu bedenken: Sicher hatte sich der Herr Professor seine Haltung pädagogischer Konsequenz aufgrund langjähriger Unterrichtserfahrung angeeignet. Aneignen müssen. Denn in Nürnberg begann er 1958 mit 21 Schülern. 21 Wochenstunden (»Aber volle Stunden, nicht etwa

Saschko Gawriloff bei einem Meisterkurs an der Hochschule für Musik und Theater in Rostock.

45 Minuten.«), dazu Vor- und Nachbereitung. Nürnberg war damals noch keine Hochschule, sondern ein Konservatorium, an dem man auch Berufsabschlüsse erwerben konnte. Das Qualitäts- und Motivationsniveau der Schüler war daher sehr unterschiedlich. Eine gewisse Strenge dürfte deshalb für den Selbstschutz eines stark belasteten Lehrers geradezu überlebensnotwendig gewesen sein. Und, wie wir sahen, kann Strenge ein Schutz für die Schüler sein – ein Schutz vor unangemessenen, auf falscher Selbsteinschätzung beruhenden Erwartungen.

Letztere Tendenzen fielen Gawriloff sogar in Meisterkursen auf. Der Grund klang in seiner Aussage über Garrett schon beiläufig an: dass der nicht nur schnell Geige spielen konnte, sondern »sehr musikalisch« war. Eine Frage der Geisteshaltung und des geistigen Vermögens ist das. Deren Mangel mag sich aus dem waltenden Zeitgeist erklären lassen, doch sowas bereitete ihm Sorgen (Gawriloff 1992):

> »Etliche Jung-Instrumentalisten zeigen ein falsches Anspruchsdenken. Da trug etwa eine Bewerberin Prokofieffs Solo-Sonate mit falscher Phrasierung vor. Ich bat sie, das Volkslied-Thema des zweiten Satzes doch mal vorzusingen. Sie wies das entrüstet zurück – so als hätte ich sie aufgefordert, mein Auto zu waschen. Manche halten Violinspiel für eine Disziplin des Leistungssports. Bitte – ich mag Boris Becker und Steffi Graf. Aber ich mag es nicht, wenn einige es offensichtlich versuchen, sie auf der Violine zu kopieren und deswegen von Wettbewerb zu Wettbewerb rennen, so als gelte es, Weltranglistenpunkte für den Computer zu sammeln.
>
> Einige sehen möglicherweise in jedem Dirigenten einen fremdbestimmten Pult-Despoten und scheuen deswegen Orchesterspiel wie der Teufel das Weihwasser. Sie engen damit ihren Horizont unnötig ein und bringen sich um die

intime Kenntnis der sinfonischen Literatur. Diesen Individual-Fanatikern möchte ich die Lebenserinnerungen empfehlen, die Otto Strassner – langjähriger Stimmführer der zweiten Geigen bei den Wiener Philharmonikern – unter dem kennzeichnenden Titel ›Und dafür wird man noch bezahlt‹ veröffentlicht hat.«

Gewiss. Deshalb ist die Talentpflege und -förderung ebenfalls eine Kunst: um das Künstlerische hinter dem Handwerklichen erkennen und entwickeln zu können.

Der Geiger und seine Violinen

»Am 28. Dezember 1995 trafen sich sieben Geigen, erlesene Instrumente, von den berühmtesten Geigenbauern gefertigt, zu einem edlen Wettstreit. ›Wer ist die Schönste? ‹ – das war und ist die Frage ...«

Mit diesem Text der Zeitschrift »Stereoplay« warb die Firma Tacet Musikproduktion in ihrem Online-Katalog für eine 1996 erschienene CD »What about this, Mr. Paganini?«. Die Geigen des Schönheitswettbewerbs stammen von Amati, Guadagnini, A. Guarneri, P. Guarneri, Horvath, Stradivari und Vuillaume: von fünf alten Italienern aus Cremona, einem bekannten Franzosen sowie einem modernen Hersteller aus Ungarn. Saschko Gawriloff hat sie, teilweise begleitet von der Pianistin Kira Ratner, auf dieser CD zusammengeführt. Dort präsentiert er die Violinen vergleichend: Zuerst spielt er die Sarabande aus Bachs Partita d-Moll (BWV 1004) mit jedem der Instrumente für den direkten Vergleich einmal durch, danach wählt er für unterschiedliche Stücke von Veracini, Kreisler, Dvořák, Paganini und Webern jeweils ein anderes Instrument aus, um dessen

Charakteristik hervorzuheben. Sechs Geigen kamen von privaten Leihgebern, die Strad dagegen ist Gawriloffs Eigentum, die »De Ahna«, so bezeichnet nach Heinrich de Ahna (1833–1892), dem zweiten Geiger des Joachim-Quartetts, manchmal die »Amatise« genannt, wegen ihrer optischen Beziehung zu den Geigen von Antonio Amati.

Wahrscheinlich ist diese CD kein Massenprodukt, doch für Liebhaber und Fachleute dürfte sie von großem Interesse gewesen sein. Zumal es das erste derartige Vergleichs-Album auf dem deutschen Markt war, nachdem einige Jahre zuvor ein ähnliches Produkt mit dem amerikanischen Geiger Ruggiero Ricci in der englischsprachigen Welt erschienen war.

Gawriloff war sicher der richtige Mann für ein solches Projekt. Von der kratzigen Blechgeige, mit der er schon als Dreijähriger auf dem Donaudampfer fröhlich entschlossen seinen Berufswunsch in die Welt quietschen ließ, bis zur Guarneri del Gesù und später zur Stradivari hat er in seinem bewegten Musikerleben eine erstaunliche Menge und Vielfalt unterschiedlichster Violinen gespielt. Als Kind hatte er, wie wohl die meisten Violin-Schüler, die üblichen Stadien über halbe und Dreiviertel-Geigen durchlaufen. Und seit der Zeit, da er als Acht- oder Neunjähriger eine ganze Geige spielen durfte, bewegte er sich in einem unerschöpflichen Kosmos von Möglichkeiten. Die besondere Fülle an Gelegenheiten, die sich da boten, mag mit den Zeitumständen einer Nachkriegsära zusammenhängen, deren Umbrüche vieles zuließen, was in den heute strenger geordneten Verhältnissen kaum noch vorstellbar ist.

»Ich hab sehr oft die Geigen gewechselt«, erzählt Gawriloff im Rückblick. »Immer habe ich nach einem Klang gesucht, der zu mir passt. Nach einem Klang, bei dem ich sagen konnte: Mensch, das fasziniert mich selber. Aber diese

Suche ist nicht einfach!« Nein, eine Wissenschaft für sich sei das: Es gibt da diese Obertöne, bekanntlich nicht nur bei Geigen, aber hier in besonders feinen Nuancierungen. Bei einer Stradivari oder Guarneri seien sie sehr unterschiedlich und ganz individuell. »Die haben dermaßen interessante Oberton-Klangfarben«, erzählt er begeistert. »Ich hatte sogar schon das zu mir passende Instrument gefunden, mit der ›Spohr-Geige‹. Also meine Geige. Und dummerweise hab ich die weggegeben.«

Wie viele Geigen er insgesamt gespielt hat, nur so über den Daumen gepeilt? Genau kann Saschko Gawriloff das nicht beziffern. Um das Jahr 2015 herum, als rüstiger Mittachtziger, der damals noch bis zu vier Stunden am Tag übte, antwortete er auf diese Frage nach seinen Geigen: »Ich habe immer noch viele, gegenwärtig sind es sechs.« Seine beiden wichtigsten Instrumente aber, die Guarneri und die Stradivari, waren da schon weg. Die »Strad«, die er in der erfolgreichsten Phase seiner Laufbahn, darunter bei den Ligeti-Stücken, bei vielen internationalen Auftritten bis zu seiner Emeritierung an der Kölner Hochschule spielte, hatte er erworben, nachdem ihm die Guarneri – sagen wir mal vorsichtig – abhandengekommen war. Womöglich war damals nicht alles mit rechten Dingen zugegangen. Aber er wolle niemanden verdächtigen, erzählt er. Das Ergebnis war dann jedenfalls, dass er die Geige aus der Hand gab, und dass es kurz danach einen überraschenden Deal gegeben habe: offenbar eingefädelt zwischen London, Basel und New York. Doch diese Geschichte muss ausführlicher erzählt werden.

*

Zunächst hatte Gawriloff dieses Instrument des berühmten Geigenbauers Giuseppe Guarneri aus Cremona (1698–1744), der fünfzig Jahre nach Stradivari geboren wurde und später als Guarneri del Gesù in die Geschichte einging, mit großem Glück erworben. Dass es die legendäre Spohr-Geige gewesen sein soll, galt als erwiesen und war ihm mit mehreren Gutachten belegt worden. Für die 180.000 Mark, die das Instrument kosten sollte, ließ sich nach einigen Konzerten mit den Deutschen Bachsolisten in der Deutschen Bank Frankfurt am Main und nach einem anschließenden Gespräch in der Künstlergarderobe mit dem Aufsichtsratschef der Bank, Hermann Josef Abs[43], ein Kredit einrichten. Seine damalige Violine konnte er dort mit 60.000 Mark in Zahlung geben. Er fuhr nach Bern und kaufte die Guarneri.

Kurz danach begann die Tragödie. Der Geiger war in London, um mit Pierre Boulez das Kammerkonzert von Alban Berg aufzuführen. Vor der Probe ging er dort, weil er einen neuen Dämpfer brauchte, nochmal kurz zum bekannten Geigenhändler Charles Beare. Und es geschah folgendes:

»Als ich zu ihm kam, öffnete er meinen Geigenkasten und sagte: Ach, das ist ja die sogenannte Spohr-Geige. – Ich reagierte gereizt: Ja, was heißt denn die ›sogenannte‹ ?! Er meinte ganz ruhig: ›Wissen Sie, ehrlich gesagt: Von dieser Geschichte halte ich gar nicht viel. Da bin ich skeptisch.‹ Ich war natürlich aufgeregt, berief mich auf die Gutachten, ich hatte doch fünf Atteste von berühmten Fachleuten, sogar eins in Leder gebunden von Hill in London, auch so ein Geigenpapst damals. Oder von Möller in Amsterdam und von Hammer & Groh in Stuttgart. ›Na ja‹, sagte Beare, ›eine italienische Geige ist das natürlich.‹ Aber was die Geschichte als Spohr-Geige betraf, war er von seinem Zweifel nicht abzubringen. ›Ach, wissen Sie was? ‹, sagte er dann. ›Lassen Sie die mal heute hier. Am Abend kommt ein Kollege aus New York zu mir, und wenn der meint, es ist okay, dann will ich nichts gesagt haben.‹ – ›Aber ich brauche sie doch zur Probe jetzt‹, wandte ich ein. ›Da nehmen Sie eben jetzt eine andere mit‹, sagte Beare und gab mir eine Padadini. Am nächsten Tag kam ich wieder zu ihm, und da zeigte er den Daumen runter. Darius, der Kollege aus New York, habe das wie er gesehen. Ich solle das Instrument lieber zu Werro nach Basel zurückbringen, wo ich es gekauft hatte.«

Dieser Henry Werro war ein namhafter Schweizer Geigenbauer und -händler. Allerdings war er 1958 in einem von der Boulevard-Presse als »Schweizer Geigenkrieg« betitelten Prozess wegen Urkundenfälschung verurteilt worden, in dem es um ominöse Hintergründe des Handels mit Meisterinstrumenten ging. Dazu ist jedoch anzumerken, dass noch bis in die Gegenwart Fachleute[44] in Henry Werro einen kompetenten Mann sahen, der nicht Täter, sondern eher Opfer einer diffusen und technisch noch unausgereiften Beweisführung gewesen sein kann, ohne dass mit dieser Fürsprache für Werro grundsätzlich die finsteren Machenschaften im internationalen Geigenhandel in Zweifel gezogen werden.

Aber der Druck des alten Urteils mag dazu geführt haben, dass der Händler nun, 1972, empfindlich reagierte, als sein Kunde erneut bei ihm erschien und sagte: »Herr Werro, Ihre Geige wird angezweifelt!« Werro zeigte sich entrüstet, wollte gleich bei Beare in London anrufen, und als der nicht ans Telefon ging, war er zum Tausch bereit. Das plötzlich verdächtige Instrument nahm der Händler zurück und ließ seinen verunsicherten Kunden dafür ein anderes aussuchen: »Hier, nehmen Sie diese, eine Bergonzi, auch italienisch und aus alter Zeit.« – »Gut, dann hab ich die genommen«, erzählt Gawriloff. »Wir tauschten, ich erhielt eine Differenzsumme zurück, denn die Bergonzi hatte natürlich einen niedrigeren Preis.«

Aber der Clou der Geschichte sollte noch folgen: »Drei Monate später erfahre ich, dass diese Geige, meine Spohr-Guarneri, in Amerika verkauft wurde. Für den vierfachen Preis. Wochenlang war ich danach krank. Ich dachte: Mein Gott, du hattest diese wunderschöne Geige! «

Sein Leben lang beschäftigte ihn das immer wieder, obgleich er danach oft Glück bei Instrumenten hatte. Für kurze Zeit war dieses Glück die Guarneri gewesen. Mit ihr war er, kurz nach dem ersten Schreck in London, noch in der alten Heimat Sofia aufgetreten, hatte dort – in einem musikalischen Rauschzustand – glanzvoll gespielt. Immer wieder bis zur Rückgabe des Instruments hatten Freunde und Kollegen den Klang seiner Guarneri bewundert und gerühmt. »Und ich, ich habe sie weggegeben. Hab mich verleiten lassen! Das war die Liebe meines Lebens, was Instrumente betrifft.«

Eines müssen wir nachtragen: Die Bezeichnung Spohr-Geige oder Spohr-Guarneri hängt wohl mit der alten Gepflogenheit des Geigenhandels zusammen, Meisterinstrumente durch schöne oder schauerliche Geschichten in ihrem Wert zusätzlich zu erhöhen. Fast scheint es, als setzten Verkäufer auf den Glauben ihrer Kundschaft, Adelstitel, Virtuosennamen oder Schicksalsschläge könnten direkt abfärben auf die Qualität solcher Instrumente. Aber, um sachgerechter zu spekulieren: Jenseits der geschäftstüchtigen Mystik darf man vermuten, dass solche Geschichten den Charakter der Instrumente als Unikate noch stärker betonen (sie werden zu Quasi-Persönlichkeiten mit eigenem, oft kompliziertem Schicksal), was wiederum zu einer noch innigeren, respektvolleren, gar leidenschaftlicheren Beziehung der Musiker zu ihrem Instrument führen kann – nebst den durch diesen

Motivationsbooster angetriebenen positiven klanglichen Auswirkungen. Natürlich alles auf der Grundlage der Handwerkskunst ihrer Hersteller.

Bei der Spohr-Geige war die Hintergrund-Geschichte besonders klangvoll – abenteuerlich und mysteriös. Louis Spohr (1784–1859), einer der berühmtesten Geiger seiner Zeit, hat sie selber in seinen 1968 erstmals ungekürzt veröffentlichten »Lebenserinnerungen« berichtet. Hier davon eine Kurzfassung.

*

Spohr genoss schon als musikalisch talentierter, sonst erfrischend unbedarfter Jugendlicher – so beschreibt er sich selbst – die Gunst des Herzogs Carl Wilhelm Ferdinand von Braunschweig-Wolfenbüttel. Der gab ihm als knapp Fünfzehnjährigem eine Stelle als »Kammermusikus« und versprach, für ihn zu sorgen und sein Talent zu fördern. Zwei Jahre später gewann der Herzog den Geiger Franz Eck als Lehrer für seinen begabten Schützling. Der seinerzeit erfolgreiche Musiker, der jüngere Bruder und Schüler des berühmteren Violinisten Friedrich Johann Eck, sagte zu. Und da er eben eine »Kunstreise« nach Petersburg antreten wollte, nahm er den neuen Schüler gleich mal mit.

Die Reise (Spätherbst 1802 bis Sommer 1803) führte über Königsberg und Riga nach Petersburg, wo beide intensiv in der lebhaften Kulturszene der russischen Hauptstadt mitwirkten. Nach Hause zurück reiste Spohr im Sommer mit dem Schiff über Kronstadt und Lübeck. Für den jungen Geiger bot das halbe Jahr viele Eindrücke und Anregungen.

Am Abend seines Geburtstags wurde er überrascht. Er hatte sich in Petersburg mit einem Herrn Remy, einem gleichaltrigen Geiger der Hofkapelle angefreundet: »Gleicher

Enthusiasmus für Kunst, gleiche Studien und gleiche Neigung verknüpften unsre Verbindung immer enger.« Man musizierte viel gemeinsam, spielte nächtelang Duette. An jenem Abend, an dem Spohr 19 Jahre alt geworden war, machte ihm der Freund einen Vorschlag, berichtete der Geiger später:

»›Du musst mit mir die Geige tauschen, damit wir beide ein Andenken voneinander besitzen! ‹ Ich erschrak vor Freude, denn seine Geige hatte mir schon längst besser wie die meinige gefallen. Da sie aber, eine echte Guarneri, wenigstens noch einmal so viel wert ist wie die meinige, so musste ich sein Anerbieten ablehnen. Er ließ sich aber nicht abweisen und sagte: ›Deine Geige gefällt mir, weil ich dich oft habe darauf spielen hören, und wenn die meinige wirklich besser ist, so nimm sie als ein Geburtstagsgeschenk von mir an! ‹«

Wieder zurück in Braunschweig, währte Spohrs Freude mit der Guarneri nur ein halbes Jahr. Der Geiger und der befreundete Cellist J. P. Benecke beschlossen nämlich, gemeinsam eine »Kunstreise« nach Paris zu unternehmen. Im Januar 1804 fuhren sie los. Spohr berichtet: »Ich hatte mir kurz vor der Abreise von Braunschweig für meine aus Russland mitgebrachte herrliche Geige eine ihrer würdige Hülle, d. h. ein höchst elegantes Kästchen machen lassen und dieses, um es gegen jede Beschädigung zu sichern, mit in den Koffer zwischen Wäsche und Kleider gepackt. Ich trug daher Sorge, dass dieser, der meine ganze Habe barg, recht sorgfältig mit starken Stricken auf dem Wagen befestigt wurde.«

Kurz vor der ersten Reisestation Göttingen hatte er den Koffer noch gesehen, doch am Stadttor erhielt er auf seine Nachfrage von der Wache den Bescheid, dass da kein Koffer sei. »Mit einem Sprunge war ich aus dem Wagen«, erzählt Spohr weiter, »und rannte mit gezogenem Hirschfänger wie rasend zum Tore hinaus. Hätte ich besonnen gelauscht, wäre es mir vielleicht geglückt, die auf einem Seitenwege davon eilenden Diebe zu hören und einzuholen. So war ich aber in meiner blinden Wut weit über den Punkt, wo ich den Koffer zum letzten Mal gesehen hatte, hinausgerannt und bemerkte meine Übereilung erst dann, als ich mich auf freiem Felde befand.«

Am nächsten Morgen hatte die Polizei zwar den leeren Koffer und sogar den Geigenkasten nebst Geigenbogen und Spohrs Noten auf dem Feld gefunden, doch das Instrument blieb verschwunden. »Wäre nur meine herrliche Guarneri-Geige, die Trägerin meiner ganzen bis dahin erworbenen Virtuosität, nicht verlorengegangen, so hätte ich das übrige leicht verschmerzt. Bei einigem Glück wäre es auf der Reise bald wieder zu gewinnen gewesen. So aber, ohne Geige, musste ich nicht nur die Reise aufgeben, sondern auch gewissermaßen mein Studium ganz von vorn wieder anfangen«, klagte der damals noch nicht 20-Jährige.

Rund 100 Jahre blieb die Geige verschollen. Dann soll sie Anfang des 20. Jahrhunderts in Frankreich wieder aufgetaucht sein, wo sie angeblich ein Händler für 3000 Louisdor verkauft hat. Dass es wirklich Louis Spohrs Geige gewesen ist, kann wahr sein – oder ein hübsche Legende. Wir haben ja oben erfahren, wie erfinderisch man zuweilen beim Handel mit guten Instrumenten war.[45]

Sicher ist aber, dass es eine Guarneri war. Und dass es ein sehr gutes Instrument gewesen sein muss, hat Gawriloff selbst gespürt. Zudem hatten ihm das viele sachkundige Zuhörer bestätigt. Und übrigens: Man kann es heute noch hören – in jener auf Schallplatte überlieferten Aufnahme des Tschaikowski-Konzerts aus Sofia.

*

Pech und Glück: Für Saschko Gawriloffs Verhältnis zu Instrumenten gab es beides, und das Glück überwog ganz klar. Das erste Mal Glück: Als er 1942 beim Musikwettbewerb im Gau Sachsen, bei seinem ersten Musikwettbewerb überhaupt, als Sieger eine Geige aus Markneukirchen gewonnen hatte, »mit Bogen und wunderbarem Lederkasten«. Für einen Zwölfjährigen ein tolles Instrument. Es ging in den Wirren des Kriegsendes verloren, als er es im Internat seines Musischen Gymnasiums zurücklassen musste.

Der Verlust war zu verschmerzen. Denn er kehrte damals, Ende 1944, zur Familie zurück, und dort beim Vater gab es, wie er sagt, immer genug Geigen. Im Nachkriegs-Berlin hatte der junge Musiker bald als Solist auf sich aufmerksam gemacht, wurde erster Konzertmeister in führenden Orchestern. Der Bedarf an einer guten Geige wurde größer, und schon 1951 kam er erstmals einer Guarneri sehr nahe. Am 21. November jenes Jahres nämlich meldete eine Berliner Zeitung, beim Auktionshaus Leo Spik habe ein Mäzen für 3000 Mark eine Guarneri-Geige für Saschko Gawriloff ersteigert, auf welcher der damit Beglückte sogleich Bachs Sonate g-Moll gespielt habe. Allerdings, ganz so groß war das Glück des jungen Künstlers dann doch nicht. Zwar stimmt es, dass er bei der Auktion auf der Geige spielen durfte, bestätigt er Jahre später, aber die Geschichte mit dem großzügigen Mäzen war ein Werbe-Fake der Veranstalter. Der wirkliche Weg zur eigenen Meistergeige wurde erheblich schwerer. Und viel teurer, denn für eine echte Guarneri waren schon damals mehr als die erwähnten 3000 Mark erforderlich.

Die ersten Nachkriegsjahre waren unsichere Zeiten. Aus dieser Zeit berichtet Gawriloff eine Anekdote über seinen Lehrer Gustav Havemann. Mehrere italienische Geigen habe der besessen, er sei ja reich gewesen, weil er immer reich geheiratet habe, meint er. Nach dem Krieg sei unter seinen Schülern ein junger russischer Offizier gewesen. Den habe er auf einer Stradivari unterrichtet, und dabei offenbar ein bisschen angegeben: Die Geige, so hatte Havemann wohl geprahlt, gehörte zum Fundus der Hochschule, er habe sie, sicherheitshalber, zu sich nach Hause genommen. »Einige Tage später erschien der Offizier mit seinem Burschen bei ihm und sagte: ›Herr Professor, die Stradivari muss ich beschlagnahmen.‹ Und weg war sie.«

Als Havemann wenige Jahre später wieder eine Strad erworben hatte, kaufte Gawriloff dessen Violine Gagliano[46] – damals für 8.000 Mark. Sein Arbeitgeber, der Berliner Rundfunk, gewährte dafür einen großzügigen Kredit. »Meine erste Großanschaffung auf diesem Gebiet. Die Summe, ein für mich damals hoher Preis, habe ich mühsam abgestottert – heute wäre sie vielleicht drei- oder vierhunderttausend Euro wert.« Sie habe schön geklungen, erinnert sich Gawriloff, vier oder fünf Jahre habe er sie gerne gespielt, nahm sie später mit, als er nach Frankfurt am Main übersiedelte, und spielte sie noch einige Zeit im Westen. »Aber irgendwann kriegst du diesen Kick, da dachte ich: Jetzt brauchst du was Besseres. Ich begann zu suchen.« Und er wurde, unerfahren auf diesem Markt, »von solchen Experten ganz schön übers Ohr gehauen.« Ein paar Mal habe er Lehrgeld gezahlt, indem er Instrumente kaufte, »bei denen zu bezweifeln war, ob das wohl wirklich ein Original ist.«

Eine gewisse Sicherheit brachte ihm eine Vuillaume-Geige, die er dem Violinisten Heinz Stanske für 28.000 Mark abkaufte. Diese wiederum wurde Jahre später um 1972 mit nun 60.000 Mark in Zahlung für die Spohr-Geige gegeben. Gawriloff hatte sich langsam, teils auf Umwegen, aber mit solider Konsequenz an die eigene Guarneri herangearbeitet – die er dann auf tragische Weise wieder loswurde.

Beim Wechsel zum Westdeutschen Rundfunk schien er dann ein Tor zum echten Geiger-Paradies gefunden zu haben. Beim WDR gab es einen Musiker, selbst Mitglied im Kölner Kammerorchester, der als Geigenfachmann galt. Er hatte für das Orchester Instrumente erworben. »Teure Formate italienischen Ursprungs, der WDR hatte damals offenbar wahnsinnig viel Geld.« Aus der Erinnerung schätzt Gawriloff, es waren vielleicht 18 Geigen im WDR-Instrumentenfundus. »Die hatten dort die schönsten Geigen. Darunter war eine Maggini, wirklich eine großartige Geige. Und eine Stradivari war dabei. Alles tolle Instrumente. und die konnte ich, je nach Bedarf, alle mal nehmen und drauf spielen. Es war fantastisch!«

*

Nach dem Verlust der Spohr-Geige begann erneut die Suche nach einem besonderen Instrument – ebenso dazu gehörende neue Abenteuer und Überraschungen. Denn bei der Bergonzi, die er für die Spohr-Guarneri erhalten hatte, wollte er nicht lange bleiben. Bald hatte er sie eingesetzt für den Kauf einer Violine des unter Geigern hoch geschätzten Lorenzo Storioni (1744-1816). »Da war sicher Erinnerung im Spiel«, erzählt Gawriloff. »Mein Lehrer Gustav Havemann, der viele Geigen besaß, darunter Stradivari, hatte eine Storioni, und er sagte immer: Ach, das war ein Gedicht, diese Geige. Davon war bei mir sicher etwas im Kopf hängengeblieben.«

Nun hatte er selbst ein solches Instrument erworben und war sehr zufrieden. Mit der Storioni kam er Mitte der 1970er Jahre zu einem Auftritt nach Straßburg. Einen Duo-Abend mit dem Pianisten Eckart Besch sollte es geben. »Und dort? Leichtsinn!«, stöhnt er noch immer fassungslos beim Erzählen. »Wir wollten vorher noch gut essen gehen. Und ich – man kann es sich gar nicht mehr vorstellen – ich ließ die Geige in meinem geparkten Auto zurück. Wir waren doch wie bekloppt!« Sie gingen essen, und als sie zurückkehrten, stand das Auto zwar noch da, aber der Geigenkasten mit der Violine und einem wertvollen Bogen war verschwunden.

»Ich ging sofort zur Polizei. Die nahmen ein Protokoll auf und wunderten sich sehr, dass meine Geige um die 200.000 Mark gekostet haben soll: ›So viel Geld, für ein Stück Holz? Das ist ja Wahnsinn!‹, meinte der Polizist. Ganz großes Theater.«

Im Hintergrund, vermutet Gawriloff, muss damals folgendes passiert sein: Der Dieb, der beide Musiker bei ihrem Auto beobachtet hatte und dann die Geige entwendete, sei mit seiner Beute sofort zum Geigenbauer in Straßburg gegangen und habe sie dem für ein paar Mark verkauft.

Gawriloff selbst war nach der Aufnahme des Falls bei der Polizei direkt zum Geigenhändler geeilt: »Ich brauche dringend Ihre Hilfe! Ich muss heute Abend spielen. Bitte leihen Sie mir ein Instrument.« Und er erzählte ihm, wie er bestohlen worden war. Der Geigenhändler hörte sich alles an, gab ihm für den Abend eine schöne italienische Geige. Aber gesagt habe er weiter nichts, obwohl er wahrscheinlich Bescheid wusste über die Storioni.

Der Konzertabend mit der geliehenen Geige lief gut. Danach, am selben Abend, rief Gawriloff zu Hause an, erzählte von dem Diebstahl und musste seine Frau im selben Gespräch gleich wieder beruhigen wegen dieser aufregenden Umstände. Aber mit seinem Anruf hatte er eine neue abenteuerliche Geigen-Geschichte in Gang gesetzt – und das, noch bevor das Abenteuer mit der Storioni richtig seinen Höhepunkt erreicht hatte.

Renate Gawriloff nämlich, die, wie wir bereits wissen, leidenschaftlich gern in der Landschaft von Bergisch Gladbach ausritt, war am folgenden Tag im Reitstall. Beim Striegeln des Pferdes erzählte sie einem Bekannten, der ebenfalls dort sein Pferd hatte, was ihrem Mann widerfahren war. Ihr Zuhörer (vermutlich Dr. Theodore Kaser), ein humorvoller Zeitgenosse offenbar, reagierte beim Striegeln seines Pferdes wie beiläufig scherzend mit einem folgenschweren Satz: »Na, da muss ich ihm wohl meine Stradivari verkaufen.«

Mit seiner Bemerkung hatte er Frau Gawriloff sehr verstimmt: »Solche Späßchen kann ich gerade überhaupt nicht gebrauchen!« Worauf er beschwichtigte: »Aber nein …« Kurz: Er besaß wirklich eine Stradivari, und, wie sich herausstellte, außerdem eine echte Stainer-Geige, eine Rarität. Als Saschko Gawriloff davon erfuhr, »hab ich sofort alle Hebel in Bewegung gesetzt, um das Instrument kaufen zu können.« Im Kölner Filialdirektor der Dresdner Bank fand er einen Verbündeten, der ihm den benötigten Kredit verschaffte, nicht ganz uneigennützig, denn er selbst interessierte sich für die Stainer-Geige. »Von seinem Kredit konnte ich mir die ›de Ahna‹ kaufen, damals für 500.000 D-Mark, heute ist die vielleicht fünf oder sechs Millionen Euro wert.«

Vorher aber war noch das Abenteuer mit der Storiono zu Ende zu bringen. Über einen Geigenbauer in New York hatte er die Nachricht erhalten, das gestohlene Instrument sei nun in Amerika, ein Franzose hätte sie in Straßburg gekauft und dorthin gebracht. »Und dann nahmen die Kontakt mit mir auf: Sie können Ihre Geige zurückbekommen, aber wir verlangen ein Lösegeld.« Es wäre ja schön, sagte er ihnen, aber Lösegeld könne er nicht bezahlen, denn wenn die Geige danach zu ihm zurück käme, müsse er die bereits ausgezahlte Versicherungssumme der Mannheimer zurückgeben und stünde danach blank da. »Na dann«, lautete die brutale Antwort, »dann müssen wir die Geige vernichten.«

Sofort alarmierte Gawriloff Bekannte in den USA: Rudolf Serkin, der bekannte Pianist und Gründer des Marlboro Music Festivals, wo Gawriloff mehrmals aufgetreten war, schaltete sogar US-Behörden ein, die dann nach dem unbekannten Entführer fahndeten. Ohne Erfolg. Nachdem sich der Erpresser kurz danach wieder aus Paris gemeldet und erneut Lösegeld gefordert hatte, nahm die Versicherung die Angelegenheit selbst in die Hand. Sie löste die Geige aus und gab sie an ihren Eigentümer zurück, der die Versicherungssumme zurückzahlte. Er hatte nun seine Storioni wieder – und dazu die Aussicht auf eine Stradivari. Die Entscheidung fiel da nicht schwer: Er kaufte die Strad und gab für deren Finanzierung die Storioni weg.

*

Seine Stradivari de Ahna war nun Gawriloffs ständige Begleiterin. Auf ihr spielte er etwa zwanzig Jahre lang, die Zeit seiner großen internationalen Erfolge. 1996, kurz nach der Emeritierung an der Kölner Hochschule, als der Gedanke ans »Kürzertreten« näher rückte, verkaufte er die Stradivari an den Bremer Geigenhändler Dietmar Machold, der zeitweise als weltweit bedeutendster Stradivari-Händler gegolten hatte[47]. Von ihm nahm er bei dieser Gelegenheit für einen kleineren Teil der Kaufsumme noch eine Geige von Andrea Guarneri mit, dem Großvater des berühmteren Enkels Guarneri del Gesú. »Eine wunderschöne Geige mit einem fantastischen Klang«, mit der er von da an seine Arbeit als Solist fortsetzte. »Mit dieser Andrea Guarneri habe ich beispielsweise das Schumann-Konzert in der Violinfassung uraufgeführt«, berichtet Gawriloff.

Es gab noch viele weitere Geigen im Leben des Musikers, die wir in diesem Rahmen nicht vollständig darstellen können. Doch trotz aller Beschränkung auf Höhepunkte sind noch zwei Kapitel hervorhebenswert. Das eine ist der Geigenbauer Joachim Schade aus Halle an der Saale, der offenbar außerordentlich beliebt war wegen seiner Fähigkeit, Modelle von Meistergeigen in hochwertiger Weise nachzubauen. Gawriloff hatte in Leipzig als Mitjuror beim Bachfest einst eine Probe des Gewandhausorchesters besucht und auf seine Frage an den Solisten nach dessen Geige einen entsprechenden Tipp erhalten. Sofort besuchte er Schade in Halle. Er war dann sehr beeindruckt und ließ sich von ihm später ein Guarneri-Modell fertigen. »Die Geige hat fantastisch geklungen, ich hab sie dann auch in Los Angeles gespielt, eine Riesen-Halle, und die Musiker des Orchesters waren beeindruckt von dem Klang. Einige von denen kauften sich dann sogar ein Instrument bei Joachim Schade in Halle.«

Und schließlich ist noch jene Geige zu erwähnen, die sich besonders lange in Gawriloffs Besitz befindet. Sie stammt aus Lyon. Und auch hierbei scheint sich ein Kreis zu schließen: War es einst um 1950 herum eine Gagliano seines Lehrers Gustav Havemann gewesen, die zur »ersten Großanschaffung« des Musikers geworden war, steht nun eine andere Gagliano am Ende dieser langen Reihe in seinem Geigerleben. Erworben hatte er sie in Frankreich von der Tochter ihres Vorbesitzers. Abgezahlt hatte er das Instrument quasi in Naturalien: indem er viele Jahre lang regelmäßig Meisterklassen in Lyon gab.

»Der Altmeister heizte kräftig ein«

Als Saschko Gawriloff mit fünfundsechzig Jahren emeritiert wird, beginnt für ihn keineswegs das, was man gemeinhin »Lebensabend« nennt, sondern eine nochmals gesteigerte Phase solistischer Produktivität. »Ich hätte natürlich die Möglichkeit gehabt, aus dem Ruhestand heraus noch bis zum letzten Atemzug zu unterrichten. Aber ehrlich gesagt, das wollte ich nicht. Dafür habe ich lieber noch ein Jahrzehnt intensiv konzertiert. Pro Saison 80 bis 100 Konzerte. Es ging nochmal richtig los: Jedes Jahr fuhr ich zum Festival nach Japan, einige Male zum Marlboro Festival in den USA.«

Eine Gastprofessur übernimmt er später trotzdem nochmal an der Berliner Musikhochschule »Hanns Eisler«. Beim WDR bleibt er noch eine Weile Gastkonzertmeister. »Ich habe dort sogar das Ligeti-Konzert nochmal gemacht«, erinnert er sich. Als er aber ein paar Jahre später seiner Agentin in München signalisiert, er würde nun lieber etwas kürzer treten, sagt sie – in der gestrengen Sprache des unbarmherzigen Musikbusiness: »Nein, das geht nicht: entweder richtig oder gar nicht.«

Seit etwa 2005 nehmen seine Konzerte ab. Allmählich. Sein letzter Auftritt mit Orchester, schätzt er, könnte das Violinkonzert Max Regers gewesen sein, vielleicht in Jena. Das Ligeti-Konzert spielt er nochmal in London und in Tokio, dort mit dem Orchester einer Musikhochschule. Ebenso das Schumann-Konzert. Zwar werden die großen Auftritte weniger, aber der Mittsiebziger bleibt als Leiter von Meisterkursen präsent, hoch angesehen als Kammermusiker beim Publikum, das sich Zugaben erklatscht, und bei der Presse. In Druckerschwärze wird da dem »Adel des Klangs« gehuldigt; über ein Trio-Konzert »Violinissimo« mit zwei Geigen schwärmt die Tageszeitung »Die Rheinpfalz« begeistert: »Ein Himmel voller Geigen«. Und zu seinen Auftritten beim Enescu-Festival in Heidelberg und Mannheim applaudiert eine Überschrift: »Der Altmeister heizte kräftig ein«. Die Aufzählung ließe sich eine Weile fortsetzen. Außer berühmten Kompositionen bringt der »Altmeister« weiterhin Zeitgenössisches auf die Bühne, beispielsweise Kammermusik von Adriana Hölszky und Peter Ruzicka.

Neben den Auftritten als Solist und Kammermusiker betätigt sich Gawriloff auf seine älteren Tage noch als Orchesterchef. In Konzerten der Rotarier war er schon früher solistisch aufgetreten. Nun hatte er um die Jahrhundertwende zusätzlich als Dirigent die Leitung des Kammerorchesters des 1996 in Dresden gegründeten Rotary Orchesters Deutschland übernommen.

Überhaupt, er ist stets ein engagierter Rotarier. Es gab launige Hauskonzerte bei Familie Gawriloff in Bergisch Gladbach, bei denen die Freunde neben der erlesenen Bewirtung gern die Exklusivität einer Stradivari in ihrer Runde genossen haben. Und zahlreiche Benefizkonzerte mit dem Kammerorchester. Sein Engagement fürs Gemeinwohl setzt der Geiger dann in der Umgebung seiner spät gefundenen Wahlheimat Warnemünde und Rostock intensiv fort. Brauchen die Freunde im Ostseebad mal gute Musiker oder überhaupt ein besonderes Konzert: Saschko greift zum Telefon, mobilisiert ein paar alte Musikerkollegen, und die gewünschte Besetzung steht. Im Jahr 2013 gelingt ihm sogar, für ein Konzert in der Villa Papendorf, die sich damals gerade neu als Veranstaltungsort in der Nähe Rostocks profiliert, gemeinsam mit seinem Pianistenfreund Pavel Gililov und dem Cellisten Mischa Maisky ein Trio zu bilden. Für die Region damals eine kleine Sensation.

Hauptschauplatz für sein lokales Wirken wird nun die Kirche von Warnemünde, in der er vor über siebzig Jahren geheiratet hat und in der er nun ab und zu Benefizkonzerte spielt. »Gawriloff und Freunde«: auf Plakaten und Flyern ist diese Ensemblebezeichnung, die alte Philharmoniker-Kollegen und neuere Musikerbekanntschaften, ehemalige Studenten oder zuweilen einen seiner Söhne umfasst, in der Region zum Markenzeichen geworden.

*

Was tut man am Abend dieses erfüllten Künstlerlebens? Wie erinnert man sich? Bedauert er etwas? »Nein. Es war doch viel los.« Enorm viele Werke hat Saschko Gawriloff aufgeführt, aber das Repertoire für Violine ist unermesslich viel größer. Fehlt etwas? Vielleicht das Violinkonzert von Schönberg, das er zwar einstudiert und sogar schon mit Klavierbegleitung im Konzertsaal aufgeführt hatte, aber noch nie mit Orchester. Heute bedauert er sowas nicht mehr, alles kann man nicht machen. Oder der Umstand, dass er in der ganzen Welt war, dass er in jedem Land, in dem es Konzertsäle gibt, Violine gespielt hat. Dann lacht er: Überall, ja, außer in Kanada! »Ich weiß nicht, wieso. Dazu kam es einfach nicht.«

Noch als Mittneunziger erlebt Saschko Gawriloff ganz eigene Abenteuer in der Musik. Ein bis zwei Stunden übt er täglich, tut das, was er seit frühester Kindheit und sein ganzes Leben lang getan hat. Nimmt sich Stücke vor, die liegen geblieben waren, die er schon immer mal genauer oder nun erneut studieren wollte. Und entdeckt dabei jedes Mal wieder etwas. Dieses entdeckende, staunende Studieren, diese Art des Philosophierens über das Musikalische, ist nun auch ein musikalisches Philosophieren über viele Erfahrungen, Erlebnisse und Erinnerungen seines Lebens. Vor kurzem, erzählt

Saschko Gawriloff bei einem Meisterkurs an der Hochschule für Musik und Theater in Rostock.

er, spielte er zusammen mit der Cellistin Friederike Fechner eine Passacaglia des norwegischen Komponisten Johan Halvorsen über ein Thema von Händel. »Halvorsen war ein sehr guter Geiger. Ich habe neulich ein Violinkonzert von ihm im Radio gehört. Es war erst 2016 wiederentdeckt worden. Alle Achtung! Sehr gut«, erzählt er.

Öfter greift er nun wieder zu den Capricen von Jakob Dont, die ihn seit seiner Jugend beschäftigt hatten. Die 24 Stücke seien ziemlich schwer, aber interessant. Und kompositorisch gut. Zuweilen sucht er sich eins heraus und arbeitet daran. »Das ist schön. Und vor allem: Man ist dabei.«

Anmerkungen

1 Die durch die NS-Kulturpolitik forcierten Beschränkungen grenzten zwischen 1933 und 1945 jene Werke und Personen als »entartet«, »artfremd« oder »undeutsch« aus, die nicht den nationalistischen und rassistischen Vorgaben der Nazis entsprachen.

2 So schwärmte ein Rezensent, der Saschko Gawriloff im Dezember 1945 als Solist des von seinem Vater Jordan Gawriloff geleiteten Internationalen Symphony-Orchesters erlebt hatte, und bescheinigte dem Fünfzehnjährigen für seine »Ballettszene« von Bériot (Scène de Ballet op. 100) eine »glanzvolle Ausgestaltung der Kantilene« sowie »ein pikantes Arpeggiospiel«.

3 Es ist bei weitem nicht das längste Wort, dafür sorgen deutsche Bürokraten, siehe den Wikipedia-Eintrag zu »Rindfleischetikettierungsüberwachungsaufgabenübertragungsgesetz«. Aber unser Wort hat besondere kulturelle Relevanz.

4 Wir verwenden den Begriff »Zigeuner« hier nur ausnahmsweise, um auf die Bezeichnung jener Zeit hinzuweisen, halten uns sonst an die heute international übliche Bezeichnung »Roma«.

5 Anspielung auf den Helden Siegfried aus dem Nibelungenlied und aus Richard Wagners Opernzyklus »Der Ring des Nibelungen«, die in jener Zeit des anschwellenden Patriotismus höchste Konjunktur erlebten.

6 Nach alter bulgarischer Regel der Namensvererbung hätte traditionsgemäß sein Familienname später zu Jordanoff wechseln müssen, wie es noch bei seinem Vater Jordan Gawriloff (Familienname nach dem Vornamen von dessen Vater Gawril) und Nikoloff (der zusätzliche Name nach seinem Großvater) war. »Aber wir blieben dann bei Gawriloff, auch meine beiden Söhne heißen so«, berichtet Saschko Gawriloff.

7 Nicht zu verwechseln mit einem namensgleichen Gawril Georgiew (1870–1917), den Wikipedia als Funktionär der

Bulgarischen Sozialdemokratischen Partei und Redakteur der Parteizeitung Rabotnitscheski Westnik aufführt.

8 Wassil Lewski gründete das Bulgarische Revolutionäre Zentralkomitee und die Innere Revolutionäre Organisation (IRO), ein konspirativ operierendes Untergrund-Netzwerk zur Vorbereitung eines Aufstandes gegen die Osmanische Herrschaft.

9 Allerdings ist es ein weit verbreiteter Irrtum, dass Kyrillos (827–869) die kyrillische Schrift geschaffen hätte. Kyrill ist für eine andere slawische Schrift verantwortlich, die Glacolica. Die »kyrillische« Schrift dagegen hat einer seiner Schüler, Kliment, aus der griechischen Unziale (Kapitalschrift) abgeleitet und sie zur Ehrung nach seinem Lehrer Kyrill benannt. (siehe Haarmann, S. 474 f.)

10 Vgl. Mazower 2003, S. 25 ff. und Calic 2018, S. 20. Wir nutzen hier überwiegend die Darstellungen der Historiker Mark Mazower, der die Geschichte der Balkanregion prägnant zusammenfasst, und Marie-Janine Calic, die eine umfassende und materialreichere Gesamtdarstellung der Geschichte Südosteuropas als »Weltgeschichte einer Region« bietet.

11 Die von »Cäsar« abgeleitete Bezeichnung »Zar« war in Bulgarien keine Nachahmung russischer Gepflogenheiten, sondern ein Rückgriff auf eigene Frühgeschichte. Denn es war der bulgarische Herrscher Simeon I. (893–927), der diesen Titel lange vor einem Russen trug.

12 Das übrigens in einer Zeit, in der das britische Empire seine größte Ausdehnung als Kolonialmacht erreicht hatte und im Mutterland darüber debattiert wurde, ob man dieser Machtfülle nicht durch einen Kaisertitel für den britischen König entsprechen sollte. Siehe Frankopan 2018, S. 400 f., S. 413 f. und S. 421

13 Laut Wikipedia soll es in Bulgarien gegenwärtig (Stand 2008) über 3370 Lesehallen geben.

14 Nach Lom entstanden Lesehallen in den Städten Schumen, damals ein Zentrum des anti-osmanischen nationalen Aufbruchs, und in der Donaustadt Swischtow.

15 Siehe Calic 2018, S. 293 f.: In Rumänien, Serbien und Bosnien-Herzegowina lag die Rate der Analphabeten zur selben Zeit mit 70 bis 80 Prozent noch höher.

16 Siehe Popova 2013, S. 21 ff.: Seit die Brüder Dimitrăr und Konstantin Miladinov 1861 die erste Sammlung »Bulgarische Volkslieder« in Zagreb herausgebracht haben, sind tausende von »authentischen bulgarischen Volksliedern« in 63 dicken Bänden einer Publikationsreihe über Volkswissen und in weit über 80 weiteren Publikationen veröffentlicht worden.

17 Joseph Joachim, der bedeutendste Geiger seiner Zeit und Gründungsrektor der späteren Musikhochschule Berlin (1869), hatte bis zu seinem 16. Lebensjahr in Leipzig als Konzertmeister im Gewandhaus gewirkt und am Konservatorium unterrichtet, bevor er nach Mendelssohns Tod 1847 die Stadt verließ.

18 Insgesamt hatten die Nationalsozialisten in Deutschland sechs Musische Gymnasien geplant, was aber am Kriegsverlauf scheiterte. Die NS-Gründungen wurden bei Kriegsende geschlossen; nach dem Krieg entstanden neue Schulen mit der Bezeichnung Musisches Gymnasium in anderen Städten, aber natürlich mit anderem ideellen Profil.

19 Ramin legte dann 1943 sein Amt am Musischen Gymnasium wegen Kompetenzstreits mit dem administrativen Chef nieder, blieb jedoch bis zu seinem Tod 1956 Thomaskantor.

20 Kirchenmusiker und Komponist (1908–1942), der sich, vermutlich aus Verzweiflung über die empfundene Ausweglosigkeit im NS-Regime, das Leben nahm.

21 Damals geläufige Bezeichnung für Nationalpolitische Erziehungsanstalt, offiziell NPEA: Schultyp des NS-Regimes zur Eliteausbildung, Schwerpunkt auf vormilitärischer Ausbildung mit besonderer Orientierung auf Politik und Sport.

22 Angeordnet hatte die kampflose Räumung ein Generalmajor Gerhard Kegler. Der hatte damit gegen Weisungen Himmlers verstoßen, wurde zum Tode verurteilt, dann aber nicht hingerichtet, sondern zum Schützen degradiert.

23 Die Kämpfe um Küstrin hielten bis in die zweite Märzhälfte an. Dann wurde am 16. April der Ort der wichtigste Ausgangspunkt für den sowjetischen Angriff auf Berlin.
24 Ein Schlager aus dem 1943 entstandenen deutschen Unterhaltungsfilm »Karneval der Liebe«.
25 Es handelte sich um Musiker der ehemaligen Funkorchester, der Städtischen Oper, der Staatsoper und der Berliner Philharmoniker, siehe Dietrich 2018, S. 122. Zuweilen wird dieses Konzert vom 18. Mai, wegen des Schauplatzes verständlich, als Auftritt des Rundfunksinfonieorchesters Berlin (RSB) bezeichnet, aber irrtümlich als das erste Nachkriegskonzert in Berlin überhaupt deklariert, beispielsweise im Wikipedia-Artikel über das RSB, abgerufen am 31.10.2020.
26 Zunächst wurde mit Produktionen aus Grünau der Betrieb des sowjetisch kontrollierten, aber noch bis 1952 im Westteil der Stadt arbeitenden Berliner Rundfunks gesichert, bis dieser Sender vollständig im neu errichteten Funkhaus in der Ostberliner Nalepastraße produzierte. Siehe ausführlich bei Bauernfeind 2010, S. 84 ff.
27 Der Geiger Georg Kulenkampff (1898–1948) gehörte zu den bekanntesten Virtuosen der ersten Hälfte des 20. Jahrhunderts.
28 Gawriloff errang dort den Zweiten Preis, Sieger wurde der zweieinhalb Jahre jüngere Igor Ozim, der in London bei Rostal studiert hatte.
29 Manche öffentlichen Debatten der letzten Jahre in Deutschland über Flüchtlinge und das Thema Migration scheinen diese Behauptung in Frage zu stellen. Zu hoffen ist jedoch, dass sie für die Kultur- und Musikszene der Republik berechtigt ist.
30 Die Musik in Geschichte und Gegenwart: Havemann, Gustav. Musik in Geschichte und Gegenwart, (vgl. MGG Bd. 16, S. 616) (c) Bärenreiter-Verlag 1986
31 Wikipedia sagt vier, im Nachlass seines Sohnes Wolfgang Havemann ist nur von drei Kindern Bertha Havemanns die Rede.

32 Laut Wikipedia-Artikel über Robert Havemann soll Wolfgang der Neffe von Robert gewesen sein – dagegen war laut Wolfgang Havemanns Nachlassbeschreibung Robert der Neffe von Wolfgang (Stand November 2020).

33 Obwohl 1855 protestantisch getauft, wurde Joseph Joachim im Klima des zunehmenden Antisemitismus in Deutschland u.a. von Wagner-Anhängern wegen seiner jüdischen Wurzeln angegriffen.

34 Erst 1955, ein Jahr nach Furtwänglers Tod, ließen die Amerikaner die Berliner Philharmoniker wieder in den USA auftreten, nun unter dem Chefdirigenten Herbert von Karajan, obgleich der – im Gegensatz zum parteilosen Furtwängler – Mitglied der Nazipartei NSDAP war, in die er sogar zwei Mal – 1933 in Salzburg und 1935 in Aachen – eingetreten war.

35 Die britischen Christen, resümiert der Historiker Philipp M. Coupland, gerieten mit ihren Bestrebungen nach europäischer Einheit (zumindest teilweise) in Opposition zur bald vorherrschenden Linie, die sich mit Churchills »Eisernem Vorhang« durchsetzte. Dennoch trugen sie zugleich zur britischen Beteiligung am späteren gemeinsamen Markt bei (Coupland 2006, S. 3 und S. 111).

36 Wenngleich dort nur flüchtig: Kochan kam erst im September 1944 an die (damals schon nach Nossen evakuierte) Schule, im gleichen Monat musste Gawriloff die Schule in Richtung Landsberg verlassen.

37 Heute als Carl Götz GmbH ein Zusammenschluss mehrerer Familienbetriebe.

38 Die Gründungslegende war abenteuerlich: Der Vater der beiden, Zachar Josefowitz, New Yorker Chemieunternehmer und Grundeigentümer jenes Geländes in Maine, auf dem die US-Regierung ihre frühesten Atomforschungen durchführte, hatte viel Kapital flüssig, und als seinen Söhnen eine Ladung mit 20 Tonnen Vinylharz zum Schnäppchenpreis geboten wurde, kam den beiden geschäftstüchtigen Schöngeistern sofort ihre Geschäftsidee.

39 Die Gründerin der Konzertagentur, Joan Ingpen (1916–2007),

hatte mit »Williams« ihren Mädchennamen ins Spiel gebracht, der nach dem Krieg zudem der Name ihres Dackels war. 1961 verkaufte sie die Agentur an Hartog, wurde künstlerische Direktorin des Royal Opera House und managte später die Paris Oper sowie die MET in New York.

40 So der Titel im damaligen englischen Programmheft. Die heute übliche Bezeichnung akzentuiert anders: »Kammerkonzert für Klavier und Geige mit 13 Bläsern«.

41 Um Missverständnisse zu vermeiden, sei betont, dass Gawriloff in anderen Besetzungen durchaus Werke Schumanns spielte.

42 Dazu erklärt er dort: »Das Handwerk muss absolut in Ordnung sein. Neben einer musikalischen Begabung brauchen wir eine Empfindung für das Gesangliche, das innere Singen muss empfunden werden. Man muss links ein Feeling für die Motorik der Abläufe entwickeln, während bei der rechten Hand die Ausführung verschiedener Stricharten entwickelt werden muss. Es ist ja nicht wie beim Klavierspielen, wo beide Hände parallel laufen.«

43 Damals der wichtigste Förderer der Bachpflege in der Stadt.

44 Etwa der anerkannte Geigenrestaurator Johannes G. Leuthold im Januar 2020 in der Neuen Züricher Zeitung (Leuthold 2020).

45 Betrügereien im internationalen Geigenhandel waren nach dem erwähnten Prozess nicht aus der Welt, sondern gingen in unserem Jahrhundert geschäftstüchtig weiter (siehe: Batthyany 2013).

46 Ferdinando Gagliano, ca. 1770–1795, Baumeister der dritten Generation der berühmten Geigenbauerfamilie in Neapel.

47 Macholds Geschichte war ebenfalls eng mit den dunklen Seiten dieses Geschäfts verbunden (Batthyany 2013).

Literatur

Batthyany, Sacha und Ninck, Mathias: Der Geigen-Spieler (SZ-Magazin über den Bremer Juristen und weltbekannten Stradivari-Händler Dietmar Machold). https://sz-magazin.sueddeutsche.de/gesellschaft-leben/der-geigen-spieler-79720, zuletzt abgerufen am 01.03.2025.

Bauernfeind, Wolfgang: Tonspuren. Das Haus des Rundfunks in Berlin, Herausgegeben vom Rundfunk Berlin-Brandenburg (rbb), Christoph Links Verlag, Berlin 2010.

Berghahn, R. Volker: America and the Intellectual Cold Wars in Europe. Shepard Stone between philantropy, academy and diplomacy, Princeton University Press 2002.

Burde, Wolfgang: György Ligeti. Eine Monographie, Atlantis Musikbuch-Verlag, Zürich, 1993.

Calic, Marie-Janine: Südosteuropa. Weltgeschichte einer Region, Verlag C. H. Beck, München, 2. Auflage, 2018.

Clewing, Konrad und Oliver Jens Schmitt (Hg.): Geschichte Südosteuropas. Vom frühen Mittelalter bis zur Gegenwart, Verlag Friedrich Pustet, Regensburg 2011.

Coleman, Peter: The Liberal Conspiracy: The Congress for Cultural Freedom and the Struggle for Mind of Postwar Europe, The Free Press: New York, 1989.

Coupland, Philip M.: Britannia, Europa and Christendom. British Christians and European Integration, Palgrave Macmillan, London 2006, S. 111–125.

Danuser, Hermann: Die Musik des 20. Jahrhunderts, zit. nach Sonderausgabe 1996; entspricht: Danuser, Hermann [Hg.] : Neues Handbuch der Musikwissenschaft, Bd. 7, Laaber-Verlag, Laaber 1984, Sonderausgabe 1996

Donaudampfschiffahrtsgesellschaft. Eintrag Internetportal »Wien Geschichte Wiki«, Verantwortet vom Wiener Stadt- und Landesarchiv und der Wienbibliothek im Rathaus, https://www.geschichtewiki.wien.gv.at/Donaudampfschiffahrtsgesellschaft, abgerufen am 28.06.2020.

Dietrich, Gerd: Kulturgeschichte der DDR, Bd. 1: Kultur in der Übergangsgesellschaft 1945–1957, Vandenhoeck & Ruprecht Verlage, Göttingen 2018.

Digitale Sammlungen des Staatlichen Instituts für Musikforschung. Internet-Datenbank Stiftung Preußischer Kulturbesitz: http://digital.sim.spk-berlin.de/viewer/, Abruf am 16.10.2020.

Duchesneau, Louise und Marx, Wolfgang (Hg.): György Ligeti. Of Foreign Lands and Strange Sounds, The Boydell Press, Woodbridge, 2011

Dümling, Albrecht: Aufstieg und Fall des Geigers Gustav Havemann – ein Künstler zwischen Avantgarde und Nazismus, in: Dissonanz. Schweizer Musikzeitschrift für Forschung und Kreation, Nr. 47, (Februar 1996) S. 9–14.

Frankopan, Peter: Licht aus dem Osten. Eine neue Geschichte der Welt, Rowohlt Taschenbuchverlag, Reinbek bei Hamburg, 2016, 5. Auflage 2018, 940 S.

Freede, Lauren: »Botschafter der Musik«: The Berlin Philharmonic Orchestra and the Role of Classical Music in Post-War German Identity, University of Edinburgh, in: MHRA Working Papers in the Humanities, 2 (2007), S.19–29, <http://www.mhra.org.uk/publications/wph-2> (Zugriff 25. November 2020).

Friedrich, Jörg: Der Brand. Deutschland im Bombenkrieg 1940–1945, Propyläen Verlag, München 2002, 6. Auflage.

Garmatter, Miriam: Die Rolle der Musik in der nationalsozialistischen Erziehung, München, GRIN Verlag, 2010. Online: https://www.grin.com/document/267155 (abgerufen am 09.09.2020).

Garrett, David: Wenn ihr wüsstet. Die Autobiografie, Wilhelm Heyne Verlag, München, 2022.

Gawriloff, Saschko: Ansichten zur Musik, in: Philharmonische Blätter der Kölner Philharmonie, 2/1992 vom 29. Januar 1992: Sonderveröffentlichung, S. 17 f.

Gawriloff, Saschko: Interview, in: Noltensmeier, Ralf: Große Geigenpädagogen im Interview, Band 2, Peter Götzelmann Verlag, Kiel 1998, S. 51–61.

Geißmar, Berta: Taktstock und Schaftstiefel. Erinnerungen an

Wilhelm Furtwängler, Dittrich-Verlag Köln, 4. Auflage 1985, erschien erstmals auf Deutsch 1945 unter dem Titel »Musik im Schatten der Politik« im Atlantis Verlag Zürich.

Gerwarth, Robert: Die Besiegten. Das blutige Erbe des Ersten Weltkriegs, Pantheon Verlag, München 2018.

Glaser, Hermann: Deutsche Kultur. 1945–2000, Carl Hanser Verlag, München Wien, 1997.

Grashkina, Vanja: Vom Heiligen Kyrill zum modernen Bibliotheksgesetz. Bulgariens langer Weg in die Europäische Union, In: BuB – Forum Bibliothek und Information. Fachzeitschrift des BiB – Berufsverband Information Bibliothek e.V., 59. Jg. Heft 1/2007, S. 53-57.

Griffiths, Paul: Invented Homelands: Ligeti's Orchestras, in: Duchesneau 2011, S. 257–275

Haarmann, Harald: Schriftsysteme des Griechischen und jüngere Schriften in Südosteuropa, In: Hinrichs, Uwe u.a. (Hg.): Handbuch Balkan. Studienausgabe, Harrassowitz Verlag, Wiesbaden 2014, S. 468 ff.

Herder, Johann Gottfried: Ideen zur Philosophie der Geschichte der Menschheit. Bd. III/1, München Wien, 2002, S. 643 (Vierter Teil, 16. Buch, Kapitel IV).

Hochgeschwender, Michael: Freiheit in der Offensive? Der Kongress für kulturelle Freiheit und die Deutschen, R. Oldenburg Verlag, München, 1998.

Höpken, Wolfgang: Erinnerungskulturen: Vom Zeitalter der Nationalstaatlichkeit bis zum Post-Sozialismus. In: Hinrichs, Uwe, Thede Kahl und Petra Himstedt-Vaid (Hg.): Handbuch Balkan. Studienausgabe, Harrowitz Verlag, Wiesbaden, 2014, S. 177–240.

Hösch, Edgar: Geschichte der Balkanländer. Von der Frühzeit bis zur Gegenwart, Verlag C. H. Beck, München, 2., durchgesehene und erweiterte Auflage, 1993.

Leuthold, Johannes G.: »Mit schönen Geschichten allein verkauft man heute keine Geigen mehr«, NZZ 24.01.2020, https://www.nzz.ch/feuilleton/geigenhandel-der-faktor-mensch-spielt-immer-mit-ld.1534787, abgerufen am 01.03.2025

Marouchian, Kevork (Hg.): Lexikon der Geiger, 1830–1930, Begründet von Kevork Marouchian (1944–2018), fortgeführt von Martin Reimann, 3 Bände: 2021, 2022, 2023. Band 2: G–L, S. 38 f.

Stefan Drees (Hg.): Das große Lexikon der Violine. Baugeschichte – Spielpraxis – Komponisten und ihre Werke – Interpreten, 3., korrigierte und stark erweiterte Auflage. 922 Seiten mit 117, z.T. farbigen Abbildungen und 41 Notenbeispielen. Laaber-Verlag, Lilienthal 2015

Mahnkopf, Claus-Steffen: Die Humanität der Musik. Essays aus dem 21. Jahrhundert, Wolke Verlag, Hoffenheim, 2007

Marshall, Tim: Die Macht der Geographie. Wie sich Weltpolitik anhand von 10 Karten erklären lässt, DTV, München 2015, 8. Auflage 2016.

Mazower, Mark: Der Balkan, Berliner Taschenbuchverlag, 2. Auflage, Berlin 2003, 270 S.

Monod, David: Settling scores. German Music, Denazification, and the Americans, 1945–1953, The University of North Carolina Press, 2005.

Noltensmeier, Ralf: Große Geigenpädagogen im Interview, Band 2, Peter Götzelmann Verlag, Kiel, 1998.

Ohnesorg, Franz Xaver [Hg]: Die Befreiung der Musik. Eine Einführung in die Musik des 20. Jahrhunderts, Gustav Lübbe Verlag, Bergisch Gladbach, 1994

Osterhammel, Jürgen: Die Verwandlung der Welt. Eine Geschichte des 19. Jahrhunderts, Verlag C. H. Beck, München, 2. Auflage 2009.

Pahl, Shannon E.: The Congress for Cultural Freedom, La Musica Nel XX Secolo, and Aesthetic »Othering«: An Archival Investigation, University of Wisconsin-Milwaukee 2012. Theses and Dissertations. https://dc.uwm.edu/etd/40 .

Pistrick, Eckehard: Musik des Balkans – Musiken des Balkans, In: Hinrichs, Uwe u.a. (Hg.): Handbuch Balkan. Studienausgabe, Harrassowitz Verlag, Wiesbaden 2014, S. 771 ff.

Popova, Deniza: Authentizität, Medialität und Identität. Wege der Definition und Transformation, Dissertation zur Erlangung des akademischen Grades doctor philosophiae (Dr. phil.) an der

Philosophischen Fakultät III der Humboldt-Universität zu Berlin, Verlag Otto Sagner, München 2013.
Reinhard, Wolfgang: Die Unterwerfung der Welt. Globalgeschichte der europäischen Expansion 1415–2015, Verlag C. H. Beck, München, 4., ergänzte Auflage, 2018.
Saunders, Frances Stonor: Modern art was CIA »weapon«, The Independent vom 22.10.1995, Online https://www.independent.co.uk/news/world/modern-art-was-cia-weapon-1578808.html (abgerufen am 07.08.2023).
Saunders, Frances Stonor: Who Paid the Piper? The CIA and the Cultural Cold War, Granta Books, London, 1999, zitiert nach der deutschsprachigen Ausgabe: Wer die Zeche zahlt ...Der CIA und die Kultur im Kalten Krieg, Siedler Verlag, Berlin, 2001.
Scott-Smith, Giles: The Politics of Apolitical Culture. The Congress for Cultural Freedom and the Political Economy of American Hegemony 1945–1955 (Routledge/PSA Political Studies Series), London 2001.
Schmidt, Giselher: In Herkenrath ist er zu Hause. Saschko Gawriloff führt wiederentdecktes Konzert auf; in: Freizeitbörse. Kultur- und Veranstaltungsmagazin für Bergisch Gladbach, Bensberg und Umgebung, 7. Jg., August 1987, S. 38 ff.
Spohr, Louis: Lebenserinnerungen. Erstmals ungekürzt nach den autographen Aufzeichnungen herausgegeben von Folker Göthel, 2 Bände, Tutzing, Hans Schneider, 1968.
Stantschewa-Braschowanowa, Lada: Die Musik von 1830 bis 1914 in Bulgarien, In: Reichert, Georg und Martin Just [Hg.] : Bericht über den internationalen musikwissenschaftlichen Kongress Kassel 1962, Bärenreiter-Verlag, Kassel 1963, S. 85-91.
Strauch, Alexander: Mythos und Fakten: CIA, Darmstädter Ferienkurse und ihre Komponisten, in: Bad Block Of Musick, 28. Januar 2018; Online: https://blogs.nmz.de/badblog/2018/01/28/mythos-und-fakten-cia-darmstaedter-ferienkurse-und-ihre-komponisten/ (Abruf 09.11.2023).
Troebst, Stefan: Erinnerungskultur – Kulturgeschichte – Geschichtsregion. Ostmitteleuropa in Europa, Franz Steiner Verlag, Stuttgart 2013, 440 S.

Ulm, Renate: »Eine Sprache der Gegenwart«. musica viva 1945–1995, Im Auftrag des Bayerischen Rundfunks herausgegeben von Renate Ulm, Schott Mainz, Piper München, 1995

Warner, Michael: Cultural cold war. Origins of the Congress for Cultural Freedom. 1949–50, Washington (Article as »an excerpt from a larger classified draft study of CIA involvement with anti-Communist groups in the Cold War«).

Wilford, Hugh: The Mighty Wurlitzer. How the CIA played America, Havard University Press, Cambridge, Massachusetts, London 2008, 340 S.

Winkler, Heinrich August: Geschichte des Westens, Bd. 3: Vom Kalten Krieg zum Mauerfall, Verlag C. H. Beck, München 2014, 1258 S.

Wulf, Joseph: Musik im Dritten Reich. Eine Dokumentation, Ullstein Verlag, Frankfurt/M., Berlin, Wien 1983, Ungekürzte Ausgabe (1966).

Abbildungsnachweise

Cover vorne:
Saschko Gawriloff 2012 in Warnemünde. © Thomas Häntzschel

S. 2
Saschko Gawriloff ca. 1990. Quelle: Privatarchiv Gawriloff

S. 119
Philharmoniker 1948 auf England-Tournee: Gawriloff zwischen den Dirigenten Sergiu Celibidache (l.) und Wilhelm Furtwängler (r.). Quelle: Privatarchiv Gawriloff

S. 146
Hochzeit: Renate und Saschko Gawriloff 1951 vor der Kirche von Warnemünde. Repro: Thomas Häntzschel

S. 151
Das Ehepaar Renate und Saschko Gawriloff 2021 in Warnemünde. © Dietrich Pätzold

S. 158
»Trio International« hieß Saschko Gawriloffs erstes eigenes Kammermusikprojekt in Westdeutschland, hier mit dem Cellisten Robert Nettekoven (r.) und dem Pianisten Hiroshi Kajiwara (sitzend). Quelle: Privatarchiv Gawriloff

S. 163
Grafik für einen Solistenflyer circa 1958. Quelle: Privatarchiv Gawriloff

S. 170
Saschko Gawriloff wurde 1959 erster deutscher Preisträger beim internationalen Paganini-Wettbewerb in Genua, hier neben der Geige Paganinis. Repro: Thomas Häntzschel

S. 185
Saschko Gawriloff auf einem Solistenflyer um 1963. Quelle: Privatarchiv Gawriloff

S. 201
Stets freundlich und gelassen, auch in den musikalischen Richtungskämpfen Anfang der 1970er Jahre. Quelle: Privatarchiv Gawriloff

S. 210
Saschko Gawriloff 1990 bei der Arbeit mit dem Komponisten György Ligeti. © Ines Gellrich

S. 224
Anfang der Partitur zum Violinkonzert von György Ligeti, das der Komponist 1992 dem Geiger Saschko Gawriloff gewidmet hat. Quelle: Privatarchiv Gawriloff

S. 235
Mit der japanischen Kaiserin Michiko arbeitet Saschko Gawriloff in Kusatsu an einer Mozartsonate. Quelle: Privatarchiv Gawriloff

S. 238
Saschko Gawriloff (r.) mit dem Komponisten Isang Yun (M.) nach einer Aufführung von dessen Violinkonzert. Quelle: Privatarchiv Gawriloff

S. 248
Saschko Gawriloff bei einem Meisterkurs an der Hochschule für Musik und Theater in Rostock. © Thomas Häntzschel

S. 269
Saschko Gawriloff bei einem Meisterkurs an der Hochschule für Musik und Theater in Rostock. © Thomas Häntzschel

Über den Autor

© privat

Dietrich Pätzold lebt als Journalist in Mecklenburg-Vorpommern. Geboren 1955 in Merseburg, Sachsen-Anhalt, studierte er in Rostock ab 1976 Germanistik und Anglistik, ab 1980 Literaturtheorie und wechselte 1984 als Kulturredakteur zur »Ostsee-Zeitung«. Er schrieb über Theater, Literatur, Kunst und Musik. Die Biographie über Saschko Gawriloff entstand nach mehr als zwanzig persönlichen Gesprächen in Rostock-Warnemünde, wo sich Gawriloff Ende der Neunzigerjahre niedergelassen hatte.

Biographien im Dittrich Verlag

Rainer Wieczorek
Im Gegenlicht: Heinz Sauer
Ein literarisches Portrait
140 Seiten • Hardcover
ISBN 978-3-947373-55-0
EUR 22,90
Lieferbar

»Der wortkarge, aber auf seinem Instrument sämtliche Höhen wie Tiefen ausmessende Saxofonist erscheint in einem literarischen Gegenlicht und dadurch steht man mit ihm unversehens auf derselben Bühne und hat Teil an etwas ganz Außerordentlichem.«

Helmut Böttiger, Deutschlandfunk BücherMarkt

»Rainer Wieczorek ist ein Buch wie ein Konzert gelungen. Ein Buch wie ein Jazzstück, mit vielen Zwischentönen, Improvisationen, manchmal nur angerissen, angespielt, manchmal deutlich und pointiert und immer in einem ganz eigenen, neuen Ton.«

Daniella Baumeister, hr2-Kultur

Mehr Biographien bei Dittrich: www.dittrich-verlag.de

Biographien im Dittrich Verlag

Barbara Beuys
Emilie Mayer
Europas größte Komponistin.
Eine Spurensuche
220 Seiten • Hardcover
ISBN 978-3-947373-69-7
EUR 22,–
Lieferbar

»Mit acht Symphonien schaffte [Mayer] den Durchbruch in einem Genre, das erstens als Gipfel der Instrumentalmusik und zweitens durch und durch männlich konnotiert war: als Revier des titanischen Genies, das – in der Nachfolge Beethovens – seine eigene Subjektivität ausdrückte. Barbara Beuys referiert diesen wichtigen Kontext in ihrer schlanken, schön zu lesenden Biographie über Emilie Mayer.«

Jan Brachmann, FAZ

»So ist das Buch auch ohne Vorkenntnisse gut lesbar und verständlich. Beuys Erfahrung als Historikerin und Autorin von mehreren Biografien und Einblicken in die deutsche Geschichte zahlen sich hier aus. […] ein großer Gewinn, erfahren wir doch endlich mehr über eine Komponistin, der wir auch viel häufiger in unseren Konzertsälen begegnen sollten.«

Dorothee Riemer, SWR2

Mehr Biographien bei Dittrich: www.dittrich-verlag.de